HANGIL
GREAT BOOKS

인 류 의 위 대 한 지 적 유 산

HANGIL
GREAT BOOKS
185

칸트의 정치철학

Lectures on Kant's Political Philosophy

한나 아렌트 지음 | 김선욱 옮김

한길사

HANGIL
GREAT BOOKS
185

Hannah Arendt
Lectures on Kant's Political Philosophy
Translated by Kim Seon-Wook

THE LIFE OF THE MIND
                    Part III

JUDGING

            Victrix causa diis placuit sed victa Catoni

            Könnt' ich Magie von meinem Pfad entfernen,
            Die Zaubersprüche ganz und gar verlernen,
            Stünd' ich Natur vor Dir, ein Mann allein,
            Da war's der Mühe wert ein Mensch zu sein.

아렌트의 타이프라이터에 남아 있던 「판단」의 표지
아렌트 사상의 정점인 「판단」은 『정신의 삶』 제3권이자 마지막 권으로 예정되어 있었다.
아렌트가 실제로 썼던 것은 위의 사진과 같은 표지에 해당하는 페이지다. 두 개의 표제문이
타이프되어 있는 이 표지는 아렌트가 죽은 직후에 그녀의 타이프라이터에서 발견되었다.

1971년 시실리에서 메리 매카시와 한나 아렌트

오른쪽의 메리 매카시(Mary McCarthy, 1912-89)는 아렌트가 끝내 마치지 못한 마지막 저술 『정신의 삶』의 담당 편집자이며 미국에서 소설가·비평가로 활동했다. 1944년 맨해튼의 바에서 만난 둘은 평생 깊은 우정을 나눈다. 아렌트 사후에 매카시는 아렌트 재단을 만들어 아렌트의 유고집을 체계적으로 출간할 수 있는 토대를 만든다.

©New School Archives

1968년 뉴스쿨대학에서 강의 중인 아렌트
1967년부터 뉴욕 맨해튼에 있는 뉴스쿨대학에서 가르친 아렌트는 1970년 가을학기 대학원
철학과에서 '칸트 정치철학 강의'와 '칸트의 『판단력 비판』 세미나' 두 강좌를 열어 강의했다.
이 책 『칸트의 정치철학』은 당시 아렌트의 조교 로널드 베이너의 편집본이다.

블뤼허와 아렌트

아렌트의 강의는 모두 13회 이루어졌다. 한 학기 대학원 수업이 보통 15회 이상 진행되었던
것에 비하면 적은 횟수다. 이는 아마도 바로 그 학기에 아렌트가 남편인 블뤼허를 잃었기 때문일
것이다. 10월 31일 토요일, 블뤼허는 아렌트와 함께 점심 식사를 하던 도중에 갑자기 심장마비
증세를 일으켰다. 급히 부른 구급차 안에서 블뤼허는 아렌트의 손을 잡고, "이제 끝이군"
(This is it)이라고 말했다. 그날 저녁 블뤼허는 마운트 사이나이 병원에서 숨을 거두었다.
그의 장례식은 11월 4일 수요일 리버사이드 교회에서 거행되었고, 그의 무덤은
그가 미국에 와서 줄곧 교수로 있었던 바드칼리지(Bard College) 캠퍼스 안에 자리 잡았다.
5년 뒤, 그의 무덤 옆에 나란히 아렌트의 무덤도 함께하게 된다.

HANGIL GREAT BOOKS 185

칸트의 정치철학

Lectures on Kant's Political Philosophy

한나 아렌트 지음 | 김선욱 옮김

한길사

칸트의 정치철학
Lectures on Kant's Political Philosophy

제2부 베이너의 해설 논문

일러두기

1. 이 책의 외래어 표기는 국립국어원의 외래어 표기법 및 외래어 표기 용례집을 따른다. 단, 필요한 경우 대중적으로 널리 쓰이는 표기를 따랐다.
2. [ ]는 인용문의 가독성을 높이기 위해 인용한 사람이 보충한 것이다.
3. 별도의 표기가 없는 본문 각주는 아렌트의 주다. 로널드 베이너와 옮긴이가 독자의 이해를 돕기 위해 설명을 추가한 부분은 각각 '—베이너' '—옮긴이'로 표기했다.
4. 원서의 이탤릭체 강조는 고딕체로 표기했다.

정치 판단론은 아렌트 사상의 미완의 정점이다

김선욱 숭실대학교 철학과

I

후세에 큰 영향력을 남긴 사상가 가운데는 자기 생각을 체계적 저술로 남긴 경우도 있고, 체계적 저술은 없으나 생각의 폭을 충분히 담은 글을 남긴 경우도 있다. 한나 아렌트는 69세에 심장마비로 생을 마감했을 때 이미 후대에 영향을 준 여러 명저를 남겼다. 그러나 많은 이들은 그의 죽음을 두고 "급작스러운 죽음" "너무 이른 죽음"이라고 말한다. 아렌트 정치사상의 최종적 정점이 될 결정적인 부분을 완성하지 못한 채 남겨두었기 때문이다. 바로 그의 정치 판단론을 말한다.

1975년 12월 4일 목요일, 아렌트는 친구 부부를 집으로 초대해 함께 저녁 식사를 마치고 대화를 나누던 중, 갑자기 거실 소파에 드러누웠다. 같이 있었던 친구 부부는 그 모습에 당황했으나 곧 이상을 감지하고 전화로 급히 의사를 불렀다. 그러나 아렌트는 다시는 깨어나지 못했다. 그 순간 아렌트의 서재에는 3부로 구성되었던 『정신의 삶』 제1부 「사유」와 제2부 「의지」의 완성된 초고가 있었고, 책상위 타이프라이터에는 종이 한 장이 세팅되어 있었다. 그 종이 위에는

『정신의 삶』제3부의 제목인 "Judging"이라는 글자와 함께 두 개의 표제문이 타이프되어 있었다. 1부와 2부에 해당하는 사유와 의지에 대한 고찰을 토대로 정치 판단이란 무엇이며 또 그것이 어떻게 가능한지를 담았을 3부의 내용은 단 한 줄도 남기지 않았다.

아렌트의 정치 판단론이 쓰였다면 과연 어떤 내용으로 이루어져 있었을까? 의문을 해결할 방법이 전혀 없는 것은 아니었다. 아렌트는 1970년 가을학기에 당시 교수로 있던 미국 뉴욕 맨해튼에 있는 뉴스쿨(New School for Social Research)대학원 철학과 과정에서 '칸트 정치철학 강의'와 '칸트의『판단력 비판』세미나' 두 강좌를 열어 강의했고, 이를 통해 자신이 수립한 정치 판단론의 핵심 개념과 사상의 개요를 제시했다.

이 강의에 참여했던 당시 아렌트의 조교 로널드 베이너(Ronald Bainer)는 아렌트가 남긴 '칸트 정치철학 강의'의 13개 강의 노트와, '칸트의『판단력 비판』세미나'에서 이루어졌던 판단론의 핵심 개념 가운데 하나인 '상상력'에 대한 내용을 따로 정리해 한 권의 책으로 묶어낼 생각을 하게 되었다. 이것이 아렌트 정치 판단론의 핵심 내용을 제시해줄 것이라는 믿음에서였다. 이 책은 1982년 베이너의 편집본으로 출간되었다. 여기에는 아렌트가 죽었을 당시 남겼던 타이프라이터에 세팅되어 있던 종이의 사진,『정신의 삶』제1부 「사유」의 '후기' 부분, 13개의 아렌트 강의 노트, '상상력'에 대한 아렌트의 강의 내용 일부, 그리고 베이너 자신의 해설 논문이 수록되었다. 분량으로 보면 아렌트 부분은 약 절반 정도이며, 베이너의 논문이 나머지 절반을 차지한다.

정치 판단론이 아렌트 사상의 정점이라고 생각하는 이유는, 아렌트 최초의 주저『전체주의의 기원』에서 보이기 시작한 문제의식이 이를 통해 가장 결정적인 형태로 응답될 것이었기 때문이다. 아렌트가 생전에 직접 출판한 저술만을 중심으로 그 흐름을 살펴보면, 아렌트는『전체주의의 기원』(1951)에서 정치에 대한 문제의식을 명료하게 가졌고,『인간의 조건』(1958)을 통해 정치 개념을 구체화했으며, 이를 토대로『혁명론』(1961)과『공화국의 위기』(1970)에서는 역사적 현실을 통해 정치 개념의 구현 과정을 입증했다. 그러다가 만나게 된 아돌프 아이히만의 재판을 참관하며 남긴『예루살렘의 아이히만』(1963, 1965 증보판)의 작업에서 철학의 중요성을 다시 인식했고, 논문집『과거와 미래 사이』(1961, 1968 증보판)에서 주요 정치 개념들과 철학적 문제의식이 어우러진 생각을 보였고, 최종적으로『정신의 삶』(1978, 사후 출간)을 구성하게 되어 그간의 정치적 사유와 철학적 사유를 종합하는 최종적 저술을 진행했다. 이 책의 최종 부분에 들어갈 정치 판단론은 아렌트 사유의 정점이 될 것이었다. 아렌트 사후에 출간된 모든 유작은 이 흐름을 입증한다.

우리가 베이너의 도움으로 만나는『칸트의 정치철학』은 아렌트가 직접 완성한 단행본이 아니고 그 내용도 충분히 길지 않다. 따라서 이 책을 통해 펼쳐지는 정치 판단론에 대해서는 다양한 해석의 가능성이 열려 있다. 한편으로는 분명히 유감스러운 일이지만, 다른 한편으로는 아렌트의 정치 판단론의 여백을 우리의 창의적 사유를 통해 채워볼 수 있다는 점에서 우리를 흥분시키기도 한다.

II

한나 아렌트는 1906년 독일 하노버에서 태어났다. 양친인 폴 아렌트와 마르타 아렌트는 모두 칸트가 활동했던 쾨니히스베르크 태생이었다. 이들은 아주 부유하지는 않았으나 경제적 여유가 있는 가문에서 성장했다. 그리고 이들은 당시 불법이었던 사회당 당원이었고,

유대교에 대해서는 전혀 종교적이지 않았다. 그러나 유대교 개혁신 앙을 가졌던 아렌트의 할아버지가 어린 한나를 유대교 회당에 데리고 가는 것에는 개의치 않았다.

아렌트의 부친 폴 아렌트의 서재에는 키르케고르, 칸트, 야스퍼스 등의 저작이 있었고 한나는 10대 때 이 저작들에 심취했다. 16세에 한나는 칸트의 『순수이성비판』과 『이성의 한계 안에서의 종교』를 읽었고, 대학에 진학하면 형이상학과 기독교 신학을 연구할 생각이었다.[1] 한국에서 살아가는 우리에게는 이런 수준의 독서가 아주 대단하다고 여겨질 수 있지만, 한국의 청소년들도 『논어』와 『맹자』를 10대에 읽는 경우가 있음을 생각한다면 그렇게 놀랄 일은 아니다. 아렌트에게 양친의 고향이자 어린 시절을 보낸 도시에서 100여 년 전에 활약했던 위대한 철학자 칸트의 저술은 그 지역민들에게는 우리의 동양 고전들만큼 가깝게 느낄 만한 저술이었을 것이기 때문이다.

1924년 마르부르크대학에 입학한 한나 아렌트는 즉시 하이데거에 매혹되었다. 이때 하이데거는 나중에 『존재와 시간』으로 출간될 내용의 강의를 하고 있었다. 1925년 봄에 이들은 서로 사랑하는 사이가 되었지만, 오히려 이 때문에 아렌트는 그해 여름 하이데거를 떠나 칼 야스퍼스의 지도를 받기 위해 하이델베르크로 옮겨야 했다. 야스퍼스는 아렌트의 스승이 되었을 뿐 아니라 이들 사이에 형성된 우정은 훗날까지 계속되었다. 야스퍼스의 지도하에서 아렌트는 성 아우구스티누스의 사랑 개념에 대해 논문을 쓰고 박사 학위를 받았다. 이 논문은 기독교 신학에 바탕을 둔 철학적 저술이며, 정치적 성격은 전혀 가지고 있지 않았다.[2]

---

1) 엘리자베스 영-브륄, 홍원표 옮김, 『한나 아렌트 철학 전기: 세계 사랑의 여정』, 신서원, 2022, p.185.
2) 예를 들어, 이 졸업논문에서 "세계" 개념은 원죄를 가진 인간들이 스스로 만들

1929년 아렌트는 베를린에서 유대인 지식인이자 작가인 귄터 슈테른(Günter Stern)과 결혼했다. 이때 아렌트는 독일의 시온주의자 조직에 속한 많은 사람을 알게 되었는데, 아렌트는 이때나 이후에나 줄곧 주류 시온주의 운동에 대해 비판적이었다. 그러나 아렌트는 어려운 시대적 환경 속에서 유대인의 이름으로 행하는 이 유일한 정치적 운동에 도움을 주고받았다. 귄터 슈테른은 아렌트보다 먼저 파리로 망명했고, 그 이후에도 아렌트는 베를린의 시온주의 활동가들을 도와주었다. 그러다가 이런 활동이 노출되면서 비밀경찰에 체포되어 1933년에 8일간의 구류와 심문을 받고 석방되었다. 아렌트는 자신이 한 일을 자백하지 않은 채 다행히 석방되었다. 리처드 번스타인은 여기에 대해 "특별한 행운"이라고 말한다. "왜냐하면 많은 사람이 그와 같은 상황에서 게슈타포의 감방에 갇힌 채 죽음을 맞이했기 때문이다."[3] 석방되자마자 아렌트는 모친과 함께 아무 증명서도 갖추지 않은 채 독일을 떠나 프라하와 제네바를 거쳐 파리로 망명했다. 이때 당한 구류는 후에 그녀에게 "적어도 무엇인가를 했다"는 안도감을 느끼게 했다. 베를린에 있는 동안 자신이 알던 세계가 붕괴해가는 것을 막기 위해 방관자로 남지 않고 참여자로서 활동했다는 자의식 때문이었을 것이다.[4]

어 존재하는 공동체이며, 그 안의 거주자들이 서로 의존하는 고향과 같은 의미로 활용된다. 그러나 세계는 세속적일 뿐, 여기서 구원은 나오지 않는다. 이에 반해 정치는 세계를 유지하는 노력이며, 그런 점에서 철저히 세속적인 활동이다. 아렌트의 「사랑 개념과 성 아우구스티누스」의 간추린 요약본이 김선욱, 『한나 아렌트와 차 한잔』(한길사, 2021)에서 부록으로 제공되고 있다. 이 책에서 필자는 아렌트 정치사상을 전반적으로 다루는데, 아렌트의 박사논문은 정치사상 안에 포섭될 수 없어서 요약본을 별도의 부록으로 제공했다.

3) 리처드 번스타인, 김선욱 옮김, 『우리는 왜 한나 아렌트를 읽는가?』, 한길사, 2018, p.20.

4) Hannah Arendt, "What Remains? The Language Remains," A Conversation

아렌트는 파리에서 머무는 동안 귄터 슈테른[5]과 이혼했으며, 이 시기에 두 번째 남편이 될 하인리히 블뤼허(Heinrich Blücher)와 발터 벤야민을 만나게 된다. 독일이 프랑스를 점령하는 와중에 아렌트는 수용소에 갇히기도 하지만 어렵사리 스페인을 거쳐 포르투갈로 가서 미국행 비자를 받아 모친과 남편 하인리히 블뤼허와 함께 1941년 5월 미국 뉴욕에 도착한다. 같은 시기에 발터 벤야민도 프랑스를 탈출했지만, 나치 추격자들에 대한 심적 압박으로 스페인에서 자살하고 말았다. 아렌트는 이 시기의 무국적 상태—모든 권리·특권·보호의 상실—에 대한 경험으로 권리란 자연적인 것이 아니라 법적 차원에 속하고, 정치 조직체의 형성을 통해서 창조되며, 그 조직체의 구성원들만이 누릴 수 있고, 그 조직체의 법에 속한다는 것을 인식하게 된다.[6] 이 인식은 아렌트의 전체주의에 대한 이해의 기반이 된다.

III

전체주의는 정치 영역의 파괴를 바탕으로 성립한다. 유럽에 도덕의 총체적 붕괴가 초래된 것은 전체주의자들이 정치 부재의 상황을 만들었기 때문이다. 아렌트가 『전체주의의 기원』(1951, 최종수정판 1968)을 쓰게 된 것은 전례 없는 상황인 전체주의의 현상을 "이해"하기 위해서라고 한다. 전체주의를 이해한다는 것은 그것을 용서한다

---

with Günter Gaus, *Essays in Understanding 1930-1953*(New York: Harcourt Brace & Company, 1994), p.5.

5) 귄터 슈테른은 나중에 자신의 이름을 귄터 안더스(Günter Anders)로 바꾸어 미디어 이론가로 활동하며 업적들을 남겼다.

6) John McGowan, *Hannah Arendt: An Introduction*(Minneapolis: University of Minnesota Press, 1998), p.6

는 것이 아니라 그러한 현상을 가능하게 만든 세계를 직시해, 그 속에서 전체주의와 투쟁할 수 있는 참된 길을 발견하기 위한 것이다.

전체주의가 정치의 파괴를 바탕으로 성립하므로, 전체주의 극복의 길은 정치의 회복을 통해서만 가능하다. 정치의 회복은 정치에 대한 정확한 이해를 토대로만 가능하며, 올바른 정치적 행위가 무엇인지를 발견하고 실천하는 것을 방법으로 삼는다. 『전체주의의 기원』에서 아렌트는 전체주의에 대한 탁월한 분석을 제공하지만 정치에 대한 체계적인 이해는 전혀 제시하고 있지 않다.

정치가 무엇인지에 대한 서술은 『인간의 조건』(1958)에서 제시된다. 서양의 전통에서 인간의 삶은 철학적 삶을 의미하는 관조적 삶(vita contemplativa)과 정치적 삶을 포괄하는 활동적 삶(vita activa)으로 구분된다. 관조에 집중하는 철학은 행위를 중심으로 하는 정치와는 어울릴 수 없는 것이며, 심지어 '정치철학'을 형용모순이라고 부를 정도로 정치는 그 자체로 독특한 성격을 갖는다. 정치는 그 자체의 방식으로 진행되는 독립 영역을 갖는데, 아렌트는 이를 개념적·행위론적으로 서술한다. 『인간의 조건』에서 정치행위는 대체로 정치가의 실천 행위를 의미하는 것으로 설명된다.

어린 시절 철학과 신학에 흥미가 있었던 아렌트는 나치에 대한 경험 이후 정치로 관심을 전환했다. 「사랑 개념과 성 아우구스티누스」에서 비정치적 맥락에서 사용되었던 세계·이웃·사랑 등의 개념도 『인간의 조건』에서는 다른 성격의 개념으로 활용된다. 아렌트에게 정치는 철학과 동떨어져 있었으나, 곧 사상적 반전이 일어난다. 아이히만과의 만남 때문이었다.

1960년, 유대인 학살을 체계적으로 성공시켰던 전범 아돌프 아이히만이 아르헨티나에서 체포되고 예루살렘으로 압송된다. 이듬해인 1961년, 세기의 재판이 열린다. 힘러(Heinlich Himler) 수하의 이인자로서 홀로코스트를 체계적으로 진행했던 아이히만은 독일 패망 후 아르헨티나로 건너가 숨어 살았다. 이후 그의 존재를 포착한 이스라엘 비밀경찰이 움직였고, 그 덕에 예루살렘 재판이 열린다는 소식이 전 세계로 퍼졌다. 아렌트는 미국의 저명한 잡지 『뉴요커』 편집장에게 연락해 자신이 잡지사의 통신원 자격으로 예루살렘에 체류하면서 재판에 참관하겠다고 제안했다. 이 제안이 받아들여져 아렌트는 잡지사의 지원으로 예루살렘 재판 현장에 머물며 아이히만의 모습을 직관한다.

아렌트가 『뉴요커』를 위해 송고한 보고는 1963년에 연재되었고, 같은 해 단행본으로, 그리고 1965년에 '후기'가 추가되어 『예루살렘의 아이히만: 악의 평범성에 대한 보고』라는 제목으로 출간되었다. 이 보고서는 엄청나고도 상반된 반응을 불러일으켰다. 한편으로는 놀라운 통찰이라는 칭송, 다른 한편으로는 유대인의 배신자라는 비난이었다. 특히 다수의 유대인에게서 받은 비난은 아렌트가 유대인 집단에서 출교를 당했다고 말할 수 있을 정도의 후폭풍으로 이어졌다. 아이히만, 즉 인간으로서는 도저히 상상도 할 수 없는 대학살의 책임자에 대한 아렌트의 평가는 "악의 평범성"(the banality of evil)이라는 한마디로 수렴된다. 현대인 누구나 범할 수 있는 악이라고 해석할 수 있는 이 평가는 히틀러의 나치와 아이히만에 대한 증오에 불탔던 유대인에게는 받아들일 수 없는 것이었다.

악의 평범성은 무사유(thoughtlessness), 즉 생각의 부재를 특징으로 한다. 이 통찰은 아렌트를 인간 정신에 관한 연구로 돌아가게 했다. 사유는 철학의 핵심 경험이므로, 아이히만과의 만남은 아렌트에게 정치와 철학의 만남을 촉구한 것이다. 그 이후 아렌트는 정치에 관한 연구를 지속하면서 동시에 악행과 책임 개념을 중심으로 삼은 철학 연구를 정치적 사유와 연결하는 작업을 진행했다. 이 과제가 궁극적으로 『정신의 삶』의 저술을 통해 해결되어야 했고, 그 제목하에 철학적 사유(Thinking)와 실천의 의지(Willing), 그리고 판단(Judging) 등 세 부분으로 연구가 기획되었다.

정치 판단이라는 문제의식을 중심으로 보면, 판단론에 대한 아렌트의 고민은 1950년대에 쓰인 논문 「이해와 정치」(Understanding and Politics)에서 이미 나타난다. 이 논문에서 아렌트는 "자가 없는데 어떻게 길이를 잴 수 있는가, 수 개념이 없는데 어떻게 물건을 셀 수 있는가?"[7]라는 질문을 던진다. 이 질문은 '칸트 정치철학 강의'에서 칸트의 반성적 판단 개념의 도움을 받아 대답될 것이다. 판단에 대한 아렌트의 고민은 1960년대부터 본격화되고 『과거와 미래 사이』(1968)에 수록된 논문 이곳저곳에서 드러난다. 따라서 아렌트의 정치 판단론이 과연 언제부터 시작된 것인지, 정치가의 행위를 강조한 『인간의 조건』에서의 논의와 이론적인 모순이나 충돌은 없는지가 해석의 문제로 떠오르게 된다.

IV

'칸트 정치철학 강의'는 1970년 뉴스쿨 가을학기에 진행된 강의의 13개 강의 노트로 이루어져 있다. 1970년 여름에 아렌트는 남편 블뤼허와 함께 스위스 로카르노 북쪽에 위치한 테냐(Tegna)에 있는 카사 바르바테에서 도덕과 정치적 행위의 관계를 고민하면서 「사유와 도덕적 고려 사항들」(Thinking and Moral Considerations)이라는 논문을 썼다. 여기서 아렌트는 소크라테스가 말한 도덕 명제들을 분석하며 정치적 사유 혹은 반성에 대한 깊은 성찰을 남겼다. 뉴욕으로 돌아

---

7) Hannah Arendt, "Understanding and Politics," *Essays in Understanding*, p.313.

온 아렌트는 대학원 강의를 진행한다. 아렌트의 철학적 전기를 남긴 영-브륄(Elizabeth Young-Bruel)은 이때의 아렌트에 대해 다음과 같이 쓰고 있다.

아렌트는 「사유와 도덕적 고려 사항들」에 써넣은 성찰을 더 확장하고자 칸트의 『판단력 비판』에 관한 강의 하나와 세미나 하나를 열었다. 아렌트는 자신의 논문 끝부분에서 제시했던 사유와 판단의 그 연결고리를 발견하고자 노력하면서, 사유가 "나와 나 자신 사이의 소리 없는 대화"라는 플라톤의 정의에다가 무관심성 혹은 불편부당성, 그리고 "확장된 심성"이라는 칸트의 개념들을 더했다. 아렌트는 도덕적인 것과 정치적인 것, '좋은 인간'과 '좋은 시민', 「사유와 도덕적 고려 사항들」과 「시민불복종」의 주제들을 재결합하는 방법을 모색했다.[8]

아렌트의 강의는 모두 13회 이루어졌다. 한 학기 대학원 수업이 보통 15회 이상 진행되었던 것에 비하면 적은 횟수다. 이는 아마도 바로 그 학기에 아렌트가 남편인 블뤼허를 잃었기 때문일 것이다. 10월 31일 토요일, 블뤼허는 아렌트와 함께 점심 식사를 하던 도중에 갑자기 심장마비 증세를 일으켰다. 급히 부른 구급차 안에서 블뤼허는 아렌트의 손을 잡고, "이제 끝이군"(This is it)이라고 말했다. 그날 저녁 블뤼허는 마운트 사이나이 병원에서 숨을 거두었다. 그의 장례식은 11월 4일 수요일 리버사이드 교회에서 거행되었고, 그의 무덤은 그가 미국에 와서 줄곧 교수로 있었던 바드 칼리지(Bard College) 캠퍼스 안에 자리 잡았다. 5년 뒤, 그의 무덤 옆에 나란히 아렌트의 무덤

---

8) 엘리자베스 영-브륄, 앞의 책, p.792.

도 함께하게 된다.

'칸트 정치철학 강의'에는 아렌트가 소크라테스와 더불어 사유한 도덕과 정치의 관계에 대한 고민이 개입되어 있다. 소크라테스는 저잣거리에서 만나는 아무 사람들과 세상 돌아가는 일에 대해 대화했다. 고독하게 홀로 생각하는 시간에 가졌던 비판적 사유의 태도를 사람들과의 대화에도 적용했다. 소크라테스가 다룬 대화의 주제는 일상에서 나온 것이었다. 거꾸로 소크라테스의 고독한 생각의 시간은 대화의 방식으로 진행되었다. 제자 플라톤은 이런 사유를 '자기와 자기와의 대화'라고 했다. 대화는 둘 사이에서 이루어진다. 그래서 플라톤은 사유를 '하나 가운데 둘'(two-in-one)이라고 불렀다. 생각 속에서 우리는 대화를 나누는데, 이 둘은 궁극적으로 하나이기 때문이다.

자신과의 대화 가운데 만나게 되는 두 개의 자아는 같으면서도 같지 않다. 둘 가운데 하나는 현실의 삶을 주도하는 나이고 다른 하나는 그 의식을 들여다보는 나다. 물론 이 둘이 같은 나임은 우리는 즉각적으로 안다. 그런데 삶을 주도하는 나를 향해 "내가 왜 그렇게 행동했을까?"라고 물을 때, 그 자아를 바라보고 있는 나는 반성적으로 판단을 내린다. 삶을 주도하는 의식은 행동을 취하거나 관점이나 가치를 가진 의식이며, 다른 의식은 그것을 바라보며 그것이 옳다 그르다 말하는 의식이다.

삶을 주도하는 자아의 의식은 체화된 삶의 원리가 작동하지만, 이를 바라보는 반성적 자아의 의식에는 다른 사람의 관점이 들어와 있다. 소크라테스가 저잣거리에서 만난 수많은 사람과의 대화에서, 혹은 우리가 살아가면서 만나는 수많은 사람과의 대화에서 그 관점이 형성된다. 이런 관점은 나의 의식이 확장되어 다른 사람들의 관점들과 연합해 이루어낸 관점이다. 나와 다른 사람들이 구체적인 만남을 가짐으로써만 형성되는 것이고, 이런 관점이야말로 인간다움의 관점일 수 있다.

대화를 통해 형성된 반성적 자아의 관점은 여러 관점을 단순히 종합함으로써 이루어지는 것이 아니라 대화를 비판적으로 점검하면서 형성된다. 다양한 사람들이 각자 가진 개성 속에서 공통으로 인정하고 받아들이는 옳은 생각으로 형성되는 것이다. 소크라테스에게 가장 중요한 도덕률은 생각 속에 만나는 두 개의 자아가 서로 모순을 범하지 말라는 것이다. 자기 자신과의 모순을 범하지 말라는, 일견 논리적 일치의 주장은 논리 자체에서 나오는 게 아니라 다양한 만남이 이루어지는 구체적인 삶의 현장과의 조우에서 형성되는 것이다.[9]

비판적 사유, 즉 편견 또는 검토되지 않은 의견이나 신념을 헤치고 사유가 나아갈 길을 열어가는 것은 철학의 오랜 관심사였고, 이를 의식적으로 기획했던 것이 소크라테스의 대화법인 산파술이었다. 이는 대화 상대자들에게서 모든 근거 없는 신념들과 그들의 마음을 채우고 있는 단순한 환상들을 비워내는 것이다. 소크라테스의 독특성은 그 결과가 무엇이든 간에 생각 자체에 집중하는 데 있다. 전체의 기획을 위한 어떤 숨은 동기나 목적은 없었다. 검토되지 않은 삶은 살 가치가 없는 것이 비판적 사유와 연관된 전부다.

V

이 책은 칸트의 정치철학을 연구한 책이다. 아렌트가 첫 번째 강의 첫머리에서 말하고 있듯이 "칸트는 정치철학 책을 쓴 적이 없었다."

---

9) 한나 아렌트, 서유경 옮김, 제4장 「사유함, 그리고 도덕적 고려 사항들」, 『책임과 판단』, 필로소픽, 2019 참조.

칸트가 명시적으로 서술하지 않은 정치철학을 칸트의 저술 속에서 찾는 과제의 관건은 정치가 무엇인지의 문제다. 아렌트는 『인간의 조건』에서 "정치적인 것"(the political) 개념을 명료히 하는 데서부터 정치행위의 본질을 드러내고 있다. 아렌트의 정치 개념은 인간의 복수성(human plurality), 즉 인간은 모두 다르다는 사실을 토대로 한, 인간의 현실적인 삶에 대한 통찰에 근거한다. 정치적인 것은 인간의 활동과 연관되지만, 그것의 옳고 그름을 선험적으로 가름할 객관적 기준 혹은 보편적 원리는 존재하지 않는다. 정치란 정치행위를 말하며, 보편적인 원리가 부재한 가운데 복수의 인간이 모여 자신의 고유한 모습을 드러내는 공적 활동을 말한다. 이와 동시에 정치는 정치 공간을 형성한다. 정치적인 것이 작용하는 영역인 정치 공간이 훼손되지 않고 제대로 존속할 수 있도록 하는 것이 정치행위이기도 하다.

정치행위를 정치가의 행위에서 찾던 아렌트가 판단이라는 정치행위에 주목하게 되면서 정치 판단론은 아렌트 정치사상의 중심 과제가 된다. 그리고 이 과제는 정치행위 혹은 정치 판단에 대해 옳고 그름을 구분할 수 있는 정신 능력은 무엇인지, 혹은 옳은 정치 판단은 어떻게 인식론적으로 가능한지의 질문으로 연결된다. 아렌트는 칸트가 비판철학을 통해 인간의 정신 능력을 철저히 점검한 내용을 살피면서 그 질문에 대한 대답의 실마리를 찾는다.

칸트는 원래 형이상학적 문제들에 관심이 있었다. "신은 존재하는가?" "인간의 영혼은 영원히 존재하는가?" "인간은 자유로운가?" 등과 같은 형이상학의 핵심 문제들에 답을 내기 위한 고민에 몰두하다 보니, 인간의 정신이 과연 그런 문제들에 답을 내놓을 능력이 있는지 의문을 갖게 되었다. 그래서 그는 인간 정신 능력을 비판적으로 검토하는 작업에 착수했다. 이런 비판적 작업이 이루어진 시기를 비판철학 시기라고 부른다. 그리하여 칸트의 철학적 작업은 비판기 이전,

비판기, 그리고 비판기 이후 철학으로 나뉜다.

비판기의 칸트는 인간이 다루는 문제가 이론적·실천적·미적 문제 등 다양한 주제 영역으로 나누어지는 것을 알고 그 각각의 문제들을 다루는 정신 능력을 순수한 이론이성, 실천적 이성, 미학적 판단력 등으로 나누어 각각의 연구에 몰입했다.

첫 번째로 칸트는 『순수이성비판』에서 과학적 지식을 만들어내고 이론을 만들어내는 이론적 능력을 탐구했다. "과학적 지식이 어떻게 가능한가?"라는 이 책의 핵심 질문에, 형이상학적 질문들은 과학적 대답을 내릴 수 없는, 과학적 인식의 한계를 벗어나는 질문이라고 명백히 밝혔다. 과학적·이론적 문제를 다루는 인간은 보편적으로 타당한 지식을 만들어낼 수 있다. 여기서 중요한 것은 100퍼센트의 보편성을 갖는 지식이다. 과학과 이론의 세계는 이런 보편타당한 지식으로 구성된 세계다. 이것은 추상의 세계다. 과학과 기술의 세계란 이런 추상의 세계가 인간의 삶을 지배하는 세계를 말한다.

두 번째로 『실천이성비판』에서는 "보편적 도덕률이 어떻게 가능한가?"를 다룬다. 인간은 자연에 속한 동물로서 생리적 욕구에 따라 욕망을 추구하는 존재이지만, 이와 동시에 지성계에 속한 이성적 존재로서 세상을 살아가는 보편적 삶의 원리를 발견할 수 있다. 이런 도덕 원리는 남의 입장에 서서 내가 행할 바를 생각해보는 방식이며, 거기서 칸트는 내가 남과 모순을 일으키지 않도록 살아가도록 하는 정언명법을 발견했다. "네 의지의 준칙이 보편적 입법에 타당하도록 행위하라"는 정언명법은 "네 이웃을 네 몸과 같이 사랑하라" 혹은 "네가 원하지 않는 것을 남에게 행하지 말라"(기소불욕물시어인 己所不欲勿施於人)는 것과 같은 것을 의미한다. 그런데 정언명법에서 말하는 남과의 모순은 구체적 삶이나 공동체적 모습이 배제된, 철저하게 논리적인 관점에서 생각되는 것이다. 칸트에게 "거짓말을 하지 말라"는 어떤 경우에도, 심지어는 독립군을 뒤쫓는 일본 순사에게도 진실을 말해야 한다는 식으로 예외 없이 적용되어야 할 원칙으로 제안된다. 도덕의 원리는 보편적이어야 하며, 예외는 허용되지 않는다. 논리적으로 사고할 수 있는 존재라면 외계인일지라도 적용될 수 있는 것이다. 칸트의 도덕 세계는 이런 보편적 도덕률로 이루어진 세계다. 이것은 땅에 발을 딛고 살아가는 인간의 세계라고 보기 어렵다. 칸트의 도덕적 인간이나 도덕의 세계는 원칙의 세계이며, 완벽한 모습으로 제시되는 이상적 세계인 것이다.

마지막으로『판단력 비판』에서는 예술적 미를 추구하며 개별적인 것들 속에서 아름다움을 찾아 이를 즐기고 다른 사람들과 소통하는 미적 인간을 탐구한다. 여기서 주목하는 인간은 다양한 예술작품을 보며 판단하고 의견을 공유하는 인간이다.『판단력 비판』에서는 인간을 지성적 · 인지적 · 도덕적 존재로 여기지 않는다. 진리라는 단어가 문맥상 특수한 한 곳을 제외하고는 전혀 등장하지 않는다. 도덕 규칙은 모든 지성적 존재에게 타당하지만,『판단력 비판』에서의 규칙들은 그 타당성이 지상에 사는 인간에게만 엄격히 제한된다. 현실에서 만나는 구체적인 인간들(Man이 아니라 men), 지구의 실제 거주자인 복수의 인간에 대해 말한다. 그래서 아렌트는 자신이 명료히 했던 정치 개념에 가장 적합한 정신의 작용을 칸트의『판단력 비판』에서 찾는다.

VI

이제『칸트의 정치철학』에 수록된, 아렌트의 생각을 담은 부분들에 대해 그 핵심 내용을 아주 짧게 정리해보도록 하자.

정치 영역은 다원적이며, 인간은 모두가 다르다는 복수성을 전제한다. 또한 인간사는 전례 없는 일들로 넘쳐난다. 정치 판단은 전례 없는 일에 대해 그 특수성을 중심으로 내리는 판단이므로, 이는 추론을 통해 도달할 수 없다. 정치 판단은 가르쳐질 수 있는 것이 아니며, 학식이 많다고 더 잘할 수 있는 것도 아니다. 이런 정치 판단의 특성이 이 책에 제일 먼저 수록된 『정신의 삶』 제1부 「사유」의 일부에서 설명되는데, 이것이 바로 '칸트 정치철학 강의'의 문제의식을 형성한다고 볼 수 있다.

아렌트는 제1강에서 칸트 정치철학의 가장 큰 난점은 칸트가 정치철학을 쓴 적이 없다는 사실에 있다는 점을 지적하면서 시작한다. 칸트에 관한 주요 연구서 가운데 그의 정치철학을 다루는 저서나 논문도 손꼽을 정도에 불과하다. 칸트가 역사에 대한 글들을 남겼지만 이 또한 정치철학이라고 보기 어렵다. 아렌트는 『판단력 비판』이 칸트의 현존하지 않는 정치철학이 숨겨진 장소라고 제안한다.

제2강에서 아렌트는 『판단력 비판』을 여는 열쇠가 무엇인지를 탐색한다. 아렌트는 제1부의 열쇠가 사회성 개념에 있고, 제2부의 핵심은 "도대체 사람들이 존재한다는 것은 왜 필요한가?"라는 질문, 즉 삶의 목적에 관한 질문에 있다고 지적하며, 이 두 부분을 연결해보면 다른 비판서 어디보다도 더 "정치적인 것"과 밀접하게 연결된다고 주장한다.

제3강부터 아렌트는 비판기 저술 이전과 이후를 넘나들며 칸트의 정치적 문제의식 및 그 해결에 대한 시도를 살핀다. 『판단력 비판』 출간 시기에 일어난 프랑스혁명에 대한 칸트의 관심과, 그로 인해 등장한 것으로 보이는, 이전에는 나타나지 않았던 헌법적 제도에 대한 관심이 추적된다. 이 관심은 헌법과 공화정, 즉 헌법에 기초한 정부의 개념, 국제관계에 관한 질문 등을 중심으로 이루어졌다. 여기서 아렌트는 공공성이 칸트의 정치적 사유의 핵심이었음을 지적한다.

제4강에서 아렌트는 칸트에게서 나타나는 세 개의 인간 개념을 적시한다. 역사를 다룰 때 전제되는 인류(the human species) 개념, 그 자체로 목적인 인간(man)이라는 이상화된 도덕적 개념, 그리고 현실에서 만나게 되는 복수로 존재하는 구체적인 모습의 인간(men) 개념이 그것이다. 이 세 인간 개념을 구별해 이해하는 것은 칸트 이해에 필수적이다. 이 가운데 세 번째 인간이 『판단력 비판』에서 다뤄진다고 한다.

제5강에서 아렌트는 칸트에게 정치철학이 존재한다는 자신의 가설이 옳다면, 그것은 칸트 저작 전체에서 발견할 수 있다고 한다. 이 관점에서 볼 때, 칸트에게 비판의 의미는 독립적 사유(Selbstdenken), 즉 "자기 자신의 정신을 사용하기"라고 할 수 있다. 또한 비판은 독단적 형이상학과 회의주의 모두에 대립해 비판적 사유를 수립하는 것이다. 비판은 그 자체로서 새로운 사유의 방식이지, 새로운 독단을 위한 것이 아니라고 아렌트는 지적한다.

제6강부터 아렌트는 판단을 가능하게 하는 비판적 사유의 예를 철학사적으로 살펴보면서 칸트의 비판철학에서 짚어볼 수 있는 판단의 요소들을 점검한다. 비판적 사유를 의식적으로 기획했던 이는 소크라테스였다. 소크라테스와 칸트 모두에게 비판적 사유란 자신을 "자유롭고 공개된 검토"에 노출하는 것이다. 칸트에게 정치적 자유는 자신의 이성을 모든 면에서 공적으로 만드는 것이다. 공적인 것은 일반적 타당성(general validity)을 요구한다. 칸트가 『판단력 비판』에서 취미판단에 대해 요구했던 것 또한 일반적 소통 가능성(general communicability)이다.

제7강에서는 소통 가능성이 설명된다. 여기서 핵심은 정신의 확장 개념이다. 정신의 확장을 가능하게 하는 것이 상상력이다. 상상력의 힘으로 우리는 타자들을 등장시킴으로써 잠재적으로 공적이며 모든 입장에 공개된 공간으로 들어간다. 이를 위해 주관적이고 사적인 요소들을 배제함으로써 비판적 사유를 하는 시민은 세계시민적 관점을 가진다. 칸트의 세계시민은 세계관찰자다.

제8강에서는 사건의 위대성을 공적으로 드러내는 관찰자의 판단의 특성을 아일랜드에서의 반란을 사례로 설명한다. 이해관계에 얽힌 의견은 오류일 수 있으나, 관찰자의 사심 없는 의견은 오류에서 벗어날 수 있다. 공공성은 옳음을 가름하는 중요한 기준이다.

제9강에서는 왜 행위자가 아니라 관찰자의 통찰이 중요한지를 설명한다. 그 관건은 관찰자만이 가질 수 있는 '이해관계에서 벗어난 관심'이다. 행위자가 관여하는 것은 당사자의 의견이므로 판단을 위해서는 관찰자의 의견에 의존할 수밖에 없다. 행위자는 자율적이지 않다.

제10강부터 끝까지 아렌트는 『판단력 비판』을 분석하며 그 속에 잠재된 정치 판단론의 핵심 개념과 얼개를 드러낸다. 제10강에서는 일반적 소통 가능성이 인간의 인식기능을 통해 어떻게 형성될 수 있는지를 설명하면서 공통감각(sensus communis) 개념의 특성을 설명한다. 특히 칸트가 미적 판단에 관한 논의에서 했던 천재(genius)와 취미(taste)의 구별에 주목하면서, 취미의 작용에 주목한다.

제11강에서는 감각이 판단에 작용하는 기능을 설명하면서 사적 감각이 갖고 있는 차별화 성격에 주목한다. 도덕적 판단처럼 보편적 이성의 기능에 따른 옳고 그름의 차원이 아니라 특수한 것에 대해 옳고 그름, 중요한 것과 부적절한 것, 미와 추, 또는 이 양자의 사이의 어떤 것으로 판단해 일반적 소통 가능성을 갖게 되는 방식이 이를 통해 설명된다.

제12강에서는 여기서 한 걸음 더 나아가 판단을 가능하게 하는 상상력의 작용과 반성 작용을 설명한다. 불편부당성의 조건을 충족하는 반성적 판단의 작용 방식과 취미의 유사성, 그리고 공통감각을 근거로 소통 가능성을 이루는 방식이 설명된다.

마지막 강의인 제13강에서는 판단에서 공통감각의 작용 방식을 설명하면서, 세계시민적 실존(cosmopolitan existence)으로서의 인간의 모습을 적시한다. 그리고 이것을 인간이 판단을 내리거나 정치적 문제 가운데 행위할 때 자신을 세계시민, 즉 세계관찰자(Weitbertrachter)로서 위치시켜야 하는 이유로 제시한다. 여기서의 난점은 그런 판단이 보편적 기준 없이 개별자에 적용되는 것이어서 어떻게 설득력을 가질 것인지에 있는데, 이에 대한 칸트의 해결책이 예증적(exemplary) 타당성임을 설명하면서 강의를 마무리한다.

아렌트의 강의는 여기서 끝나지만, 존재하지 않는 칸트의 정치철학에서 이끌어낸 예증적 타당성에 대한 설명은 정확히 제시되지 않았다. 그래서 베이너는 같은 시기에 이루어진 다른 세미나, 즉 '칸트의 『판단력 비판』 세미나'의 강의 노트를 통해 예증적 타당성에 대한 아렌트의 설명을 별도로 추가했다.

VII

이 책을 편집한 로널드 베이너는 아렌트의 저술 및 강의 부분 전체와 비슷한 분량으로 자신의 해설 논문을 덧붙이고 있다. 베이너는 아렌트가 했던 1970년 가을학기의 두 세미나를 직접 수강했고 아렌트의 조교이기도 했기 때문에, 그가 아렌트의 판단론을 가장 가깝게 제시할 수 있을 것이라는 데에는 의문의 여지가 없다. 그런데 그의 논문은 아렌트에 대한 단순한 설명을 넘어 자신의 해석도 담고 있다. 그래서 우리는 베이너의 논문을 한편으로는 아렌트 판단론에 대한 길잡이로 여기면서도, 다른 한편으로는 그가 우리를 이끄는 방향이 얼마나 풍부한 생각을 가능하게 하는지를 점검하며 읽어야 한다. 여하튼 베이너의 논문이 우리의 생각과 아렌트의 판단론에 대한 논의를 더욱 풍성하게 해주는 좋은 가이드임에는 분명하다.

베이너는 판단 개념을 다음과 같이 정의한다. "판단은 특수자가 적절하게 평가되어왔던 잠재적 대화자들로 이루어진 가상의 공동체 및 자기 자신을 만족시키기 위해 사심 없는(disinterested) 반성이라는 반사실적(counterfactual) 상황으로 자신을 투사시키는 정신 과정이다."[10] 이 정의에 사용된 단어를 살펴보면, 베이너가 각주에서 하버마스를 언급하고 있는 것은 당연한 것으로 보인다.

베이너는 하버마스의 영향을 받아 인지적 요소가 배제되어서는 판단의 우열을 가릴 수 없다고 주장한다. 인지적 요소가 전적으로 배제된다면 아렌트의 판단이론은 결국 정치의 미학화에 빠질 수밖에 없기 때문이다. 칸트에게 판단은 고도로 형식주의적으로 설명되지만, 결국 판단이 어떤 실질적 내용과 연관되지 않는다면 복수로 존재하는 판단의 우열을 가릴 방법이 없게 된다. 이런 맥락에서 베이너는 아렌트의 판단론이 아리스토텔레스의 실천지(phronēsis)와 연결되어야 했고 또 정치적 숙고의 목적과 연관해 설명되었어야 한다고 주장한다.

정치와 판단의 관계에 대해 아렌트의 최종적인 대답은 판단과 정치의 단절이었다고 베이너는 해석한다. 즉 판단을 더 이상 정치행위자의 기능으로 생각하지 않고 관조자의 기능으로 생각함으로써, 정신의 활동으로의 자리매김을 확실하게 했다는 것이다. 이로써 정치에 대한 판단의 역할은 단지 위기의 순간에 파국을 방지하는 것으로

---

10) 이 책, 2부 베이너의 해설 논문, p.235.

만 이해할 수 있게 된다는 것이다.[11]

베이너의 논문은 아렌트 정치사상에서 판단론이 필요하게 된 배경과 내용, 그리고 판단론의 직접적 의의를 설명하고 있을 뿐만 아니라, 아렌트의 판단론을 니체 사상과 연결해 그 이해의 확장을 시도한다. 베이너의 해설 논문은 반드시 읽어볼 만한 가치가 있는 흥미로운 논문이다.

VIII

아렌트가 독일 출신이라서 그런지 그가 생전에 남긴 저술들은 읽고 이해하기가 쉽지 않다. 그에 비해 이 강의록은 비교적 편하게, 아렌트의 어투를 느끼며 읽을 수 있는 영어로 구성되어 있다. 하지만 이 강의록의 핵심 개념들의 번역어 선택은 고민거리가 아닐 수 없다. 칸트의 주요 개념들이 등장하고 있으나, 이에 대한 우리말 번역은 통일되어 있지 않다. 또한, 칸트 철학의 맥락에서 이해될 만한 번역어도 아렌트의 강의 맥락에서는 생경하게 읽히기도 한다.

사실 오래전에 아렌트 연구자들 사이에서 아렌트의 주요 개념들에 대해 통일된 번역어를 만들려는 시도가 있었으나 아무런 열매를 맺지 못했다. 그것은 한국아렌트학회가 결성되어 공동의 노력이 이루어지고 있는 지금에 와서도 마찬가지다. 이는 자신의 번역어에 대한

---

11) 여기서 요약한 베이너의 해석에 대해 옮긴이는 반대하는 입장이다. 비록 아렌트에게는 상호 모순되는 두 개의 판단이론이 존재하는 것처럼 보이지만 양자에는 보다 근원적인 일관성이 존재하며, 모순되어 보이는 점들도 이 일관성과 정합적으로 설명될 수 있다고 믿는다. 이러한 해석은 졸고 「한나 아렌트 정치사상의 해석상의 문제」(『철학연구』 제53집, 한국철학회, 2001 여름)에서 상론했다.

연구자들의 집착 때문이기도 했겠지만, 무엇보다도 각자의 이해와 언어 감각의 차이가 컸던 탓으로 생각된다. 여기서 아렌트의 주요 용어들을 다룰 생각은 없으며, 다만 아렌트의 칸트 강의에서 중요하게 다루어지는 몇 가지 개념의 번역어에 대한 변명은 필요할 것이다.

우선 이 책의 중심 어휘인 "판단"에 대해 살펴보자. "판단"의 원어는 'judgment'다. 그런데 『정신의 삶』 제3부의 제목은 'Judging'이다. 이 책에서는 judgment와 동명사 형태인 judging을 구별 없이 "판단"이라고 옮겼다. 내용상 "판단"과 "판단하기"를 구분해야 할 중요성이 작기 때문이다. 아울러 'thinking'과 'willing'도 각각 "사유"와 "의지"로 옮겼다.

다음으로 이 책에서 "복수성"으로 옮긴 'plurality' 개념이다. 이 말을 "다원성" "다양성" "다수성" 등으로 옮기기도 하지만 역자는 처음부터 "복수성"을 고집했다. 왜냐하면 다원성이나 다양성에는 'diversity'가 상응하며, 단수·복수 개념을 구분할 때 plural이라는 단어를 사용하는 용례를 고려해, 이 기회에 "인간의 복수성"을 아렌트의 고유한 표현으로 정착하는 것이 바람직하다는 판단에서였다. 개개인이 각각 다르게 생겼고 다른 생각과 개성을 가지고 있다는, 가장 적극적으로 차이를 표현하는 말로 쓰이길 원했기 때문이다.

칸트의 주요 개념인 'representation'은 인식론적 맥락에서는 "재현"으로 옮겼으나 문맥상 불가피할 때는 "대표"라고 옮겼다. 'common sense'는 보통 "상식"으로 번역되어야 하지만 이 책에서는 칸트의 개념 'sensus communis'와 연동해 "공통 감각"으로 옮겼다. 소크라테스와 연관해 'opinion'은 "의견"으로 옮겼으나 맥락에 따라 "억견"으로 옮겼다. 그리고 'actor'는 맥락에 따라 "배우"로 옮길 수 있겠으나 여기서는 일관되게 "행위자"로, 또 'spectator'는 "관찰자"로 옮겼다. 독일어 'Einbildungskraft'의 영역인 'imagination'은 칸트 인식론에서 "구상력"으로 주로 번역해왔으나 이 책에서는 최근 일반적 흐름에 따라 "상상력"으로 옮겼다.

아이히만과 관련해 아렌트가 사용한 'banality'라는 말은 "평범성"으로 번역했다. 그 이유를 다른 곳[12]에서 상세하게 설명했기에 여기서는 설명을 생략하겠다. 이밖에 'mortal'은 아렌트의 풀이를 바탕으로, 다소 생소한 표현이지만 "가멸적"이라고 옮겼다.[13] 『인간의 조건』에서 자세히 설명되고 있는 'labor' 'work' 'action'은 대체로 합의된 대로 각각 "노동" "작업" "행위"로 옮겼다.

원문에 나타나는 콜론과 세미콜론은 우리말에서는 사용하지 않으므로 내용에 따라 문장을 합치거나 분리했다. 문장이 너무 길어 우리말로 전달이 어려운 경우는 끊어 번역했지만, 부득이한 경우를 제외하고는 원문의 길이를 그대로 살려 번역했다.

---

12) 김선욱, 앞의 책, p.399.
13) 이 책, 1부 아렌트의 텍스트, 주 51 참조.

로널드 베이너의 서문

한나 아렌트는 생전에 "판단"에 관한 글을 쓰지 못했는데, 이는 자신의 저술 『정신의 삶』 제3권이자 결말이 될 것이었다. 그의 사상을 추종하는 이들은 만일 그 부분이 쓰였더라면 그가 남긴 최고의 업적이 되었으리라는 믿음을 얼마든지 정당화할 수 있을 것이다. 이 책의 목적은 이 중요한 주제 "판단"에 대해 아렌트가 남긴 주요 텍스트들을 한데 모으는 것이다. 이 텍스트들이 아렌트가 쓰지 않은 저작을 대신할 수 없다는 점은 분명하다. 그러나 나는 이 텍스트들을 통해 아렌트의 생각이 어떤 방향으로 나아갔을지를 알아보는 실마리를 얻을 수 있다고 생각한다. 특히 그것들을 아렌트 저작의 전체적 맥락에 비추어 보았을 때 더욱 그렇다. 해설논문에서 나는 이 텍스트들에서 일관성 있는 어떤 것을 실제로 얻을 수 있다는 점을 보여주면서 이 텍스트들의 중요성을 인식하게 되기를 바랐다. 사변적인 재구성을 통해 내가 요청하는 것은 오직 이뿐이다.

첫 번째 텍스트는 아렌트가 『정신의 삶』 1권에 붙인 '후기'다. 이것은 「판단」의 서곡을 이룬다. 여기에는 아렌트가 계획한 저술의 대략적인 계획이 들어 있고 또 그 기본 주제와 전체적인 의도가 나타나기 때문이다. (『정신의 삶』 제1권 「사유」의 마지막 장인 '후기'는,『정신의 삶』 1권과 2권의 가교 역할을 한다. 여기서 아렌트는 2권에서 다루려는 주요 주제들을 언급한다.) 이 책의 핵심인 제1부의 '칸트 정치철학 강의'는 칸트의 미학 및 정치적 저술에 대한 해석으로서,『판단력 비판』이 강력하고도 중요한 정치철학의 개요들을 담고 있다는 것을 보여주기 위해 설계된 것이었다. 이 정치철학은 칸트 자신이 명백히 발전시키지 않았던 것이지만(칸트는 아마도 이 정치철학에 대해 완전히 의식하지 못하고 있었을 것이다), 그럼에도 그것은 칸트를 정치철학자로 만들어줄 가장 위대한 유산이 될 수도 있을 것이다.

한나 아렌트는 1970년 가을학기에 뉴스쿨[1]에서 처음으로 칸트에 대한 이 강의를 했다. 아렌트는 이 강의의 초기 형태를 1964년에 시카고대학에서 강의했으며, '판단'에 관한 자료는 1965년과 1966년에 시카고대학과 뉴스쿨에서 행한 '도덕철학 강의'에도 포함되어 있다. 아렌트는 1976년 봄학기에 뉴스쿨에서『판단력 비판』 강의를 다시 하려고 계획했으나 1975년 12월, 죽음이 그녀를 찾아왔다. "상상력"에 대한 노트는 1970년 뉴스쿨에서 열린 칸트 강의와 같은 학기에 열린『판단력 비판』 세미나에서 이루어진 것이다. (아렌트는 통상 어떤 사상을 보다 심층적으로 탐구하기 위해 밀접하게 연관된 주제에 대한 강의와 세미나를 동시에 열었다.) 이 세미나 노트는 제3 비판서에 나타나는 예증적 타당성 개념과 제1 비판서에 나타나는 도식 개념이 상상력에 의해 연결되어 있다는 것을 보여줌으로써 칸트에 대한 강의를 섬세하게 만들어준다. 상상력은 이 양자 모두에 근본적이며, 인

---

1) 뉴스쿨의 원래 이름은 '사회연구를 위한 새 학교'(New School for Social Research)다. 이 학교는 2차대전 기간에 나치의 박해를 피해 미국으로 망명한 독일계 유대인 학자들이 세운 학교로서 현재 미국 뉴욕 맨해튼에 위치하고 있다─옮긴이.

식에는 도식을 제공하고 판단에는 예를 제공한다.

나의 목표는 판단에 대해 아렌트가 떠올린 생각들을 독자들이 어림잡기 위해 필요한 텍스트들을 모두 모아 제공하는 것이었다. 입수 가능한 강의 자료 몇 가지는 포함하지 않았다. 아렌트의 관점이 달라지지 않았다면 반복을 피하기 위해서였고, 또 그 관점이 초기의 틀에서 벗어났다면 부정합성을 피하기 위해서였다. 그러나 제외된 강의록들도 필요에 따라 나의 해설논문에서 적절히 이용했다.

이 책에 수합된 글들은 주로 출판할 의도로 쓰이지 않은 강의 노트들이다. 어순이나 구두점이 문법적이지 않은 부분 혹은 아주 명료하지 않은 부분을 수정하기는 했으나 실질적인 내용은 변경하지 않았다. 강의를 위한 노트라는 본래의 형태를 유지하고 있다. 따라서 이 저술의 내용을 결코 완결된 저작으로 간주해서는 안 될 것이다. 이 강의록을 독자들에게 단행본으로 묶어 제시하는 유일한 이유는 획기적인 중요성을 가진 생각들, 즉 저자가 생전에 자신이 뜻한 대로 발전시키지 못했던 생각들에 접근할 수 있게 하려는 것이다.

아렌트가 강의나 세미나 노트에 써놓은 인용은 종종 지나칠 정도로 간단했고, 어떤 경우는 완전히 잘못된 것도 있었다. 그래서 아렌트의 텍스트에 붙여진 주들은 전적으로 내 책임하에 만들어진 것이다.

메리 메카시의 끊임없는 도움과 변함없는 친절에 큰 빚을 지고 있다. 그녀의 도움이 없었더라면 이 책은 가능하지 않았을 것이다. 또한 미 의회도서관 유고부 직원의 유익한 협조에 대해서도 사의를 표한다.

제1부
아렌트의 텍스트

「사유」의 후기
『정신의 삶』제1권에서

    나는 이 저작(『정신의 삶』)의 제2권에서 두 개의 다른 정신활동인 의지와 판단을 다룰 것이다. 이를 시간 사유의 관점에서 보면, 아직 존재하지 않거나 또는 더는 존재하지 않다는 이유에서 이 둘은 현존하지 않는 문제에 관여하는 것이다. 그런데 비가시적인 경험만을 다루며 항상 일반화하려는 경향이 있는 사유 활동과는 반대로, 의지와 판단은 항상 특수자만을 취급하며 그런 점에서 현상의 세계에 한층 더 가까이 있다. 만일 우리가 목적 없이 의미를 추구하는 이성의 필요 때문에 결정적으로 불쾌해진 우리의 상식을 위로하고자 한다면, 사유는 존재하게 될 것을 결정하고 더는 존재하지 않는 것을 평가하도록 준비하는 데 필수 불가결하다는 근거에서만 이 필요성을 정당화하려는 유혹을 느끼게 된다. 과거는 흘러간 것이기에 우리의 판단에 종속되며, 이 판단은 다시 의지를 위한 단순한 준비물이 될 것이다. 이것이 행위하는 존재인 한에서의 인간의 관점, 그리고 어느 정도까지는 적법한 관점임은 부정할 수 없다.

    그러나 비실용적이고 쓸모없다는 비난에 대해 사유 행위를 옹호하려는 이러한 마지막 시도는 성공적이지 않다. 의지가 도달하는 결정은 그 결정에 선행하는 욕망의 역학이나 지성의 숙고로부터는 결코 도출될 수 없다. 의지란 자신을 제약하는 동기의 모든 인과적 연쇄들을 방해하는 자유로운 자발성의 기관이든지 아니면 단순한 환상에 불과할 것이다. 의지는 한편으로는 욕망, 다른 한편으로는 이성에 대해 베르그송이 한때 말했던 것처럼 "일종의 쿠데타"처럼 행동한다. 그리고 이것은 "자유로운 행위란 예외적인 것"임을 함축한다. "비록 우리는 우리 자신으로 되돌아가려는 의지를 발휘할 때마다 자유롭기는 하지만, 우리가 의지를 발휘하는 경우는 거의 일어나지 않는다."[1] 달리 말하면 자유 문제를 건드리지 않고서 의지 활동을 다루기란 불가능하다.

(여기서부터 세 단락은 『정신의 삶』의 제2부에 나오는 의지에 관한 설명이므로 생략한다─베이너.)

나는 판단기능에 대한 분석으로 이 제2권을 종결지을 것인데, 여기서의 주된 난점은 판단기능에 대해 권위 있는 증언을 제공하는 자료가 이상하리만큼 적다는 것이다. 판단기능은 칸트의 『판단력 비판』에 이르러서야 주요 사상가의 주요 주제가 되었다.

판단을 우리 정신의 고유한 기능으로 제시하는 나의 주된 가정은 판단이 연역이나 귀납에 의해서 도달되지 않는 것이었음을 보여줄 것이다. 간단히 말해 판단은, 우리가 "모든 사람은 죽는다, 소크라테스는 사람이다, 따라서 소크라테스는 죽는다"라고 말할 때 사용되는 논리적 작용과 아무런 공통점이 없다. 우리는 "조용한 감각"(silent

---

1) Henri Bergson, *Time and Free Will*, trans. F. L. Pogson(New York: Macmillan, 1910), pp.158, 167, 240. 강조는 아렌트의 것임.

sense)에 대해 탐구할 텐데, 이는 탐구되었을 때라면 항상, 심지어 칸트에게조차도 "취미"(taste)로, 즉 언제나 미학의 영역에 속하는 것으로 생각되어왔다. 실천적 도덕 문제에서 그것은 "양심"이라고 불렸으나, 양심은 판단하지 않는다. 양심은 신이나 이성의 거룩한 음성처럼 당신에게 무엇을 할지, 무엇을 하지 말아야 할지, 그리고 무엇을 후회해야 할지를 말해주었다. 양심의 소리가 무엇이든 간에 그것은 "침묵하는" 것이라고 할 수 없으며, 그 타당성은 모든 인간의 법과 규칙을 초월하고 넘어서 존재하는 권위에 전적으로 의존한다.

칸트에게서 판단은 "단지 실천될 뿐 가르칠 수 없는 독특한 재능"이다. 판단은 특수자를 다룬다. 사유하는 자아가 일반자들 사이에서 움직이다가 특정 현상들의 세계로 돌아갈 때, 정신은 그 특정 현상들을 다룰 새로운 "재능"을 필요로 한다. 칸트가 생각하기에, "둔하고 편협한 사람이… 학습을 통한 훈련으로 학식이 풍부해질 수는 있다. 그러나 그런 사람은 여전히 일반적으로 판단력이 결여되어서, 학식 있는 사람이 자신의 과학적 지식을 적용하지만 본인이 원래 바라던 바에 어긋나는 선택을 해서 좋은 결과를 낳지 못하는 것을 보는 일은 특별한 것이 아니다."[2] 칸트에게 판단력을 돕는 것은 "규제적 이념들"(regulative ideas)을 가진 이성이다. 그러나 만일 그 기능이 정신의 다른 기능들과 분리된다면 우리는 그 원인을 그 자체의 작용 방식(modus operandi) 탓으로 돌려야 할 것이다.

그런데 이것은 근대적 사유를 사로잡은 문제 영역 전체에 걸쳐, 특히 이론과 실천의 문제와 적절한 윤리이론에 도달하려는 모든 불충분한 시도들에 대해 상당한 적실성을 갖는다. 헤겔과 마르크스 이래

---

2) 임마누엘 칸트(Immanuel Kant), 『순수이성비판』(*Critique of Pure Reason*), trans. N. K. Smith(New York: St. Martin's Press, 1963), B 172-173.

로 이러한 문제들은 역사(History)의 관점에서, 그리고 인류의 진보(progress)[3]와 같은 것이 존재한다는 가정에서 다루어져왔다. 마침내 우리에게는 이러한 문제들 가운데 있는 유일한 대안만이 남겨질 것이다. 헤겔과 더불어 우리는 그 성공(Success)에 대한 궁극적 판단은 남겨놓은 채 "세계사는 세계 심판이다"(Die Weltgeschichte ist das Weltgericht)라고 말할 수 있거나, 아니면 칸트와 더불어 존재하는 대로 혹은 생겨난 대로의 사물의 가능한 독립성과 인간 정신의 자율성을 주장할 수 있을 것이다.

여기서 비록 처음은 아니지만, 우리는 역사 개념을 고려해야 하는데,[4] 우리는 역사라는 단어의 가장 오래된 의미에 대해 성찰할 수 있게 될 것이다. 역사란 다른 많은 정치적 철학 용어들처럼 그리스어에서 기원한 것으로 "일의 연유를 알기 위해 조사한다"라는 뜻의 'historein'─헤로도토스의 'legein ta eonta'─에서 나왔다. 그런데 이 동사형의 기원은 호메로스의 『일리아드』18권이다. 여기에는 명사형 histōr(말하자면, "역사가")가 등장하는데, 이 호메로스의 역사가는 심판관이다. 만일 판단이 과거를 다루는 우리의 기능이라면, 역사가는 과거와 관계하면서 그것을 판단하는 탐구자다. 만일 그렇다면 우리는 역사(history)의 중요성을 부정하지 않지만 역사의 궁극적인 판관의 권리를 부정하는, 역사(History)라는 이름의 현대의 사이비 신성으로부터 인간의 존엄성을 교화, 혹은 말하자면 탈취할 수 있을 것이다. 이 연구를 시작하면서 인용했던 "홀로 있을 때보다 적게

---

3) 역사와 진보를 거론하면서 아렌트가 대문자로 쓴 것은 근대적 의미에서의 인류의 단일한 역사, 직선적 진보라는 의미로 받아들이도록 하기 위해서다─옮긴이.
4) 아렌트의 『과거와 미래 사이』에 수록된 논문 「역사 개념: 고대와 현대」참조─베이너.

외로운 때도 없었고, 아무것도 하지 않을 때보다 더 활동적인 때가 없었다"라고 한 늙은 카토[5]는 우리에게 교화의 기획에 내포된 정치적 원리를 적절히 요약하고 있는 묘한 말을 남겼다. 그는 다음과 같이 말했다. "승리의 원인은 신들을 기쁘게 했지만, 패배의 원인은 카토를 기쁘게 한다"(Victrix causa deis placuit, sed victa Catoni).

---

5) 고대 로마 시대의 정치가—옮긴이.

칸트 정치철학 강의
1970년 가을 뉴스쿨

첫 번째 강의 | 칸트의 정치철학

칸트의 정치철학을 논의하고 탐구하는 데는 그 자체의 난점이 있습니다. 플라톤·아리스토텔레스·아우구스티누스·토마스 아퀴나스·스피노자·헤겔 등과 같은 다른 철학자들과는 달리 칸트는 정치철학 책을 쓴 적이 없었습니다. 칸트에 관한 문헌은 엄청나게 많이 있으나 칸트의 정치철학에 관한 책은 몇 권 되지 않지요. 그 가운데 연구 가치가 있는 것은 오직 한 권, 한스 자너가 쓴 『전쟁에서 평화로 가는 칸트의 길』[1]뿐입니다. 아주 최근 프랑스에서 출간된 칸트 정치철학 중심의 논문집[2] 가운데 몇 편은 흥미롭긴 하지만, 여기서도 여

---

[1] Hans Saner, *Kants Weg vom Krieg zum Frieden*, vol.1: *Widerstreit und Einheit: Wege zu Kants politischem Denken*(München: R. Piper Verlag, 1967); 영역본은 E. B. Ashton, *Kant's Political Thought: Its Origin and Development*(Chicago: University of Chicago Press, 1973).

[2] 이 책은 *Annales de Philosophie Politique*의 제4권 *La Philosophie Politique de Kant*(Paris: Institut International de Philosophie Politique, 1962)을 말하는 것으로 추정된다—베이너.

러분은 칸트의 정치철학은 주변적 주제로만 다루어지고 있음을 금방 알게 될 것입니다. 칸트 철학을 포괄적으로 다루는 모든 책들 가운데 야스퍼스의 저술만이 적어도 4분의 1 이상 분량으로 이 특정 주제에 지면을 할애하고 있습니다. (야스퍼스는 칸트의 유일한 제자이며, 자네는 야스퍼스의 유일한 제자이지요.) 『칸트의 역사철학』[3]이나 『칸트의 정치적 저술』[4]이라는 제목이 붙은 최근의 논문집에 수록된 논문들은 질적으로나 그 깊이에 있어서 칸트의 다른 저술들만 못합니다. 이 논문들로는 결코 "제4비판서"를 구성할 수 없습니다. 한 연구자가 이 논문들이 그런 지위를 가질 수 있다고 열심히 주장하기는 했지만, 그것은 그가 이 논문들을 주제로 연구했기 때문에 했던 소리일 뿐입니다.[5] 칸트 자신은 그 가운데 어떤 것들은 단순한 "이념의 놀이" 또는 "단순한 유람 여행"[6]이라고 불렀지요.

그 글 가운데 가장 중요한 연구는 『영원한 평화를 위해』(perpetual Peace)인데, 이 제목의 반어법적 어조는 칸트 자신이 이 저술을 아주 진지하게 여기지는 않았음을 분명히 보여줍니다. 칸트는 키제베터(Kiesewettter)에게 보낸 편지(1795년 10월 15일 자)에서 『영원한 평화를 위해』를 "공상"이라고 불렀습니다. (젊은 시절 칸트 자신이 좋아했던 스베덴보르크Swedenborg의 책 『형이상학의 꿈으로 설명한 심령

---

3) Immanuel Kant, *On History*, ed. Lewis White Beck, trans. L. W. Beck, R. E. Anchor, and E. L. Fackenheim, Library of Liberal Arts(Indianapolis: Bobbs-Merrill, 1963).

4) *Kant's Political Writings*, ed. Hans Reiss, trans. H. B. Nisbet(Cambridge, Eng.: At the University Press, 1971).

5) Kurt Borries, *Kant als Politiker: Zur Staats- und Gesellschaftslehre des Kritizismus*(Leipzig, 1928).

6) I. Kant, 위의 책, p.75("The End of All Things"); p.54("Conjectural Beginning of Human History").

술사의 꿈』*Dreams of a Ghost-Seer, Elucidated by Dreams of Metaphysics*에 대해서처럼 말입니다.) 『법이론』──라이스(H. Reiss)의 편집본으로만 존재하는 이 책을 읽는다면 상당히 지루하고 현학적임을 알게 될 것입니다──에 대해서 말하자면, "이 책은 이 위대한 인물의 저술이 아니라 그저 보통의 평범한 사람(gewöhnlicher Erdensohn)의 저작인 것 같다"라고 말한 쇼펜하우어(Schopenhauer)의 말에 동의하지 않기란 어려울 것입니다. 법 개념은 인간을 입법적 존재로 이해하는 칸트의 실천철학에서는 매우 중요하나, 우리가 법철학에 대해 전반적으로 연구하려면 칸트가 아니라 푸펜도르프(Pupendorff)나 그로티우스(Grotius), 또는 몽테스키외(Montesquieu)로 시선을 돌리는 편이 낫지요.

끝으로, 만일 여러분이 라이스의 책이나 『칸트의 역사철학』 같은 다른 저술집을 본다면, 여러분은 처음에는 그 가운데 다수의 논문이 역사와 관계된 것이어서 마치 칸트가 후대의 많은 사상가처럼 정치철학을 역사철학으로 대체한 것처럼 생각할 것입니다. 그렇지만 이내 비록 칸트의 역사 개념이 그 자체로서 아주 중요하긴 해도 여전히 그의 철학의 핵심이 아니므로, 역사를 연구하려면 비코나 헤겔, 마르크스로 방향을 돌리게 되겠지요.

칸트에게 역사는 자연의 일부이며 역사의 주체는 창조의 일부로 이해된 인류입니다. 물론 인류가 창조의 최종 목적이고 소위 창조의 왕관이어도 말입니다. 역사의 우연성과 그에 수반된 우울감을 결코 잊지 않았던 칸트에게 역사에서 문제가 되는 것은 이야기가 아니고 역사적 개인도 아니며 또한 인간이 행한 선하고 악한 일이 아니라, 종(種)으로서의 인간이 세대의 연속을 통해 진보하고 자신의 모든 잠재력을 발전하게 하는 자연의 숨겨진 책략(ruse)입니다. 개인으로서 인간의 생존 기간은 너무나 짧아서 인간의 모든 자질과 가능성을 발전시킬 수 없습니다. 따라서 종의 역사는 "자연이 자신에게 심은 모든 씨앗이 완전히 계발되고, 또 인류의 운명이 이곳 지상에서 성취될 수 있는"[7] 과정입니다. 이것이 소년기와 청년기, 성년기를 지나는 개인의 유기체적 발전 과정에 유비해서 본 "세계사"입니다. 칸트는 과거에 대해 전혀 관심이 없었습니다. 그의 흥미를 끈 것은 인간이라는 종의 미래였지요.

인간이 낙원에서 추방된 것은 죄 혹은 벌을 내리는 신 때문이 아니라 자연적 본성 때문인데, 이 본성은 자연이라는 자궁에서 인간을 벗어나게 해 "안전하고 무해한 소년기 상태"[8]인 에덴 동산(the Garden)에서 인간을 몰아냅니다. 이것이 역사의 시작이며, 그 과정은 진보이고, 이 과정의 산물은 때로는 문화[9]라고 불리고 때로는 자유("자연의 후견에서 자유의 상태로"[10])라고 불리지요. 칸트는 단 한 차례, 괄호 안에서 거의 지나가는 말투로, 이것이 "인간을 위해 의도된 최고의 목적, 즉 사회성(sociability, Geselligkeit)"의 발생에 관한 질문이라고 진술합니다. (사회성의 중요성에 대해서는 나중에 살펴볼 것입니다.) 18세기의 유력한 개념이었던 진보 자체는 칸트에게는 다소 우울한 개념입니다. 그는 개인의 삶에 대한 이 개념의 명백히 슬픈 함의를 반복해서 강조합니다.

---

7) 앞의 책, p.25("Idea for a Universal History" 아홉 번째 테제).

8) 같은 책, p.59("Conjectural Beginning of Human History").

9) 임마누엘 칸트, 『판단력 비판』, §83. 통상 아렌트는 『순수이성비판』의 스미스(Norman Kamp Smith) 번역본(New York: St. Martin's Press)과 『판단력 비판』의 버나드(J. H. Bernard) 번역본(New York: Hafner, 1951)을 이용하고 있다. 다른 번역본을 이용할 때와 마찬가지로, 이 번역본을 이용하면서도 아렌트는 약간씩 나름대로 수정을 가해 사용하고 있다. 특별히 언급되지 않은 다른 번역문은 아렌트가 직접 옮긴 것으로 추정된다─베이너.

10) I. Kant, *On History*, ed. Beck, p.60("Conjectural Beginning of Human History").

만일 우리가 이곳에서 사는 인간 삶의 도덕적-물리적 조건을 최고 상태로 받아들인다 해도, 다시 말해 인간의 목적으로 정해진 최고선을 향해 부단히 전진하고 나아가는 것으로 받아들인다 해도, 여전히 인간은… 영원한 변화의 상태 가운데 견디는… 자신의 조건을 바라보는 데 만족할 수 없다. 왜냐하면 인간이 현재 실존하고 있는 조건은 그가 나아갈 준비가 된 더 나은 조건에 비교할 때 항상 악으로 머물러 있기 때문이다. 그리고 궁극 목적으로 무한히 나아간다는 관념도 여전히 동시에… 만족감을 주지 못하는… 악의 무한한 계열에 대한 하나의 전망이기 때문이다.[11]

내가 선택한 이 주제에 반론을 제기하는 또 다른 방식으로서, 다소 무례하긴 해도 결코 전적으로 부당하지는 않은 방법은, 일반적으로 선택된 (그리고 내가 선택하기도 한) 논문들 모두가 칸트 만년의 저술이라는 점, 그리고 그를 고령성 지능 저하로 이끌고 간 정신기능의 저하가 사실이었음을 지적하는 것입니다. 이런 주장에 대응하기 위해 나는 여러분에게 아주 초기의 저작인 『미와 숭고의 감정에 관한 고찰』[12]을 읽어보라고 했지요.

이 문제에 대해 여러분에게 이번 학기 강의에서 정당화하려는 내 자신의 의견을 미리 밝히자면 이렇습니다. 오히려 칸트의 저작에 대해 잘 알고 또 그의 일생의 상황을 고려한다면 위의 반론이 뒤집힐 것이라는 거지요. 칸트가 '정치적인 것'(the political)을 '사회적인 것' (the social)과 **구별되는** 것으로, 즉 세계에 속한 인간의 조건의 핵심으로 의식하게 되었던 때가 상당한 만년기였는데, 이는 그의 생애 가운

---

11) 앞의 책, pp.78-79("The End of All Things").

12) I. Kant, *Observations on the Feeling of the Beautiful and Sublime*, trans. John T. Goldthwait(Berkeley: University of California Press, 1960).

데 다소 후반으로서 그에게 이 특정 문제에 대해 자신의 철학을 고안해낼 힘과 시간이 더 이상 없었을 때였다고 말하고 싶을 것입니다. 하지만 지금 내가 말하려는 것은, 칸트가 짧은 인생을 살았기 때문에 "제4비판서"를 쓰지 못했다는 것이 아니라, 오히려 그렇지 않았더라면 제3비판, 즉『실천이성비판』처럼 비판적 관찰과 질문, 도전들에 대한 응답으로 쓰인 것이 아니라 자발적으로 쓰인『판단력 비판』이 칸트의 위대한 저작들 가운데서 실제로 빠져버렸을 수 있었다는 것입니다.

칸트의 관점에서 볼 때 그는 비판 작업을 완료한 뒤 두 개의 질문을 남겨놓고 있었습니다. 이 질문은 그가 전 생애에 걸쳐 고민했던 문제로, "이성의 추문"이라고 불렀던 문제를 먼저 해결하기 위해 스스로 작업을 중단해야 했던 질문이었지요. "이성의 추문"이란 "이성이 스스로 모순에 빠져 있다"[13]는 사실, 곧 사유(thinking)가 우리의 인식의 한계를 초월해 그 자신의 이율배반에 빠지게 된다는 사실을 말합니다. 우리는 칸트 자신의 증언을 통해, 그의 인생의 전환점이 된 것이 1770년에 있었던 인간 정신의 인식기능과 그 한계에 대한 발견이었음을 알고 있습니다. 이 발견으로 인해 그는 10년 이상의 시간을 쓰며 깊이 생각하고『순수이성비판』과 같은 책을 출간했지요. 또한 우리는 그가 쓴 편지들로부터 이러한 수년에 걸친 상당한 노고가 그의 다른 계획과 사상에 대해 어떤 의미를 갖는지 알고 있습니다. 이 "핵심 주제"로 인해 그가 글로 쓰려 했던 다른 모든 문제가 마치 "댐"에 막힌 것처럼 계속해서 뒤로 미뤄졌다는 것입니다. 이는 마치 "그의 길을 가로막고 있는 바위"처럼 계속 전진하려면 제거해야

---

13) 크리스티안 가르베(Christian Garve)에게 보낸 1798년 9월 21일 자 편지. *Philosophical Correspondence 1759-1799*, ed. and trans. Arnulf Zweig(Chicago: University of Chicago Press, 1967), p.252 참조.

만 하는 것이었습니다.[14] 칸트가 비판기 이전의 관심사로 되돌아왔을 때, 그 관심사들은 칸트가 새로 갖게 된 인식으로 인해 조금은 달라졌습니다. 그러나 그게 알아볼 수 없을 만큼 변한 것도 아니고, 또 그 문제의 시급성이 사라졌다고 말할 수도 없겠지요.

가장 중요한 변화는 다음과 같은 방식으로 지적할 수 있을 것입니다. 1770년의 사건 이전에 그는 『도덕형이상학』을 집필하고 곧이어 출간하려 했는데 실제로 이 저술은 30년 후에야 쓰이고 출간되었습니다. 처음에 이 책은 '도덕적 취미 비판'이라는 제목으로 예고되었습니다.[15] 칸트가 마침내 제3비판을 향해 나아갔을 때 처음에는 그것을 '취미 비판'이라고 불렀지요. 이로써 두 가지 사태가 발생했습니다. 칸트는 18세기 전체의 관심사였던 취미라는 기능의 배후에서 전적으로 새로운 기능, 즉 판단력을 발견했습니다. 그런데 이와 동시에 칸트는 이 새로운 기능이 가진 역량에서 도덕적 명제들을 배제했습니다. 다른 말로 하자면, 이제 미와 추에 관해 결정하게 될 것은 취미 이상의 것이며, 옳고 그름의 문제는 취미나 판단력이 아니라 이성으로만 결정할 문제라는 것입니다.

두 번째 강의 | 『판단력 비판』의 열쇠

첫 번째 강의에서 나는 말년의 칸트에게 두 개의 질문이 남겨졌다고 말했습니다. 이 가운데 첫째는 인간의 "사회성"(sociability)이라는

---

14) 마르쿠스 헤르츠(Marcus Herz)에게 보낸 1776년 11월 24일 자와 1777년 8월 20일 자 편지. 앞의 책, pp.86, 89 참조.

15) Lewis White Beck, *A Commentary on Kant's Critique of Practical Reason*(Chicago: University of Chicago Press, 1960), p.6 참조.

말로 요약 또는 지칭할 수 있을 것입니다. 이는 어떤 인간도 혼자서는 살 수 없다는 사실, 즉 인간은 필요나 돌봄에서뿐만 아니라 자신의 최고 기능인 정신에서조차도 인간사회를 떠나서는 기능할 수 없다는 점에서 상호의존적이라는 사실을 말합니다. "동반자는 사유자(thinker)에게 필수 불가결하다."[16] 이 개념은 『판단력 비판』 제1부를 여는 열쇠입니다. 『판단력 비판』 또는 '취미 비판'이 비판기 이전 시기로부터 넘어온 문제의 응답으로 쓰인 것은 명백합니다. 『미와 숭고의 감정에 관한 관찰들』에서와 마찬가지로 『판단력 비판』에서도 다시 미적인 것과 숭고함이 구분됩니다. 마치 프랑스 도덕주의자가 쓴 것처럼 보이는 초기 저술에서도 "사회성", 즉 동반자의 문제는 비록 같은 정도는 아니지만 이미 핵심 질문이 되어 있었지요. 거기서 칸트는 그 "문제"의 배후에 놓여 있는 실제 경험에 대해 말하고 있는데, 그 경험은 젊은 칸트의 실제 사회생활과는 무관한 일종의 사유 실험이었습니다. 그 실험은 다음과 같습니다.

〔"카라잔의 꿈":〕 이 부자 수전노는 점점 더 부유해지자 다른 모든 사람에 대한 동정과 사랑으로부터 마음의 문을 닫아버렸다. 그런데 마음속에서 인간에 대한 사랑이 점차 식어가는 동안에도, 그는 더 부지런히 기도 생활을 했고 종교적 계율에도 더더욱 순종했다. 이런 고백을 한 뒤 그는 다음과 같이 차근히 말했다.
"어느 날 저녁, 등불 옆에서 장부를 꺼내 수입을 계산하고 있을 때, 갑자기 졸음이 쏟아졌소. 이런 상태에서 나는 죽음의 천사가 회오리바람처럼 나에게 다가오는 것을 보았소. 살려달라고 빌 틈도 없

---

16) I. Kant, "Reflexionen zur Anthropologe," no. 763, *Kants gesammelte Schriften*, Prussian Academy edition, 29 vols(Berlin: Reimer & de Gruyter, 1902-83), 15:333. 강조는 아렌트의 것임.

이 그는 나를 덮쳤소. 영원으로 이어질 운명이 나에게 다가왔고, 또 내가 지금까지 행한 모든 선한 일에 그 어떤 것도 더할 수 없고 또 내가 범한 모든 악한 일들에서 그 어떤 것도 감해질 수 없음을 알았을 때, 나의 온몸은 굳어졌소. 나는 세 번째 하늘에 있는 그의 권좌 앞으로 인도되었소. 내 앞에서 빛나고 있는 찬란한 영광으로부터 다음과 같은 말이 들려왔소.

'카라잔, 신을 향한 너의 예배는 상납되지 않았다. 너는 인간에 대한 사랑으로부터 네 마음을 닫아버렸고, 너의 보물들을 자물쇠로 채워버렸다. 너는 오직 너만을 위해 살았기에 앞으로도 영원토록 홀로 살아야 하며, 모든 피조물과 함께하는 성찬식에서도 제외될 것이다.'

그 순간 나는 보이지 않는 힘에 휘말려 빛나는 창조의 세계를 지나갔소. 곧 나는 무수한 세계들을 뒤로하게 되었소. 내가 자연의 가장 끝자리에 근접했을 때, 내 앞에 있는 구덩이 깊은 곳에서 끝없는 공허의 그림자를 보았소. 영원한 침묵과 외로움, 그리고 암흑으로 이루어진 공포의 왕국을! 그것을 보는 순간 형용할 수 없는 두려움이 나를 엄습했소. 마지막 별이 나의 시야에서 점차로 사라져버렸고, 마침내 마지막 한 줄기의 희미한 빛마저 어둠 속으로 사라져버리고 말았소! 내가 마지막으로 살았던 세계로부터의 거리가 멀어지는 순간순간마다 절망으로 인한 죽을 듯한 공포도 점차 커졌소. 천 년이 일만 번 지나가도록 온 우주의 지경을 넘어가더라도, 그 어떤 도움도 되돌아갈 희망도 없이 무한한 암흑의 심연만을 항상 보게 되리라는 생각에 나는 견딜 수 없는 고통을 느꼈소.

어쩔 줄 모르는 가운데 내가 무언가 잡으려고 힘을 다해 손을 뻗었을 때 나는 깨어났소. 이제 나는 사람을 존중해야 한다는 것을 배웠소. 그런 무시무시한 고독 가운데서는 내가 재산을 뻐기며 문전

박대했던 가장 별 볼 일 없는 사람들이라도 골콘다[17]의 보물보다 더 좋아하게 될 것이니 말이오."[18]

남아 있는 두 번째 질문은 『판단력 비판』 제2부의 핵심 문제입니다. 제2부는 제1부와 너무나 달라서 전체 저술의 통일성 결여 문제에 대한 비평이 늘 있었지요. 예컨대 보임러(Baeumler)는 그것이 "노인의 변덕"(Greisenschrulle)[19]에 불과한 게 아닌가라는 의문을 제기했었습니다. 『판단력 비판』 67절에서 제기된 이 두 번째 질문은 "도대체 사람들이 존재한다는 것은 왜 필요한가?"입니다. 이 질문 역시 일종의 뒤로 미뤄진 관심사였습니다. 여러분 모두 칸트가 말하는 제대로 된 철학의 내용으로 응답하게 되는 유명한 세 가지 질문이 "내가 무엇을 알 수 있는가?" "내가 무엇을 해야 하는가?" 그리고 "내가 무엇을 바랄 수 있는가?"라는 것임을 알 것입니다. 칸트는 강의 시간에 이 세 가지에 네 번째 질문을 추가했는데, 그것은 "인간이란 무엇인가?"입니다. 그리고 그는 이렇게 덧붙였지요. "이 질문들은 모두 '인간학적'이라고 불릴 수 있는데 이는 처음 세 질문이 모두 마지막 질문과 연결되기〔그것을 가리키기〕 때문이다."[20]

이 질문은 라이프니츠(Leibniz)·셸링(Schelling)·하이데거

---

17) 보물이 넘치는 곳으로 알려진 인도의 옛 도시 이름—옮긴이.
18) I. Kant, *Observations on the Feeling of the Beautiful and the Sublime*, trans. Goldthwait, pp.48-49의 주.
19) A. Baeumler, *Kant's Kritik der Urteilskraft: Ihre Geschichte und Systematik*, vol. 1: *Das Irrationalitätsproblem in der Aesthetik und Logik des 18. Jahrhunderts bis zur Kritik der Urteilskraft*(Halle: Max Niemeyer Berlag, 1923), p.15.
20) I. Kant, *Logic*, trans. R. Hartman and W. Schwarz, Library of Liberal Arts (Indianapolis: Bobbs-Merrill, 1974), p.29. (아렌트가 지칭하는 것은 칸트의 *Vorlesungen über die Metaphysik*다—베이너.)

(Heidegger)가 제기한 "왜 아무것도 없지 않고, 어떤 것이 존재하는 가?"라는 다른 질문과 명백히 연결됩니다. 라이프니츠는 이 질문을 "우리가 제기할 권리가 있는 최초의 질문"이라고 하면서, "그 이유는 무란 존재하는 어떤 것보다 더 단순하고 쉽기 때문이다"[21]라고 덧붙였습니다. 여러분이 이러한 "왜"라는 질문들을 어떤 방식으로 서술하든지 간에, 거기에 대해 "왜냐하면…"으로 시작하는 모든 대답은 어리석게 들릴 뿐이며 실제로 어리석은 것임에 분명합니다. 왜냐하면 그 "왜"라는 질문은, 예컨대 생명이 어떻게 발생되었는가 혹은 어떻게 우주가 (폭발과 함께 또는 폭발 없이) 존재하게 되었는가 등과 같은 질문처럼 어떤 원인을 실제로 묻는 것이 아니기 때문입니다.

오히려 그 질문은 일어난 모든 일이 무슨 목적을 위해서 일어난 것인지를 묻는 것입니다. 그리고 "예컨대 자연의 존재 목적은 자연을 넘어서 추구되어야 하며,"[22] 생명의 목적은 생명을 넘어서, 우주의 목적은 우주를 넘어서 추구되어야 합니다. 이러한 목적은 다른 모든 목적과 마찬가지로 자연이나 생명, 우주 이상의 것이어야 하며, 이러한 질문에 의해 자연과 생명, 우주는 즉시 그것보다 더 높은 어떤 것을 위한 수단으로 강등되지요.

(하이데거는 후기 철학에서 인간과 존재를 반복적으로 하나가 다른 하나를 전제하고 조건 짓는 일종의 상호조응 관계로 설정했습니다. 존재가 인간을 부른다, 인간은 존재의 보호자 또는 목자가 된다, 존재는 드러나기 위해 인간을 필요로 한다, 인간은 다른 독립체〔존재자Seiendes〕 혹은 다른 생명체와는 달리 단지 실존하기 위해 존재를 필요로 하는 것이 아니라 자기 자신의 존재에 대해 관심을 갖는다 등과 같이 말입니

---

21) Gottfried von Leibniz, "Principles de la Nature et de la Grâce, fondés en raison"(1714), par. 7.
22) 임마누엘 칸트, 『판단력 비판』, §67.

다.[23] 이는 무에 관한 모든 생각이 역설이라는 점을 피하기 위해서가 아니라, 이와 같은 "왜"라는 일반적 질문들에 내재해 있는 이런 종류의 상호갈등을 피하기 위해서입니다.)

『판단력 비판』의 제2부에서 도출된 이러한 당혹스러움에 칸트 자신은 아마도 우리가 자연의 목적이 무엇인가와 같은 질문들을 하는 까닭은 단지 우리 자신이 끊임없이 목적과 목표를 설계하는 목적적 존재이며 또 그러한 지향적 존재로서 자연에 속하기 때문이라고 답하지 않았을까요. 같은 맥락에서 세계 또는 우주가 시원을 갖고 있는지, 아니면 마치 신 자체와 같이 영원에서 영원으로 이어진 것인지 같은 명백히 대답 불가능한 질문을 하면서 우리가 스스로를 당혹스럽게 만드는 이유는 무엇인가라는 물음에 대해서도 우리가 본질적으로 새로 시작하는 자들(beginners)이기에 일생에 걸쳐서 새로운 시작들을 구성하고 있다는 사실을 지적함으로써 대답할 수 있을 것입니다.[24]

그러나 『판단력 비판』으로 돌아와보면 이 책의 두 부분 사이의 연결은 약하지만 그 자체로서, 즉 이 연결점들이 칸트 자신의 마음속에 존재했던 것으로 추정되기 때문에 다른 비판서의 그 어떤 부분보다도 정치적인 것과 더욱 밀접하게 관련되는 것 같습니다. 여기에 두 가지 중요한 연결고리가 있습니다.

첫째는 두 부분 가운데 어디서도 칸트가 인간을 지성적 또는 인지

---

23) Martin Heidegger, *Being and Time*, trans. John Macquarrie and Edward Robinson(New York and Evanston: Harper & Row, 1962), e.g., §4.

24) Gerhard Lehmann, *Kants Nachlasswerk und die Kritik der Urteilskraft*(Berlin, 1939), pp.73-74. ("우리가 본질적으로 새로 시작하는 자들"이라는 말은 『인간의 조건』에서 아렌트가 언급한, 인간은 새로운 일을 시작할 수 있는 능력, 즉 탄생성 natality을 가지고 있는 자들이라는 말과 연결된다—옮긴이.)

적 존재로 언급하지 않는다는 점입니다. 진리라는 단어가 문맥상 특수한 한 곳을 제외하고는 등장하지 않습니다.[25] 제1부는 존재하는 그대로의 모습으로서, 그리고 사회 안에서 살아가는 인간의 모습으로서, 복수로서의 인간에 대해 말하고 있습니다. 제2부는 유적(類的) 존재로서의 인간에 대해 말합니다. (칸트는 이 점을 강조하면서, 앞서 인용한 문장에 "왜 인간이 실존해야 한다는 것이 필요한지를… 만일 우리가 새로운 네덜란드인들 [또는 다른 원시 부족들]에 대해 이따금 생각을 던져보면 대답하기가 쉽지 않게 될 것이다"라는 말을 덧붙입니다.)[26] 『실천이성비판』과 『판단력 비판』의 가장 결정적인 차이점은, 전자에서 설명되는 도덕 규칙은 모든 지성적 존재에게 타당하지만, 후자에서의 규칙들은 그 타당성이 지상에 사는 인간에게만 엄격히 제한된다는 것입니다.

둘째 연결고리는 판단력이 특수자를 다룬다는 사실에 있습니다. 사유가 통상 다루는 "보편자에 견주어볼 때" 이 특수자는 "그 자체로 우연적인 것을 내포한"[27] 것이기도 하지요. 특수자는 다시 두 종류로 나뉩니다. 『판단력 비판』의 제1부는 판단의 대상, 즉 제대로 말하자면 우리가 미 자체라는 일반적 범주 아래에 종속시킬 수 없는 상태에서 "아름답다"고 말하는 대상을 다룹니다. 우리는 여기에 대해서는 적용가능한 규칙을 갖고 있지 않지요. (우리가 "이 장미는 참 아

---

25) 아렌트에 따르면 정치영역은 진리 주장과는 무관한 영역이다. 정치영역은 객관적인 타당성을 따질 수 있는 기준이나 척도가 존재하지 않는 영역이며, 복수성이 보존되고 진작되는 영역이다. 아렌트에 따르면, 정치영역은 관조적 삶(vita contemplativa)을 추구하는 철학이 관여할 수 없는 영역으로, 정치는 어디까지나 활동적 삶(vita activa)의 한 요소이자 인간의 탁월성과 관련되는 영역이다─옮긴이.

26) 임마누엘 칸트, 『판단력 비판』, §67.

27) 같은 책, §76.

름답구나!"라고 말할 때, "모든 장미는 아름답다, 이 꽃은 장미다, 그러
므로 이 장미는 아름답다"라는 식으로 그 판단에 도달한 것이 아닙니
다. 오히려 반대로, "아름다움이란 장미와 같고, 이 꽃은 장미니, 이 꽃
은 참 아름답다"인 것입니다.) 다른 종류의 특수자는 『판단력 비판』의
제2부에서 다루어지는 것으로, 어떠한 자연의 개별적인 독특한 산물
도 일반적 원인자들로부터 도출될 수 없다는 점과 연관됩니다. "(아
무리 질적으로 탁월하다 하더라도 사실상 우리의 이성처럼 유한한 이성
이라면) 그 어떠한 인간 이성이라도 단순한 기계론적 인과로는 풀 한
포기의 생성일지라도 이해할 수 있기를 절대로 바랄 수 없다."[28] (칸
트의 용어에서 "기계적"Mechanical이라는 말은 자연적 인과를 가리키
며, 그에 반대되는 "기술적"technical이라는 말은 "인위적", 즉 목적을 가
지고 제작한 것이라는 의미로 사용됩니다. 양자의 차이점은 스스로 존
재로 드러난 것과 구체적인 목표나 목적을 위해 제작된 것이라는 차이
입니다.) 여기서 강조점은 "이해"라는 말에 있습니다. 풀이 있다는 것
과 이 특정한 풀잎이 존재한다는 것을 (단순히 설명하는 것이 아니라)
내가 어떻게 이해할 수 있을까요? 칸트는 "자연적 산물에 있는 목적
의 원리"라는 목적론적 원리를 "자연의 특정 법칙들을 탐구하기 위
한 예비적(heuristic) 원리"로 도입함으로써 해결하려 하지만, 이는
"그것의 발생 양상(mode of origination)에 대해 더는 이해" 불가능하
게 만들어버리지요.[29] 우리의 관심은 칸트 철학의 이 부분에 있지 않
습니다. 이 부분은 특수자에 대한 판단을 다루고 있습니다. 엄밀히
말해 그 주제는 자연입니다. 우리가 앞으로 보게 될 것처럼 칸트가
비록 역사를 자연의 일부(지상에 사는 동물 종에 속하는 한에서의 인

---

28) 앞의 책, §77.
29) 같은 책, §78.

류의 역사)로 이해하기는 했지만 말입니다. 이 부분을 쓴 의도는 판단의 원리가 아니라 인지의 원리를 발견하기 위한 것입니다. 그러나 여러분이 "아무튼 인간이 존재한다는 것이 왜 필연적인가?"라는 질문을 제기할 수 있는 것처럼, 나무나 풀잎 등이 존재한다는 것이 왜 필연적인지에 대해서도 계속해서 질문할 수 있음을 여러분은 알아야 할 것입니다.

다른 말로 하자면, 『판단력 비판』의 주제들 — 자연의 사실로서 혹은 역사의 사건으로서의 특수자, 그러한 것을 다루는 인간의 정신기능으로서의 판단의 기능, 이러한 기능의 작용조건으로서의 인간의 사회성, 즉 신체와 물리적 조건을 가지고 있다는 이유에서만이 아니라 바로 인간 정신의 기능 때문에 인간은 다른 동료 인간들에게 의존하고 있다는 통찰 — 하나하나는 모두 엄청난 정치적 중요성을 갖는, 즉 정치적인 것을 위한 주제들이며 칸트가 비판적 작업(das kritische Geschäft)을 마침내 끝낸 노년에 이르러서야 되돌아온, 그가 오래전부터 가지고 있었던 관심사였습니다. 그리고 칸트가 "점점 늘어나는 내 시간들 가운데 가능한 멀리 있는 좋은 때를 이용해서"[30] 진행하려 했던 그 교의적(doctrinal) 부분에 대한 연구를 늦춘 것은 바로 이 관심사들을 위해서였습니다. 이 교의적인 부분은 "자연과 도덕의 형이상학"을 포함하는 것이었고, 여기에는 "판단의 기능을 위한 특별 항목이" 자리할 수 없었을 것입니다. 왜냐하면 특수자에 대한 판단 — '이것은 아름답고 이것은 추하다' 혹은 '이것은 옳고 이것은 그르다'는 판단 — 의 자리가 칸트의 도덕철학에는 없습니다. 판단력은 실천이성이 아닙니다. 실천이성은 "추론을 하면서"(practical reason "reasons"), 나에게 해야 할 것과 하지 말아야 할 것을 알려줍니다. 실

---

30) 앞의 책, 머리말.

천이성은 법을 만들며 의지와 동일하고, 의지는 명령을 발합니다. 반면 판단력은 "단순한 관조적 기쁨 또는 비행위적 기쁨(untätiges Wohlgefallen)"[31]에서 발생하지요.

이러한 "관조적 쾌락은 취미라고 불리므로"『판단력 비판』은 원래 '취미 비판'이라고 불렸습니다. "만일 실천철학이 관조적 쾌락에 대해 말한다면, 그것은 단지 지나가는 말로 언급한 것일 뿐 고유한 것으로서 그 개념이 언급된 것은 아니다."[32] 그럴듯하게 들리지 않나요? "관조적 기쁨과 비행위적 기쁨"이 어떻게 실천과 그 어떤 연관이라도 갖겠습니까? 이것이 칸트가 교의적 작업으로 돌아갔을 때, 특수하며 우연한 것에 대한 자신의 관심은 과거의 일이자 다소 주변적 사안으로 여기기로 작심했음을 결정적으로 입증하는 것은 아닐까요? 그렇다 해도 우리는 말년의 칸트에게 핵심적인 역할을 한, 즉 칸트가 매일 아주 조급하게 신문을 기다리게 만들었던 사건인 프랑스 혁명에 대한 그의 최후의 입장이 이러한 단순한 관찰자의 태도에 따라 이루어졌음을 알게 될 것입니다. 이 관찰자는 "게임에는 직접 관여하지 않지만" "간절히 바라는 마음으로 열정적으로 참여"하면서 그 게임을 따라가는 사람을 말합니다. 이는, 적어도 칸트에게는, 그들이 혁명을 일으키기를 원하게 되었음을 의미하지는 않았습니다. 그들의 공감은 단지 "관조적 기쁨과 비행위적 기쁨"에서 일어난 것이라는 말입니다.

이러한 주제들을 다루는 칸트의 후기 저술들에는 우리가 비판기

---

31) I. Kant, Introduction to *The Metaphysics of Morals*, section I: "Of the Relation of the Faculties of the Human Mind to the Moral Laws". *Kant's Critique of Practical and Other Works on the Theory of Ethics*, trans. Thomas Kingsmill Abbott(London: Longmans, Green, & Co., 1898), p.267 참조.

32) 같은 곳.

이전의 관심사와 연결되는 흔적을 찾을 수 없는 유일한 한 가지 요소가 존재합니다. 초기 칸트 어느 시기에서도 우리는 그가 엄밀하게 헌법적이고 제도적인 질문들에 대해 흥미로워했다는 흔적을 발견할 수 없습니다. 그런 관심은 칸트 인생의 후기에 현저히 나타나는데, 엄밀하게 정치적이라고 할 수 있는 논문들 대부분은 이때 쓰였지요. 이 논문들은 『판단력 비판』이 등장했던 1790년 이후에 작성되었으며, 더 의미심장한 점은 이때가 1789년, 즉 프랑스혁명의 해 이후라는 점입니다. 그때 이후로 그는 더는 자신의 관심을 특수자에, 역사에, 그리고 인간의 사회성에 배타적으로 기울이지 않았습니다. 그의 관심의 중심에는 오히려 지금 우리가 헌법이라고 부르게 된 것 — 정치체가 조직되고 구성되어야 하는 방식이나 "공화정", 즉 헌법에 기초한 정부의 개념, 국제관계에 관한 질문 등 — 이 있었습니다. 이러한 변화의 첫째 징후는 『판단력 비판』 65절의 주에서 발견된다고 할 수 있는데, 이는 이미 당시 칸트의 관심을 상당히 이끌었던 미국혁명에 관한 것입니다. 칸트는 다음과 같이 쓰고 있습니다.

최근에 일어난 한 위대한 민족을 하나의 국가로 바꾸는 완전한 변혁 가운데 **조직체**(organization)라는 말이 시의원들에 대한 규제 혹은 심지어 정치체 전체에 대한 규제에 대해 적절히 자주 사용되었다. 왜냐하면 그러한 조직적 전체 안에서 각 구성원은 분명히 수단일 뿐 아니라 목적이 되어야 하며, 전체의 가능성을 향해 모두가 함께 일하는 동안 각자의 자리와 기능은 전체의 이념에 의해 규정되어야 한다.

만년의 그를 끊임없이 사로잡았던 것은 바로 어떻게 민족을 국가(a state)로 조직화하는지, 어떻게 국가를 헌법의 기초에 놓는지, 어떻게 공영체 국가(a commonwealth)의 **기초를 놓을 것인지**, 그리고 이 질문들과 연관된 모든 법적 문제들이었습니다. 물론 이렇게 된 것은 자연의 책략이나 인간의 단순한 사회성에 대한 과거의 관심들이 다 함께 사라졌기 때문이어서가 아닙니다. 이는 그런 관심사에 모종의 변화가 이루어져서, 혹은 다른 말로, 그 관심사가 예상치 않은 새로운 형태로 나타난 것입니다. 그래서 우리는 『영원한 평화를 위해』에서 **방문권**(Besuchsrecht), 즉 외국을 방문할 수 있는 권리, 환대에 대한 권리, 그리고 "일시적인 체류의 권리"[33]를 정립하는 특이한 조항을 발견하게 됩니다. 그리고 같은 논문에서 우리는 자연, 즉 그 위대한 예술가를 "영원한 평화에 대한" 궁극적인 "보장"[34]으로 다시 발견합니다. 이렇게 칸트가 이 문제에 새롭게 사로잡히지 않고서는 그의 『도덕형이상학』을 "법이론"으로 시작했을 성싶지는 않습니다. 또한 그것 없이 그가 결국 (그의 정신 능력 저하에 대한 명백한 증거가 되는 『학부논쟁』 제2절에서) 다음과 같은 말을 했을 법하지도 않습니다. "국가의 헌법을 고안하는 것은 아주 달콤한 일이다"(Es ist so süss sich Staatsverfassungen auszudenken). "달콤한 꿈"의 완성은 "생각 가능한 일일 뿐만 아니라… 의무이기도 한데, [그러나] 이는 시민의 의무가 아니라 통치자의 의무다."[35]

33) I. Kant, *On History*, ed. Beck, p.102(*perpetual Peace*).
34) 같은 책, p.106.
35) 같은 책, pp.151-152, 주(*The Strife of Faculties*, Part II: "An Old Question Raised Again: Is the Human Race Constantly Progressing?").

세 번째 강의 | 공공성

칸트가 말년에 — (흄이 젊은 시절의 칸트를 독단의 잠에서, 그리고 루소가 성년기의 칸트를 도덕의 잠에서 깨운 것처럼) 미국혁명이, 그리고 그 이상으로는 프랑스혁명이 칸트를 소위 정치적 잠에서 깨웠던 시기에 — 가졌던 문제가 어떻게 '국가조직의 문제를 도덕철학, 즉 실천이성의 명령과 화해시킬 수 있는가'로 되었는지 사람들은 궁금해할 것입니다. 그런데 놀라운 사실은 칸트가 자신의 도덕철학이 여기서 아무런 도움이 되지 않는다는 것을 알았다는 것입니다. 그래서 그는 모든 도덕화 작업에 거리를 두면서, 문제는 "도덕적으로 선한 사람이 아니라도 좋은 시민이 되려면" 어떻게 해야 하는지라는 점, 그리고 "좋은 헌법은 도덕성에서 도출되기를 기대할 수 없고, 오히려 그와 반대로 한 민족의 좋은 도덕적 조건은 좋은 헌법 아래서 기대할 수 있다"[36]는 점임을 이해했습니다. 이는 "선한 사람은 좋은 국가에서만 좋은 시민이 될 수 있다"라는 아리스토텔레스의 말을 떠올리게 하지만, 칸트의 다음 결론과는 구별됩니다. (이 결론은 놀랍게도 좋은 시민성에서 도덕성을 분리한다는 점에서 아리스토텔레스를 훨씬 능가합니다.)

국가를 조직하는 문제는 아무리 어려워 보여도, 심지어 악마의 종족인 경우라도, 그들이 지성적이기만 하다면 해결할 수 있다. 문제는, "다수의 합리적인 존재들이 자신의 보존을 위한 보편적 법칙을 요구하면서도 그들 각자가 그 보편적인 법칙들에서 자기만은 몰래 예외가 되려는 경향을 보일 때, 비록 그들 간에 사적인 의도들 때

---

36) 앞의 책, pp.112-113(*perpetual Peace*).

문에 갈등이 일어나더라도 그들이 서로 감시해, 그 결과 그들이 공적으로 마치 그 같은 사적 의도를 가지지 않은 것처럼 행동하도록 헌법을 수립하는 것"이다.[37]

이 구절이 결정적입니다. 칸트가 말했던 것은 ── 아리스토텔레스의 공식으로 변형하면 ── 나쁜 사람도 좋은 국가에서 좋은 시민이 될수 있다는 것입니다. 여기서 "나쁜"에 대한 그의 정의는 그의 도덕철학과 일치합니다. 정언명법은 당신의 행위 준칙이 항상 보편적 법칙이 될 수 있는 방식으로 행동하라는 것, 즉 "나의 준칙이 보편적인 법칙이 되기를 바라지 않는다면 나는 결코 그렇게 행동하지 않겠다"[38]라는 것입니다. 문제의 핵심은 간단합니다. 칸트의 말로 표현하자면, 나는 특정한 거짓말을 하려고 할 수 있지만 그래도 "거짓말하는 것이 보편적인 법칙이 되는 것을 결코 원할 수 없"습니다. "왜냐하면 그러한 법칙이 있다면 어떠한 약속도 존재할 수 없게 되기 때문"이지요.[39] 혹은 다음과 같이 말할 수 있습니다. '나는 훔치기를 원한다. 하지만 나는 훔치는 것이 보편적인 법칙이 되길 원할 수 없다. 왜냐하면 그러한 법이 있다면 어떠한 재산도 존재할 수 없기 때문이다.' 칸트에 따르면 나쁜 사람이란 혼자서 예외가 되려는 사람입니다. 그는 악을 의도하는 사람이 아닌데, 왜냐하면 그렇게 되기가 불가능하기 때문입니다. 여기서 말하는 "악마의 종족"이란 통상적 의미에서의 악마가 아니라, "몰래 예외가 되려는 성향을 가진" 이들입니다. 초점은 **몰래**라는 말에 있습니다. 그들은 그것을 공적으로는 할 수 없습

---

37) 앞의 책, p.112.

38) I. Kant, *Fundamental Principles of the Metaphysics of Morals*, trans. Thomas K. Abbott, Library of Liberal Arts(Indianapolis: Bobbs-Merrill, 1949), p.19.

39) 같은 책, pp.20-21.

니다. 그럴 경우 명백히 공통의 관심사에 반하는 처지가 되기 때문이지요. 아무리 그들이 악마의 종족에 속한다 해도 그들은 민족의 적이 되어버립니다. 그래서 정치에서는, 도덕과는 달리, 모든 것이 "공적 행위"에 의존합니다.

그러므로 이 구절들은 『실천이성비판』 출간 이후에야 쓰였던 것처럼 보일 수 있습니다. 하지만 그것은 오류입니다. 이 또한 비판기 이전부터 계속되어온 생각이기 때문이지요. 이제야 그 생각이 칸트 도덕철학의 용어로 정식화되었을 뿐입니다. 『미와 숭고의 감정에 관한 관찰들』에는 다음과 같은 구절이 있습니다.

사람 가운데는 원리들에 따라 행동하는 사람은 거의 없다. 그런 사람은 극단적으로 선한 사람인데, 왜냐하면 사람들은 이러한 원리들에 있어서 곧잘 실수하기 때문이다. …〔원리에 근거해서 행동하는 사람보다〕선의의 충동에 따라 행동하는 사람이 훨씬 더 많다. …〔하지만〕동물적 세계를 규칙에 따라 잘 통제하는 그런 다른 본능들도… 자연의 위대한 목적을 마찬가지로 잘 수행한다. …〔그리고〕대부분은… 자신이 가장 사랑하는 자아를 자기의 노력에 대한 유일한 준거로서 자기 눈 앞에 고정시켜놓고서… 자기이익(self-interest)을 마치 큰 축처럼 모든 것의 중심에 놓고 돌리려고 한다. 이것보다 더 유익한 것은 없을 것이다. 이런 것들이 가장 부지런하며, 질서 있고 신중한 것이기 때문이다. 그들은 전체를 지지하고 연대하게 되는데, 그들은 그럴 의도도 없이 공동선에 기여한다.[40]

---

40) I. Kant, *Observations on the Feeling of the Beautiful and Sublime*, (Section Two의 끝), trans. Goldthwait, p.74.

여기서는 "악마의 종족"이 마치 "더 훌륭한 사람들이 미와 조화를 전파할 수 있는 필수 조건들과 기초들을 제공하는 데" 필수적이라는 말처럼 들리기조차 합니다.[41] 우리는 여기서 칸트식의 계몽된 자기 이익(enlightened self-interest) 이론을 보게 됩니다. 이 이론은 아주 중요한 결함들을 가지고 있지요. 하지만 정치철학의 맥락에서 보면 칸트 입장의 핵심은 다음과 같습니다. 첫째, 이 도식은 행동하는 사람의 배후에 "자연의 위대한 목적"이 작동한다고 가정하는 한에서만 작동한다는 것이 명백합니다. 그렇지 않다면 악마의 종족은 자신을 파괴할 것입니다. (칸트에게 악은 일반적으로 자기 파괴적입니다.) 자연은 종족 보존을 원하며, 그 자손들에게 요구하는 것은 자기 보존적이 되고 머리를 쓰라는 것뿐입니다. 둘째, 더 나은 정치적 변화를 일으키기 위해서 인간의 어떤 도덕적 전환, 심성의 혁명이 필수적이라거나 요구된다거나 또는 바라지지 않는다는 확신이 있습니다. 그리고 셋째, 한편으로는 헌법에 대한 다른 한편으로는 **공공성**에 대한 강조입니다. "공공성"은 칸트의 정치적 사유의 핵심 개념 가운데 하나입니다. 이 맥락에서 본다면 사악한 생각은 정의상 비밀스럽다는 그의 확신을 가리킵니다. 그래서 그의 마지막 저작 가운데 하나인 『학부논쟁』에서 우리는 다음의 구절을 읽게 됩니다.

지배자는 왜 자신에 반대하는 사람들의 어떠한 권리도 절대로 인정하지 않는다고 감히 공개적으로 선언할 수 없는가? …그러한 공적 선언은 모든 신하들이 자기에게 대항해 일어서게 할 수 있기 때문이다. 온순한 양처럼, 호의적이고 분별력 있는 주인에게 이끌려 잘 먹여지고 강력한 힘으로 보호받아 자신의 복지에서 부족하고

---

41) 앞의 책, 같은 곳.

아쉬운 것이 전혀 없다 해도 말이다.[42]

글자 그대로, 존재하지 않는 칸트의 주제 ―즉, 쓰이지 않은 그의 정치철학―에 대해 토론하기 전에 내가 제시한 모든 정당성에 도전하는, 우리가 결코 전적으로 극복할 수 없는 하나의 반론이 있습니다. 칸트는 인간에게 철학하게 만들고, 또 칸트 자신이 철학을 통해 답을 제시하고자 했던 세 가지 핵심 질문을 반복적으로 정식화했는데, 이 질문 가운데 어느 것도 정치적 동물(zōon politikon)로서의 인간에 관한 것은 없습니다. 이 질문들 ―나는 무엇을 알 수 있는가? 나는 무엇을 해야 하는가? 나는 무엇을 희망할 수 있는가? ―가운데 두 가지는 형이상학의 전통적 주제인 신과 불멸성에 대해 다루고 있습니다. 두 번째 질문인 나는 무엇을 해야 하는가? 및 그와 관련된 자유의 이념이 어떤 방식으로든 우리의 탐구에 도움이 되리라 기대한다면 심각한 실수가 될 것입니다. (반대로 칸트에게 시간과 정력이 충분히 있었더라면 적절하게 표현해내었을 그런 정치철학을 우리가 제시하려 할 때, 칸트가 그 질문을 서술하고 그에 답했던 방식은 우리의 방식 가운데 존재하게 될 것입니다. 그리고 이는 칸트 자신의 방식 가운데, 즉 그가 자신의 정치적 통찰을 도덕철학과 조화시키려고 했을 때에도 존재했다고 할 수 있을 것입니다.) 두 번째 질문은 행위(action)[43]를 전혀 문제 삼고 있지 않으며, 칸트는 그 어디에서도 행위에 대해 다루지 않고 있습니다. 그는 인간의 기본적 "사회성"에 대해 주의 깊게

---

42) I. Kant, *On History*, ed. Beck, p.145, 주("An Old Question Raised Again").
43) 여기서 말하는 행위(action)란 정치적 행위를 말한다. 아렌트는 넓은 의미의 행동(behavior)와 행위를 구분했고, 활동적 삶(vita activa)를 구성하는 노동(labor), 작업(work)과 행위는 다른 특징을 갖는 것으로 『인간의 조건』에서 설명하고 있다―옮긴이.

설명하면서, 그것의 요소로서 인간이 소통해야 할 필요성을 의미하는 소통 가능성(communicability)과, 단지 생각뿐만 아니라 출판을 위한 공적 자유—"펜의 자유"—를 의미하는 공공성(publicity)을 언급했습니다. 그렇지만 행위를 위한 기능 혹은 필요에 대해서는 알지 못했지요. 따라서 칸트에게 "나는 무엇을 해야 하는가?"라는 질문은 타자에게서 독립해 있는 자아의 행동과 관련됩니다. 이 자아는 인간이 무엇을 알 수 있는지, 또 사유는 가능(thinkable)하지만 인식은 불가능(unknowable)한 것이 무엇인지를 알기 원하는 바로 그 자아이며, 불멸의 문제와 연관해서 우리가 합리적으로 희망할 수 있는 것이 무엇인지를 알기 원하는 자아와 같은 자아입니다.

이 세 질문은 기본적으로 아주 단순한, 거의 원초적인 방식으로 서로 연결되어 있습니다. 『순수이성비판』에서 주어진 첫 번째 질문에 대한 대답은 내가 무엇을 인식할 수 있는지와 내가 무엇을 인식할 수 없는지—이는 최종 분석에서 더욱 중요합니다—에 대해 말해줍니다. 칸트에게 형이상학적 질문은 바로 내가 인식할 수 없는 것을 다룹니다. 하지만 나는 인식할 수 없는 것에 대해 생각하지 않을 수는 없지요. 왜냐하면 그것은 내가 가장 관심이 있는 것, 즉 신의 존재, 자유—이것이 없다면 인생이 존엄할 이유가 없게 되어 "짐승처럼" 되어버립니다—그리고 영혼의 불멸과 관련되기 때문입니다. 칸트의 용어로 말하자면 이러한 질문들은 실천적 질문들인데, 그에 대해 어떻게 생각해야 하는지를 알려주는 것이 실천이성입니다. 종교조차도 "이성의 한계 안"에 있는 이성적 존재로서의 인간을 위해서 존재하지요. 나의 주요 관심사, 즉 내가 무엇을 희망할 수 있는지에 대한 대답은 미래의 삶에서의 지극한 행복(felicity)입니다. 그리고 내가 그것을 가질 가치가 있다면—즉, 내가 옳은 방식으로 행한다면—내가 희망할 수 있는 것이 바로 그것입니다. 칸트는 한 강의와 에세이에서 이 세 질문을 종합할 수 있는 네 번째 질문을 추가했습니다. 바로 '인간은 무엇인가?'라는 질문입니다. 그런데 이 마지막 질문은 비판서들에서 등장하지 않습니다.

더욱이 ─ 제3비판의 질문인 ─ 나는 어떻게 판단할 것인가라는 질문 또한 빠져 있기 때문에, 이러한 기초적인 철학적 질문들이 인간 복수성(human plurality)의 조건에 대해서는 언급조차 하지 않고 있습니다. 물론 두 번째 질문에 다른 사람이 함께 있지 않으면 자신의 행동을 규제한다는 것이 의미 없게 된다는 점이 함축되었다는 것을 제외한다면 말입니다. 그러나 자신을 향한 의무에 관한 칸트의 주장, 즉 도덕적 의무는 모든 성향에서 자유로워야 하고 도덕법칙은 이 지구상에 사는 인간뿐 아니라 우주에 있는 모든 지성적 존재에게도 타당해야 한다는 주장은 이 복수성의 조건을 최소한으로 제한했습니다. 이 세 질문 모두의 바탕에 있는 태도는 자기에 대한 관심일 뿐 세계에 대한 관심이 아닙니다.

그리고 칸트는 '모든 사람은 행복을 욕망한다'(Omnes homines beati esse volunt)라는 로마의 격언에 전적으로 동의하기는 했지만, 자신이 행복할 가치가 있다고 확신하고 있지 않다면 행복에 이를 수 없을 것이라고 생각했습니다. 다른 말로 하면 ─ 이 말은 주로 지나가는 말로 칸트가 여러 번 반복하고 있는데 ─ 인간에게 다가올 수 있는 가장 큰 불행은 자기경멸(self-contempt)입니다. 그는 멘델스존(Moses Mendelssohn)에게 보낸 편지(1766년 4월 8일 자)에서, 다른 사람에 의한 평판의 상실이 아니라 "자기승인(Selbstbilligung)의 상실이 내게 일어날 수 있는 최악의 일일 것이다"라고 썼지요. ("하나인 나와 내 자신이 조화를 이루지 못하는 것보다, 대중과 어울리지 못하는 것이 내게 더 나을 것이다"라고 한 소크라테스의 주장을 생각해보십시오.) 따라서 이 생에서 개인의 최고 목표는 지상에서는 누릴 수 없는 지고의 행복의 자격을 갖는 것입니다. 이런 궁극적 관심에 비하면 인간이 삶에서 추구하는 모든 다른 목표와 목적 — 물론 자연이 우리의 배후에서 이루어내는 종의 진보라는 의문스러운 목표를 포함해서 — 은 지엽적인 문제일 뿐입니다.

그런데 바로 이 점에서 우리는 정치와 철학의 관계에 대한 지독히도 어려운 문제, 즉 철학자들이 정치영역 전반에 대해 쉽게 갖는 태도에 관한 문제만큼은 적어도 언급하지 않을 수 없습니다. 분명히 다른 철학자들은 칸트가 하지 않은 일을 했지요. 다시 말해 정치철학에 대해 글을 썼습니다. 그러나 이게 그 철학자들이 정치에 대한 더 높은 식견을 가졌다거나, 정치적 관심이 그들의 철학에서 더욱더 중심적이었음을 의미하지는 않습니다. 이런 사례는 너무나 많아서 인용을 시작할 수도 없을 정도군요. 예를 들면 분명히 플라톤은 철학자가 왕이 되어야 한다는 견해를 정당화하기 위해 『국가』를 썼지만, 이는 철학자가 정치를 즐기기 때문이 아니었습니다. 그 이유는 철학자가 통치하면 첫째로 그들이 자신보다 못한 사람들에 의해 통치받지 않게 되고, 둘째로 철학자들의 삶을 위한 명백히 최고의 조건인 완전한 고요, 즉 절대적 평화가 국가에 도래할 것이기 때문입니다. 아리스토텔레스는 플라톤을 따르지 않았지만, 분석 끝에 정치적 삶(bios politikos)이 관조적 삶(bios theōretikos)을 위해 존재한다고 주장했지요. 그리고 스스로 철학자인 입장에서 아리스토텔레스는 『정치학』에서조차도 오직 철학만이 인간에게 독립적으로, 즉 타인의 도움이나 존재 없이도 즐겁게 지낼 수 있게(di' hautōn chairein) 해준다고 명백히 말했습니다.[44] 여기서 독립성 또는 자기충족성이 최고선에 속한다는 것은 자명합니다. (아리스토텔레스에 따르면 오직 활동적 삶만이

---

44) 아리스토텔레스, 『정치학』, 1267a10 ff.

행복을 확실히 보장하지요. 그러나 만일 삶이 독립적이고 그 자체로 완결적인 "사유나 반성의 과정"에 있다면, 그 "행위"가 "타인과 관계를 맺고 있는 삶이어야 할… 필요는 없"습니다.)[45] 스피노자는 자신의 정치적 저술 제목에서 바로 그 저술의 궁극 목표가 정치적 자유가 아니라 '철학적 자유'(libertas philosophandi)라고 명시했습니다. 심지어 정치철학에 대해 쓴 저술가(마키아벨리나 보댕, 몽테스키외는 철학에 관여했다고 할 수 없습니다) 가운데 누구보다도 더 정치적 관심에 근접했던 홉스(Thomas Hobbes)조차도 정치의 위험을 피하고 인간으로서 가능한 만큼의 평화와 고요를 보장하기 위해 『리바이어던』을 썼지요. 아마 홉스만큼은 논외로 하더라도, 그들 모두는 이 모든 인간사 영역을 너무 심각하게 신경 쓰지 말라는 플라톤의 입장에 동의했을 것입니다. 이러한 문제들에 대한 파스칼의 다음 글은, 프랑스 도덕주의 풍으로 썼기 때문에 불손하고 그 의미가 신선하면서도 풍자적인데, 이 사안을 다소 과장했을 수는 있으나 그 핵심만큼은 정확히 지적하고 있습니다.

우리는 플라톤과 아리스토텔레스에 대해 학자다운 위엄이 풍기는 의상을 입고 있는 모습으로만 생각할 뿐이다. 그런데 그들은 다른 사람들과 마찬가지로 친구와 함께 웃으며 지낸 진솔한 사람들이었는데, 그들이 기분전환을 하고 싶었을 때 『법률』과 『정치학』을 쓰고는 흥겨워했다. 그들의 삶에서 그 부분만큼은 가장 최소한으로 철학적이었고 가장 최소한으로 진지했다. 가장 철학적〔인 것〕이란 단순하게 그리고 조용히 사는 것이었다. 그들이 정치에 대해 글을 쓴다면 그것은 마치 정신병원을 위한 규칙을 만드는 것과 같은 것

---

45) 앞의 책, 1325b15 ff.

이었다. 그들이 중대한 문제들에 대해 말하는 척한 것은 그들이 말한 대상이 스스로를 왕과 황제라고 생각하고 있는 미치광이들임을 알았기 때문이었다. 그들의 광기를 가능한 한 덜 해롭게 하려고 그들의 원칙을 만들기 시작했다.[46)

네 번째 강의 | 인간의 복수성

나는 철학과 정치의 관계에 대해, 다시 말해 거의 모든 철학자가 인간사 영역(ta tōn anthrōpōn pragmata)에 가져왔던 태도에 대해 여러분의 시선을 끌 목적으로 파스칼의 "생각"을 여러분들에게 읽어 주었습니다. 로버트 커밍(Robert Cumming)은 최근에 "현대 정치철학의 주제는… 정치체(polis)나 정치학이 아니라 철학과 정치의 관계다"[47)라고 말했습니다. 이 언급은 실제로 모든 정치철학에, 무엇보다도 아테네에 그 기원을 둔 정치철학에 적용됩니다.

칸트와 정치의 관계에 대해 이러한 일반적인 관점에서 ─ 즉, 전문가적 변형(déformation professionnelle)[48)이 그만의 잘못이 아니라 하나의 일반적 특징임을 고려해 ─ 고찰한다면 우리는 몇 가지 일치점과 또한 아주 중요한 차이점들을 발견하게 될 것입니다. 가장 놀랄 만한 주요 일치점은 삶과 죽음에 대한 태도에 있습니다. 플라톤은 오

---

46) Blaise Pascal, *Penseés*, no.331, trans. W. F. Trotter(New York: E. p. Dutton, 1958).
47) Robert D. Cumming, *Human Nature and History: A Study of the Development of Liberal Political Thought*(Chicago: University of Chicago Press, 1969), vol.2, p.16.
48) 한 영역의 전문가가 다른 영역의 내용을 다루면서 자신의 관점에 적합하게 변형해 활용하는 태도를 가리키는 말─옮긴이.

직 육체만이 도시에 거주하고 있다고 말했고, 『파이돈』(*phaedo*)에서
도 철학자의 삶은 마치 죽음과 같다는 일반인들의 말이 얼마나 옳은
지를 설명했음을 여러분은 기억할 것입니다.[49] 철학자는 육체와 영혼
의 분리를 의미하는 죽음을 환영하지요. 철학자는 아무튼 죽음과 사
랑에 빠져 있는데, 이는 육체가 모든 욕망을 위해 영혼이 추구하는
바를 지속해서 훼방하기 때문입니다.[50] 다른 말로 하면, 참된 철학자
는 삶이 인간에게 부여한 생의 조건을 받아들이지 않습니다. 이것은
단지 플라톤만의 변덕이나 육체에 대한 그만의 적개심은 아닙니다.
이러한 생각은 "가멸적 존재의 억견"[51]과 감각 경험의 착각에서 벗어
나 천상을 향해 가는 파르메니데스의 여행이라는 개념 가운데 함축
되어 있고, 헤라클레이토스가 동료 시민으로부터 벗어나 살아간 이
유 속에 함축되어 있으며, 또한 진짜 고향이 어디인지 물었을 때 하
늘을 가리켰던 사람들 속에 존재한 것입니다. 즉, 그것은 이오니아에
서 이루어진 철학의 시작 속에 이미 내재해 있습니다. 만일 우리가
로마인들처럼, 살아 있음의 의미를 사람 가운데 있음(inter homines
esse)과 동의어로 이해한다면 (그리고 사람 가운데 있지 않음sinere
inter homines esse을 죽음과 동의어로 이해한다면) 우리는 피타고라스

---

49) 플라톤, 『파이돈』, 64.

50) 같은 책, 67.

51) 인간을 가멸적(mortal)이라고 부르는 것은 인간에게 생물학적인 삶의 종말이
　　다가온다는 사실만을 말하는 것이 아니다. 다른 동물의 경우는 종(種)으로 존
　　재하지만 인간은 종의 일원으로 사는 것이 아니라 개인으로 살고 있으며, 가
　　멸적이라는 말은 오직 개인으로 존재하는 인간에게만 적용된다. 고대 로마인
　　들에게 개인의 경우 가멸을 넘어 불멸(immortality)에 이르는 길은 위대한 일
　　을 해 다른 사람에게 기억되는 것이다. "억견"의 영어 원문은 opinion이다. 고
　　대 그리스 철학용어 번역에서는 주로 이 말을 참된 인식과 대립되는 잘못된
　　생각이라는 의미에서 '억견'이라고 번역하지만, 현대어로는 '의견'이다. 이
　　책에서는 문맥에 따라 두 번역어 모두 활용했다―옮긴이.

시대 이후의 철학에 존재했던 종파적 경향성을 이해하는 중요한 첫 번째 단서를 가진 것입니다. 철학 종파 속으로 들어가는 것은 우리가 살아 있다는 점과 사람들 속에서 살아간다는 점에 대한 두 번째로 좋은 치유책이지요. 소크라테스에게서도 비슷한 입장을 발견하게 된다는 점은 무엇보다도 놀라운데, 그는 무엇보다도 철학을 천상에서 지상으로 끌어내린 사람입니다. 그는 『변론』에서 죽음을 꿈 없는 잠에 비유하면서, 위대한 페르시아의 왕조차도 그가 보낸 수많은 낮과 밤 가운데 꿈에 시달리지 않고 잠든 하룻밤보다 더 좋고 쾌적한 때를 기억하기가 어려울 것이라고 주장했습니다.[52]

그리스 철학자들의 이러한 증언을 평가하는 작업에는 한 가지 어려움이 있습니다. 이 증언들은 소포클레스의 유명한 구절, "태어나지 않는 것이 무엇보다도 좋지만, 일단 태어났다면 왔던 곳으로 가능한 한 빨리 되돌아가는 것이 그다음으로 좋다"(Mē phunai ton hapanta nika logon; to d', epei phanē, bēnai keis' hopothen per hēkei polu deuteron hōs tachista, 『오이디푸스』 *Oedipus at Colonus*, 1224-26)에 나타나는 일반적인 그리스적 비관주의에 비추어 이해되어야 합니다. 생에 대한 이런 감정은 그리스 사람들과 더불어 사라졌습니다. 이와 반대로, 사라지지 않고 이후의 전통에 가장 큰 영향을 준 것은 ― 저자들이 특정한 그리스적 경험에서 말하든 또는 철학자의 특정한 경험에서 말하든 간에 ― 철학이 무엇에 관한 것인지에 대한 평가입니다. 플라톤의 『파이돈』보다 이에 더 큰 영향을 준 책은 거의 없다고 할 수 있지요. 철학이 인간에게 가르쳐주는 것이 무엇보다도 어떻게 죽을 것인지에 관해서라는 것은 로마 및 고대 후기의 공통된 생각인데, 이는 그것의 세속화된 형태입니다. (이것은 비그리스적인 것입니다.

---

52) 플라톤, 『변론』, 40.

그리스에서 수입된 철학이 로마에서는 노인들의 관심사였지만, 그리스에서는 젊은이들을 위한 것이었지요.) 여기서 우리가 주목할 점은 이러한 죽음에 대한 선호가 플라톤 이후 철학자들에게 일반적인 주제가 되었다는 것입니다. 스토아학파의 창시자인 제논(Zeno)이 (3세기에) 최상의 삶을 살기 위해 무엇을 해야 하는지 델포이 신탁에 물었을 때, 신탁의 대답은 "죽은 자의 색깔을 입어라"라는 것이었습니다. 이 신탁은 늘 그렇듯 애매하지요. "너는 죽은 것처럼 살아라"를 의미할 수도 있고, 또 제논 자신이 해석했듯이 "고대인들을 연구하라"라는 의미일 수도 있습니다. (이 일화는 서기 3세기에 살았던 디오게네스 라에르티오스Diogenes Laertius에게서 전해지는 것인데〔『철학자들의 삶』Lives of Philosophers, 7.21〕, 그는 서기 3세기에 살았으며 델포이 신탁의 말이나 제논의 해석의 사실 여부는 불확실합니다.)

삶에 대한 이 같은 노골적인 회의는 기독교 시대에 그 어떤 무모한 형태로도 살아남지 못했는데, 그 이유는 여기서 다루지 않겠습니다. 우리는 그 회의를 현대의 변신론(theodicies), 즉 신에 대한 정당화 속에서 특징 있게 변형된 모습으로 발견할 수 있습니다. 변신론의 배후에는 우리가 알고 있는 이 삶이 정당화되어야 할 큰 필요가 있는 게 아닌가라는 회의가 번득이고 있습니다. 이런 삶에 대한 회의가 인간사 모든 영역에 대한 평가절하를 함축한다는 점, 즉 "생의 우울한 무계획성"(칸트)은 명백합니다. 그런데 여기서 초점은 지상에서의 삶이 불멸하지 않는다는 데 있지 않고, 그리스인이 말하는 신들의 삶처럼 "쉽지" 않고 번거로우며, 근심과 염려와 한숨과 슬픔에 차 있다는 것, 그리고 거기서 오는 고통과 불쾌감이 항상 쾌감과 희열을 능가한다는 데 있습니다.

이러한 일반적 비관주의를 배경으로 볼 때, 철학자가 인간 생명의 가멸성과 짧음에 대해 불평하지 않는 것을 이해하는 것은 상당히 중요합니다. 칸트는 이 점에 대해 명백히 "더 오래 사는 것은 단지 환난과 끊임없는 전쟁놀이를 연장하는 것일 뿐이다"[53]라고 언급하기도 했습니다. "인간이 800년 혹은 그 이상의 수명을 기대할 수 있다"고 하더라도 인류가 그로 인해 이익을 보게 되지는 않을 것입니다. 왜냐하면 "그토록 긴 삶과 함께 주어지는" 악덕들이 "그 삶을 지상에서 쓸어버리는 것과 같은 운명에 해당할 정도이기 때문"이지요. 물론 이는 인류의 진보에 대한 희망과 모순되는데, 이 희망은 옛 구성원들이 죽고 새로운 구성원들이 태어나는 가운데 항상 방해를 받아왔습니다. 새 구성원들은 옛 구성원들이 알았던 것, 또 그들이 더 오랜 기간 살 수 있었다면 더욱 발전시킬 수 있었던 것을 학습하는 데 아주 오랜 시간을 소비해야만 하기 때문입니다.

따라서 그 가치가 문제시되는 것은 삶 자체입니다. 그리고 이런 점에서 고전시대 이후에 칸트만큼 (비록 부지불식간일지라도) 그리스 철학자들과 일치하는 사람은 거의 찾을 수 없습니다.

우리가 즐기는 것으로 [즉, 행복으로] 인생의 가치를 평가한다면 쉽게 판정할 수 있을 것이다. 그것은 영점 이하로 내려갈 것이다. 같은 조건 아래서 인생을 다시 살라고 한다면 누가 다시 살겠는가. 인생이 그저 즐기는 것만을 지향한다면 비록 스스로 새롭게 조건을 선택해서 (그러나 자연의 순리에 부합해) 다시 산다 해도 누가 다시 살려고 하겠는가?[54]

또 변신론에 대해서는 다음과 같이 쓰고 있습니다.

---

53) I. Kant, *On History*, ed. Beck, p.67 ("Conjectural Beginning of Human History").
54) 임마누엘 칸트, 『판단력 비판』, §83, 주.

〔만일 신의 선함에 대한 정당화가〕 인간의 운명 안에서 악이 쾌적한 생의 즐거움을 능가하지 못함을 보여주는 데 달려 있다면, 그리고 그 이유가 사람이 아무리 어렵게 지내더라도 죽기보다는 살기를 택하기 때문이라면… 이런 궤변에 대한 대답을 충분히 오래 살면서 인생의 가치를 생각한 모든 사람의 양식에 맡겨보라. 여러분은 그들에게 지금과 같은 조건이 아니라, 비록 동화와 같지는 않더라도 우리의 지상 세계에서 가능한 그 어떤 조건을 가지고 살 수 있다면 삶의 게임을 한 번 더 해볼 용의가 있는지 묻기만 하면 된다.[55]

같은 논문에서 칸트는 인생에 대해, 최상의 인간조차도 "속 태우면서 일생을 보내야 하는"(seines Lebens nicht froh wird) "보호관찰(probation)의 기간"이라고 불렀고, 『실용적 관점에서 본 인간학』에서는 "인생 자체 위에 놓인 것 같은 짐"[56]에 대해 말합니다. 그리고 여러분이 만일 ──즐김, 쾌락과 고통, 행복에 강조점이 주어져 있다는 이유에서── 이것이 철학자로서나 개인으로서 칸트에게 단지 작은 문제에 불과했을 것으로 생각한다면, 칸트가 남긴 (금세기에 비로소 출간된) 여러 글에서, 오직 쾌(Lust)와 불쾌(Unlust)만이 "절대자를 구성하는데 이는 그것이 인생 자체이기 때문이다"[57]라고 말한 것에 유의해야 합니다. 그런데 『순수이성비판』에는 "가치와 행복"이 적절히 연결된 미래의 삶을 "가정하도록" 이성이 "제약되어 있다"

---

55) I. Kant, "Über das Misslingen aller philosophischen Versuche in der Theodicee"(1791), *Gesammelte Schriften*, Prussian Academy edition, 8:253-271.

56) I. Kant, *Anthropology from a Pragmatic Point of View*, trans. Mary J. Gregor (The Hague: Nijhoff, 1974), §29.

57) I. Kant, *Gesammelte Schriften*, Prussian Academy ed., 18:11.

라는 구절도 있습니다. "그렇지 않다면 이성은 도덕법칙들을 두뇌가 만든 공허한 허구(leere Hirngespinste)로 여겨야"[58] 하겠지요. 나는 무엇을 희망할 수 있는가라는 질문에 대한 대답이 미래 세계에서의 삶이라고 했을 때, 그 강조점은 불멸이 아니라 더 나은 삶에 있습니다.

이제, 칸트가 어떤 생각을 가짐으로써 이처럼 깊이 뿌리박힌 우울 성향을 극복할 수 있었는지 알아보기 위해 먼저 그 자신의 철학을 탐구해봅시다. 칸트가 이것을 자신의 과제로 삼고 있었음은 의심의 여지가 없으며, 칸트 자신도 이를 잘 알고 있었습니다. 다음의 "우울한 정신 구조를 가진 인간"에 대한 묘사는 분명히 자화상입니다.

〔이 사람은〕 다른 사람의 판단, 즉 그들이 무엇을 옳거나 참이라고 생각하는지에 대해 거의 신경을 쓰지 않는다〔Selbstdenken〕. …진실성은 숭고한 것이며, 그는 거짓이나 위선을 혐오한다. 그는 인간 본성의 품격에 대한 고귀한 감정을 갖고 있다. 그는 자신을 가치 있게 여기고 인간을 존경받을 만한 생명체로 여긴다. 그는 어떠한 저급한 굴종도 하지 않으며, 고결한 가슴으로 자유를 숨 쉰다. 법정에서 사용되는 도금된 사슬에서부터 노예선의 무거운 쇠사슬에 이르기까지 모든 사슬은 그에게는 혐오스러운 것이다. 그는 자신과 남에 대한 엄격한 재판관이며, 세상에 대해서 염려하는 만큼 자신에 대해서도 종종 염려한다. …그는 환상가가 아니면 괴짜가 될 위험에 놓여 있다.[59]

---

58) 임마누엘 칸트, 『순수이성비판』, B 839.

59) I. Kant, *Observations on the Feeling of the Beautiful and Sublime*, trans. Goldthwait, pp.66-67.

그러나 이 연구에서 우리가 잊지 말아야 할 점은, 칸트가 학문적 이론이나 이런 특정한 우울감을 공유하지 않았던 철학자들과도 삶에 대한 일반적 평가만큼은 공유했다는 것입니다.

칸트의 독특한 사유라고 할 수 있는 두 가지 생각이 떠오르네요. 첫째는 우리가 이미 언급한 바 있는, 계몽주의 시대에 진보라고 불렸던 것에 담긴 생각입니다. 진보는 종의 진보이며, 따라서 개인에게는 거의 소용이 없는 것입니다. 그러나 역사 전체와 인류 전체에 대한 진보 사상은 개별자를 무시하고, 우리의 관심을 개별자가 의미 있게 되는 맥락을 이루는 "보편자"(「보편〔일반〕사의 이념」Idea of *Universal* 〔General〕 History이라는 제목에서 볼 수 있는 것처럼) —개별자가 필연적이도록 하기 위해 존재하는 보편자—를 향하도록 합니다. 그 자체로는 무의미한 개별자로부터 보편자로의 이른바 탈출은 물론 칸트에게만 독특한 것은 아닙니다. 이 부분에서 가장 위대한 사상가는 존재하는 모든 것을 묶인—운명에 대한 사랑(amor fati)—한 스피노자입니다. 그런데 칸트에게서도 전쟁, 파국, 그리고 순전한 악이나 고통 등이 "문화"의 산출을 위해 얼마나 필요한가라는 생각을 반복해서 발견할 수 있습니다. 그런 것들이 없다면 인간은 단순한 동물적 만족이라는 야만적 상태로 가라앉아버리겠지요.

두 번째 생각은 개인으로의 인간의 도덕적 품격에 대한 칸트의 사상입니다. 나는 앞에서 인간은 도대체 왜 존재하는가라는 칸트의 질문에 대해 언급했습니다. 칸트에 따르면, 이 질문은 인류가 마치 다른 동물류와 같은 수준에 있는 듯(어떤 의미에서는 동일한 수준에 있는 듯)이 생각될 때만 제기될 수 있습니다. "**도덕적 존재(moral being)** 로서의 인간에 대해서는 (따라서 세상에 사는 〔즉, 지상에서뿐만 아니라 우주에 사는〕 모든 이성적 존재에 대해서도 마찬가지로) 왜 〔어떤 목적을 위해quem in finem〕 인간은 존재하는가라고 더는 물을 수 없"[60)]습니다. 왜냐하면, 그는 그 자체로 목적이기 때문입니다.

이제 우리는 인간의 일들에 대해 고찰할 수 있는 세 가지 서로 다른 개념 또는 관점을 갖습니다. 인류(the human species)와 그 진보, 도덕적 존재이며 그 자체로 목적인 인간(man), 그리고 인간들(men)이 그것이지요. 이 복수의 인간이 실제로 우리 연구의 중심이며, 이 연구의 진정한 "목표"는 앞서 언급한 것처럼 사회성입니다. 이 세 관점을 구분하는 것은 칸트를 이해하는 데 필수적인 전제조건입니다. 그가 인간에 대해 언급할 때마다 우리는 그가 인류에 대해 말하는지, 도덕적 존재, 즉 우주의 다른 곳에 존재할지도 모르는 이성적 존재에 대해 말하는지, 또는 지구의 실제 거주자인 복수의 인간에 대해 말하는지 알아야만 합니다.

요약하면 다음과 같습니다.

1) 인류=인종=자연의 일부=자연의 책략인 "역사"에 종속="목적" 관념 아래서 고찰됨, 목적론적 판단=『판단력 비판』 제2부

2) 인간(Man)=스스로 부여하는 실천이성의 법칙들에 종속하며, 자율적이고, 그 자체로 목적이며, 지적 존재들의 영역인 정신의 왕국(Geisterreich)에 속하는 합리적 존재=『실천이성비판』과 『순수이성비판』

3) 복수의 인간(Men)=공동체 안에서 살며 상식과 공통감(sensus communis), 즉 공동체 감각을 가지고 있는 지구에 사는 생명체, 그리고 자율적이지 않음, 심지어 사유("글쓰기의 자유")를 위해서도 다른 사람의 동반을 필요로 함=『판단력 비판』 제1부의 미적 판단

---

60) 임마누엘 칸트, 『판단력 비판』, §84. 강조는 아렌트의 것임.

다섯 번째 강의 | 독립적 사유로서의 판단

나는 철학자로서의 칸트의 태도가 인간사 영역에 대해 다른 철학자들, 특히 플라톤의 태도와 어떻게 일치하고 또 달라지는지에 대해 지적할 것이라고 말했습니다. 잠시 이 주요 문제, 즉 지상에 거주하는 인간에게 주어진 그대로의 인생 자체에 대한 철학자들의 태도에 제한해 살펴봅시다. 만일 당신이 『파이돈』으로 돌아가, 어떻든 철학자들이 죽음을 사랑하게 된 동기를 돌이켜 생각해본다면, 비록 플라톤이 육체의 쾌락을 경멸하기는 했어도 그 불쾌가 쾌락을 능가한다고 불평하지는 않았음을 기억할 것입니다. 오히려 중요한 점은 쾌락이 불쾌와 마찬가지로 정신을 산만하게 해 정도에서 벗어나게 한다는 점, 만일 진리를 추구한다면 육체는 짐이 된다는 점이지요. 진리는 비물질적이며 감각 지각을 초월해 존재하기 때문에, 역시 비물질적이며 감각 지각을 초월해 있는 영혼의 눈에 의해서만 인식될 수 있습니다. 다시 말하면, 참된 인식은 감각에 흔들리지 않는 정신에 의해서만 가능하다는 것입니다.

물론 이는 칸트의 입장이 아닙니다. 왜냐하면 칸트의 이론철학에 따르면 모든 인식은 감각과 오성의 상호작용과 협동에 의존하기 때문인데, 『순수이성비판』 역시 인간의 감성에 대한 예찬까지는 아니더라도 그에 대한 하나의 정당화라고 적절히 평가되었지요. 그는 젊은 시절 —여전히 전통의 영향 아래 있으면서 육체에 대해 일종의 플라톤적 적대심을 표현했던 때(그는 육체가 사유의 신속성 Hurtigkeit des Gedankens에 간섭해 정신을 제한하고 방해한다고 불평했었다)[61] —에도 육체와 감각이 오류와 악의 주요 근원인 양 주장하

---

61) I. Kant, *Allgemeine Naturgeschichte und Theorie des Himmels*(1755), Appendix to

지는 않았습니다.

실천적 관점에서 말하면, 여기에는 두 개의 중요한 결론이 나옵니다. 첫째, 칸트에 따르면 철학자는 우리 모두가 하는 경험을 명료화합니다. 그는 철학자가 플라톤이 말한 동굴에서 벗어날 수 있다거나 파르메니데스가 말한 천상으로 여행할 수 있다고 주장하지 않으며, 또한 철학자가 어떤 유파의 구성원이 되어야 한다고도 생각하지 않습니다. 칸트에게 철학자는 여러분이나 나와 같은 인간으로 머물러 있으면서 자신의 동료 인간들 사이에서 살아가는 것이지, 동료 철학자들 사이에서 살아가는 것이 아닙니다. 둘째, 쾌와 불쾌를 중심으로 인생을 평가하는 일 —플라톤이나 다른 철학자들은 오직 철학자들만이 이러한 일을 할 수 있다고 주장하면서, 다수는 있는 그대로의 삶에 대해 상당히 만족하고 있다고 주장합니다— 은 인생을 반성해본 적이 있는 분별 있는 모든 평범한 사람들에게서도 기대할 수 있는 일이라고 칸트는 주장합니다.

그런데 이 두 결론은 또다시 동전의 양면에 불과함이 분명하며, 이 동전의 이름은 평등(Equality)입니다. 칸트의 저작에 나타나는 세 개의 유명한 문구를 살펴볼까요. 처음 두 개는 『순수이성비판』에 나오는 것으로 몇 가지 비판에 대한 응답입니다.

모든 인간에 관한 일종의 지식은 공통의 지성을 초월하며, 오직 철학자에 의해서만 나온다고 당신은 정말로 주장할 수 있는가? …모든 인간에게 차별 없이 관계된 문제들에 [있어서] 자연은 자신의 선물을 편파적으로 분배하는 잘못을 범하지 않았으며, …인간 본성의 본질적 목적에 관해 최고의 철학이라 하더라도 자연이 가장

Part III, *Gesammelte Schriften*, Prussian Academy ed., 1:357.

평범한 지성에게도 부여한 안내를 받음으로써 가능한 것보다 더 멀리 나아갈 수는 없다.[62]

이와 더불어 『순수이성비판』의 끝 단락을 고찰해봅시다.

만일 독자가 이 길을 따라 정중하고 인내심 있게 나와 함께 했다면, 그가 이 작은 길을 대로로 만드는 데 도움을 주고자 할 때 과연 지난 수 세기 동안 이루지 못했던 일, 다시 말하면 인간 이성이 오랫동안 그토록 열심히 관심을 기울여왔으나 지금까지도 아무런 결과를 가져오지 못했던 일을 금세기가 지나기 전에 이룩하는 것이 가능하지 않은지의 여부에 대해, 이제는 스스로 판단할 수 있을 것이다.[63]

많이 인용되는 세 번째 구절은 자전적입니다.

기질상 나는 탐구자다. 나는 지식에 대한 타는 듯한 갈증을, 지식의 진보를 이루고 싶어하는 열망에 따른 조바심을, 그리고 거기서 이루어지는 모든 진보에 대해 만족을 느낀다. 나는 이러한 것이 인류의 명예를 구성하는 것이라고 믿었기에, 지식이 없는 사람을 경멸했었다. 루소가 이런 나를 바로잡아주었다(hat mich zurecht gebracht). 이런 맹목적인 편견은 사라졌고, 나는 인간을 존중하는 법을 배웠다. 만일 [내가 하고 있는 일이] 인류의 권리를 세우고 있는 모든 다른 사람들에게 가치를 부여할 수 있다고 믿지 않는다면,

---

62) 임마누엘 칸트, 『순수이성비판』, B 859.
63) 같은 책, B 884. 강조는 아렌트의 것임.

나는 내 자신이 평범한 노동자보다도 더욱 쓸모없음을 알게 될 것이다.[64]

칸트에게 알 수 있는 것의 한계, 즉 인간 인지능력의 경계를 초월하는 철학하기인 이성의 사유(thinking)란 일반적인 인간적 "필요", 즉 인간적 능력으로서의 이성의 필요를 말합니다. 그것은 소수를 다수에 대립시키지 않습니다. (만일 칸트에게 소수와 다수 사이에 분명한 경계선이 존재한다면 그것은 오히려 도덕적 질문이라고 할 수 있습니다. 인류의 "사악한 점"은 일종의 자기기만으로 해석되는 거짓말이라고 칸트는 말하지요. 이때 "소수"는 자기 자신에게 정직한 자들입니다.) 그런데 이 오래된 구분이 사라짐과 더불어 흥미로운 점이 나타납니다. 정치에 대한 철학자의 집착이 사라지는 것입니다. 그는 더는 정치에 대해 어떠한 특별한 관심도 갖지 않습니다. 그 어떤 사리사욕도 존재하지 않으며, 따라서 철학자들을 다수로부터 보호할 권력이나 헌법에 대해 어떠한 주장도 하지 않습니다.

칸트는 아리스토텔레스에게 동의하고 플라톤에게는 반대해, 철학자가 통치하는 것이 아니라 통치자가 철학자의 말을 기꺼이 경청해야 한다고 했습니다.[65] 그러나 칸트는 철학적 생활방식이 가장 고차적이며 정치적 생활방식은 결국은 관조적 삶을 위해서 존재한다는 아리스토텔레스의 견해에는 동의하지 않았지요. 이 위계질서의 폐기는 곧 모든 위계질서의 폐기가 되어, 이로써 정치와 철

---

64) I. Kant, "Bemerkungen zur den Beobachtungen über das Gefühl des Schönen und Erhabenen," *Gesammelte Schriften*, Prussian Academy ed., 20:44.
65) 알렉산더에게 보내는 아리스토텔레스의 편지. Ernest Barker, "Concerning Kingship," *The Politics of Aristotle*(Oxford: Oxford University Press, 1958), p.386.

학 사이에 존재하던 오랜 긴장이 완벽히 사라집니다. 그 결과, 정치학과 "정신병원"을 위한 규칙을 수립하기 위해 정치철학을 써야 할 필요가 더 이상 철학자들의 긴급한 과제가 아니게 됩니다. 에릭 베일(Eric Weil)의 말로 표현하면, 그것은 단지 "철학자의 근심의 원천이 아니라, 역사와 더불어 진정한 철학적 문제"(une préoccupation pour les philosphes; elle devient, ensemble avec l'histoire, un probleme philosophique)[66]가 되었습니다.

더욱이 칸트가 인생 자체 위에 놓인 것 같은 짐에 대해 말할 때 쾌의 묘한 본질을 암시하고 있는데, 이는 플라톤이 다른 맥락에서 말한 것이기도 합니다. 모든 쾌는 불쾌를 추방한다는 사실, 오직 쾌만을 가진 인생은—그 인간은 쾌를 느끼거나 즐길 수 없을 것이므로—실제로는 모든 쾌를 잃어버리게 될 것이라는 사실, 따라서 기쁨에 앞선 부족함의 기억이나 그에 따를 상실의 두려움에 의해 방해받지 않는 전적으로 순수한 기쁨이란 존재하지 않는다는 사실입니다. 확고하고 안정적인 영혼과 육체의 상태를 말하는 행복이란 지상의 인간은 생각조차 할 수 없는 거지요. 부족함이 클수록 그리고 불쾌가 클수록 쾌의 강도는 더욱 클 것입니다. 이러한 규칙에 오직 한 가지 예외가 있는데, 그것은 미를 직면했을 때 느끼는 쾌의 경우입니다. 이러한 쾌에 대해 칸트는 일부러 새로운 단어를 선택해 이를 "무관심적인 기쁨"(uninteressiertes Wohlgefallen)이라고 부릅니다. 칸트가 결코 쓴 적 없는 정치철학에서 이 개념이 어떤 중요한 역할을 차지하는지는 나중에 보게 될 것입니다. 사후에 출간된 어떤 글에서 칸트 자신이 "인간이 자연의 순전한 아름다움에 영향을 받는다는 사실은 그

---

66) Eric Weil, "Kant et le problème de la politique," *La Philosophie Politique de Kant*, vol.4 of *Annales de Philosophie Politique*(Paris, 1962), p.32.

가 이 세상을 위해 만들어졌고 또 그에 적합한 존재임을 입증한다"
(Die schönen Dinge zeigen an, dass der Mensch in die Welt passe und
selbst seine Anschauung der Dinge mit den Gesetzen seiner Anschauung
stimme)[67]라고 썼을 때 바로 이런 점을 암시하고 있었지요.

칸트가 이성의 법정에서 창조주에 대한 정당화를 시도하는 변신
론을 썼다고 잠시 가정해봅시다. 그가 그것을 쓰지 않았다는 것을 우
리는 물론 알고 있습니다. 오히려 그는 "변신론에 대한 모든 철학적
시도의 실패"에 대한 논문을 썼으며, 『순수이성비판』에서 신의 현존
증명의 불가능성을 증명했습니다. (그는 욥의 입장을 취해, 신의 방식
은 배울 수 있다고 했지요.) 그런데 만일 그가 변신론을 썼더라면, 세
상에 존재하는 사물이 아름답다는 사실이 거기서 중요한—그 유명
한 "내 안에 있는 도덕법칙", 즉 인간 존엄성의 사실만큼이나 중요
한—역할을 했을 것입니다. (변신론이 의존하는 논변은, 만일 당신이
전체를 본다면, 당신이 불평하고 있는 특수한 일이 전체의 부분이며 따
라서 그 자체로서 전체의 존재 속에서 정당화된다는 것입니다. 낙관론
에 대해 쓴 초기의 논문[1759]에서 칸트는 비슷한 입장을 취하고 있습
니다.[68] "전체는 최상의 것이며, 모든 것은 전체를 위해서 좋다." 그가 같
은 곳에서 썼던 말인 "나는 모든 피조물에게 외친다. …우리네 만세, 우
리는 존재한다!Heil uns, wir sind!"를 나중에 그대로 쓸 수 있었을지는
의심스럽네요. 그런데 그 찬양은 "전체", 즉 세계에 대한 찬양입니다. 젊
은 시절의 칸트는 여전히 세계 안에 존재할 수 있기 위해 생을 그 대가로
지불할 용의가 있었지요.) 또한 이것이 바로, 칸트가 "약간 역겨운 비

---

67) I. Kant, "Reflexionen zur Logik," no. 1820a, *Gesammelte Schriften*, Prussian
   Academy ed., 16:127.
68) I. Kant, "Versuch einiger Betrachtungen uber den Optimismus"(1759),
   Gesammelte Schriften, Prussian Academy ed., 2:27−35.

유를 통해" "우리의 세계〔지구〕, 즉 인류의 안식처를 완전히 경멸적으로" 아래처럼 묘사한 "반계몽주의 성자들"을 그토록 특별히 열정적으로 공격했던 이유입니다.

여관(inn)… 인생의 여정을 따라가다 머물게 된 모든 사람이 뒤이어 오는 사람에게 곧 자리를 넘겨주도록 준비해야 하는 곳… 천상에서 추방된 타락한 영혼들이 징계와 순화를 받는… 고해소와 같은 곳… 정신병원과 같은 곳… 다른 세계에서 온 모든 배설물이 흘러나오는 하수구 같은… 〔일종의〕 전 우주의 옥외 화장실.[69]

다음의 생각들을 잠시 검토해봅시다. 세계는 아름답고 따라서 인간이 거주하기에 알맞은 곳이지만, 개별적 인간이 한 번 더 살기를 절대 선택하지는 않을 곳입니다. 도덕적 존재로서의 인간은 그 자신이 목적이지만, 인류는 진보의 과정에 속하고, 진보는 물론 도덕적이고 합리적 존재로서의 인간, 즉 자신의 목적이 되는 인간과 왠지 대립 상태로 있습니다.

칸트에게 정치철학이 존재하기는 하지만 다른 철학자들과 달리 그것을 별도로 집필하지는 않았다는 내 생각이 옳다면, 일반적으로 그런 제목으로 편집한 논문들 속에서 그것을 발견할 수 있는 것이 아니라 그의 저작 전체에서 발견할 수 있을 것임이 명백해 보입니다. 만일 한편으로 그의 주요 저작들이 어떠한 정치적 함의도 갖지 않으며, 다른 한편으로는 정치적 주제들을 다루고 있는 저술들이 엄격히 철학적인 그의 저술들과 연결되지 않은 채 단지 지엽적인 생각만을 담고 있을 뿐이라면, 우리의 탐구는 무의미할 것이며 기껏해야 골동품

---

69) I. Kant, *On History*, pp.73-74, 주("The End of All Things").

에 대한 관심사에 지나지 않겠지요. 그렇다면 우리가 이 문제들에 관심을 두는 것은 칸트의 정신에 어긋나는 것이 되는데, 왜냐하면 칸트는 박식에 대한 열정과는 거리가 멀기 때문입니다. 칸트가 썼던 것처럼, "서고에서 반쯤 지워진 옛 정보를 써 갈기기 위해 양피지에 머리를 처박고 있지 않을 것"(Ich werde ja meinen Kopf nicht zu einem Pergament machen, um alte halb-erlosngene Nachrichten aus Archiven darauf nachzukritzeln)[70]이겠지요.

오늘날 그 누구도 놀랄 만한 것이 아니면서도 여전히 연구 대상이 되는 것에서 시작해볼까요. 사르트르를 제외하고는 칸트 이전이나 이후에 "비판"이라는 제목이 붙은 유명한 철학 저술을 쓴 사람은 아무도 없었습니다. 칸트가 왜 마치 자기 이전의 모든 사람을 비판할 의도만을 가진 것 같은 이 놀랍고도 경멸적인 제목을 선택했을지에 대해 우리는 너무나 제대로 모르면서 또한 너무나 많이 알고 있습니다.

분명히 칸트는 그 단어 이상의 것을 의도했지만, 그 같은 부정적 함의를 전혀 의식하지 않았던 것은 아니었습니다. "참된 이성에 근거한 철학 전체는 이러한 부정적 유익"[71] ―다시 말해 이성을 "순수하게" 만드는 것, 즉 그 어떤 경험이나 감각 작용도 그 자체로 이성의 사유 속에 도입될 수 없음을 확인하는 것―만을 지향합니다. 칸트 자신이 지적했듯이 그 단어는 "비판의 시대", 즉 계몽의 시대가 제안했던 것이며, 따라서 칸트는 "계몽주의를 적절히 구성하고 있는 것

---

70) I. Kant, "Reflextion zur Anthropologie," no. 890, *Gesammelte Schriften*, Prussian Academy ed., 15:388.

71) Karl Jaspers, *Kant*, ed. H. Arendt(New York: Harcourt, Bace & world, 1962), p.95. 야스퍼스는 여기서 칸트를 인용하지만 출처는 밝히고 있지 않다. 그러나 『순수이성비판』 B 823을 참조해보라.

은 단지 부정적이기만 한 저 태도"[72]라고 평했습니다. 이 맥락에서 계몽주의는 편견과 권위로부터의 해방, 즉 순수화하는 사건을 의미합니다.

우리 시대는 특별할 정도로 비판의 시대이며, 따라서 모든 것은 그 비판에 회부되어야 한다. 종교와… 입법은… 스스로를 거기에서 예외시키려 할 것이다. 그러나 그렇게 되면 그것은 단지 의심만 불러일으키게 될 것이며, 이성이 자유롭고 개방적인 검증의 심사를 통과할 수 있었던 것에만 부여하는 신실한 존경심을 요구할 수 없게 된다.[73]

그런 비판의 결과는 독립적 사유(Selbstdenken), 즉 "자기 자신의 정신을 사용하는 것"입니다. 자신의 정신을 사용해 칸트는 "이성의 추문", 즉 우리의 길을 잃게 하는 것은 전통과 권위만이 아니라 이성의 기능 자체이기도 하다는 사실을 발견했습니다. 따라서 "비판"은 "이성의 근원과 한계를 발견하려는 시도"를 의미하지요. 칸트는 자신의 비판이 "체계로 가는 예비학"일 뿐이라고 생각했는데, 여기서 "비판"은 "교설"(doctrine)에 대립적으로 설정된 것입니다. 칸트는 전통 형이상학에서 잘못되었던 것이 "교설" 자체는 아니라고 생각했던 것 같습니다. 그래서 비판은 "모든 부분에 있어 구조물의 완결성과 확실성을… 보증하기 위해… 완전한 건축계획을 수립하는 것"[74]을 의미합니다. 비판은 그 자체로서 모든 다른 철학 체계들에 대한 평가를 가능하게 할 것입니다. 이는 미학에 대한 지대한 관심과 함께

---

72) 임마누엘 칸트, 『판단력 비판』, §40, 주.
73) 임마누엘 칸트, 『순수이성비판』, A xi, 주(초판의 서문).
74) 같은 책, B 27.

다시 예술과 예술비평에 있어서의 18세기의 정신과 연결되는데, 그 목표는 취미를 위한 규칙들을 수립하는 것, 즉 예술에 기준들을 수립하는 것이었지요.

마침내 가장 중요하게도 비판이라는 단어는 한편으로는 교설적 형이상학에, 또 다른 한편으로는 회의주의에 이중적으로 대립합니다. 이 양자에 대한 정답은 비판적 사유입니다. 어느 쪽에도 굴복하지 말라는 것이지요. 비판은 그 자체로서 새로운 사유의 방식이지, 새로운 교설을 위한 단순한 준비가 아닙니다. 따라서, 부정적으로 보이는 비판 작업 뒤에 긍정적으로 보이는 체계수립 작업이 따라 나오는 그런 것이 아니지요. 체계수립 작업이 실제로 일어나기는 했지만, 칸트의 관점에서 보면 그것은 또 다른 독단론일 뿐입니다. (이 점에 대해 칸트는 결코 분명하고 확실한 태도를 보이지 않았지만 만일 자신의 "비판"이 피히테와 셸링과 헤겔을 순전한 사유 속에서 어떤 활약을 하도록 해방시켰는지 알 수 있었더라면, 그는 훨씬 더 명확한 태도를 보였을 것입니다.) 칸트에 따르면 철학 자체가 비판과 계몽의 시대 — 인간이 성년이 된 시대 — 에 비판적으로 되어버린 것입니다.

비판적 사유가 독단론과 회의주의의 중간 어딘가에 서 있다는 생각은 큰 오류일 것입니다. 비판적 사유는 사실상 이러한 선택지를 물리쳐버리는 길입니다. (전기를 쓰는 투로 말하자면, '그것은 옛 형이상학파 — 볼프와 라이프니츠 — 와 자신을 독단의 잠에서 깨워준 흄의 새로운 회의주의 모두를 극복하는 칸트의 길'입니다.) 우리 모두는 어떤 형태로든 독단론자로 시작합니다. 철학적으로 독단적이거나, 또는 교회의 교리나 계시를 믿음으로써 모든 문제를 해결하지요. 절대적 진리(*the* truth)를 소유하고 있다고 주장하는 다수 교리를 불가피하게 경험함으로써 촉발되는 최초의 반응이 회의주의입니다. 즉 진리와 같은 것은 존재하지 않으므로, 나는 한편으로는 어떤 독단적 교설이든 자의적으로 선택할 수 있다는 결론이지요. (여기서 자의적이라 한 것은 진리가 기준일 때입니다. 나의 선택은 단지 다양한 관심에 따라 이루어질 것이며, 따라서 전적으로 실용적인 것이 될 것입니다.) 또는 그처럼 별 이익이 되지 않는 일들에 대해서는 어깨를 으쓱일 것입니다. "진리란 존재하지 않는다"라고 주장하는 회의주의자에게 독단주의자는 즉각적으로, "그렇지만 그 주장은 당신이 실제로 진리를 믿고 있음을 함축해요. 진리가 존재하지 않는다는 주장이 타당하다고 당신이 주장하고 있기 때문이죠"라고 응답할 것입니다. 그는 논쟁에서 이긴 것처럼 보입니다. 그러나 그것은 논쟁일 뿐입니다. 회의주의자는 "그거야말로 궤변이로군요. 비록 내가 명백한 모순을 범하지 않고서는 말로 표현할 수 없다고 해도 내가 무엇을 의미하는지 당신은 잘 아시지 않습니까?"라고 대답할 것입니다. 거기에 대해 독단주의자는, "보세요, 그 말 자체가 당신의 주장에 반하잖아요?"라고 말할 것입니다. 그러면 독단주의자는 보통 상당히 공격적인 사람이기 때문에 계속해서, "당신은 그 모순을 이해할 정도로 지적이기 때문에, 나는 당신의 관심은 진리를 파괴하는 데 있다고, 즉 당신은 허무주의자라고 결론을 내릴 수밖에 없어요"라고 말할 것입니다. 비판적 입장은 이 두 관점 모두에 반대합니다. 비판적 입장은 겸손하게 이렇게 주장하지요. "비록 사람들이 자신의 정신 과정을 규제하는 진리에 대한 견해나 생각을 가지고 있다고 해도, 아마도 유한한 존재로서 인간은 절대적 진리를 가질 능력이 없는 것 같군요. (소크라테스의 말처럼 "아무도 지혜롭지 않다.") 한편, 인간은 자신에게 부여된 ―누가 어떻게 부여했는지는 모르지만 우리가 갖고 살아야 하는― 그런 인간의 기능들에 대해 탐구할 수는 있지요. 우리가 무엇을 알 수 있으며 또 무엇을 알 수 없는지에 대해 한번 분석해봅시다." 이것이 바로 그의 책이 순수이성의 비판이라는 제목을 가지게 된 이유입니다.

여섯 번째 강의 | 일반적 소통 가능성

우리는 칸트 자신이 계몽주의 시대로부터 취했다고 이해되는 "비판"이라는 용어에 대해 논의했습니다. 만일 우리가 설명 중에 칸트의 자기해석을 넘어섰다 해도, 우리는 여전히 칸트의 정신 안에 머물러 있었습니다. 칸트 자신이 말한 것처럼 "어떤 저자가 자기 자신을 이해하는 것보다" 종종 후대 사람이 "더 잘 이해"[75]하기도 합니다.

비평이 갖는 부정적 정신이 칸트의 정신 속에 없었던 것은 결코 아니지만, 칸트가 비판이라는 말로 의미했던 것은 "책과 체계에 대해서가 아니라 이성의 기능 자체에 대한"[76] 비평이었다고 우리는 말했습니다. 또한 칸트는 독단론과 회의주의 사이에서 아무런 결실이 없는 선택, 즉 "모든 학문 가운데 존재하는 혼돈과 밤의 어머니인 완전한 무관심주의"[77] 속에서 흔히 이루어지는 선택에서 빠져나오는 길을 발견했음을 믿었다고 했지요. 회의주의자와 독단론자의 대화에서는 수많은 진리(또는 절대적 진리the truth를 가진 척하는 사람들, 또 그런 까닭에 그들 사이에 벌어진 격렬한 전투)에 직면해 "진리란 존재하지 않는다"라고 주장함으로써 결국 모든 독단론자를 결속시키는 마법의 말을 던지는 회의주의자에 대해 언급했고요. 비판가는 이 전투에 개입해 말싸움을 중단하며, "독단론자와 회의주의자, 당신들은 모두 동일한 진리 개념, 즉 정의상 모든 다른 진리를 배제해서 결국 상호배타적으로 되는 진리 개념을 가지고 있는 것 같군요. 아마도 당신들이 가진 진리 개념에 무엇인가 잘못이 있는 것 같아요"라고 말합니다. "아마도" 그는 또 "유한한 존재인 인간은 진리에 대한 개념

---

75) 임마누엘 칸트, 『순수이성비판』, B 370.
76) 같은 책, A xii.
77) 같은 책, A xi.

을 가질 수 있을지 몰라도 그 진리 자체를 갖거나 소유할 수는 없는 것 같아요. 자, 먼저 진리가 존재한다고 말해주는 우리의 정신기능에 대해 분석해봅시다"라고 덧붙일 것입니다. 의심의 여지 없이 "비판은 사변적 이성에 한계를 부여하므로, 실제로 **부정적인 것**"입니다. 그러나 이런 이유에서 "비판이 하고 있는 그 성격상의 **긍정적인** 기여를 부정하는 것은, 마치 경찰에 대해 그들의 주요 업무가 시민들이 두려워하는 폭력을 제거하는 것뿐이기 때문에, 그들은 어떠한 적극적인 유익도 제공하지 않는다고 말하는 것"과 같습니다. 그 덕분에 "각자 평화롭고 안전하게 자신의 소명을 추구할 수 있는"[78] 것인데 말이지요. 칸트가 비판 작업을 통해 우리의 인식능력에 대한 분석을 끝냈을 때, 멘델스존은 칸트에 대해 "모든 것을 파괴하는 자"(Alles-Zermalmer), 즉 이른바 형이상학적 사안들에서 내가 인식할 수 있다거나 형이상학과 같은 "학문"이 다른 학문들과 동일한 타당성을 가질 수 있다는 그 어떤 신념도 파괴하는 자라고 불렀습니다.

그러나 칸트 자신은 자기 기획의 이러한 명백히 파괴적인 측면을 보지 못했습니다. 칸트는 비록 여러 차례 공격을 받기는 했으나 수 세기에 걸쳐 근대로까지 깊이 작동해온 문제의 체제 전체의 기저를 자신이 뒤흔들어버렸다는 것을 이해하지 못했지요. 그는 당시의 시대정신에 상당히 부합해서, "[그렇게 해서 발생하는] 상실은 학파들의 독점상태에서만 영향을 미칠 뿐 대중들의 관심에는 영향을 주지 않을 것이다"라고 생각했습니다. 결코 "공적 정신[das Publikum]에 도달하거나 혹은 그 확신에 대해 작은 영향력이라도 행사"하지 못할 "섬세하나 효과 없는 구분들"[79]에서 대중들은 결국 해방되리라는 것

---

78) 앞의 책, B xxv.
79) 같은 책, B xxxii.

이었지요. (나는 지금 『순수이성비판』의 두 서문의 내용을 여러분들에게 읽어주고 있는데, 이것은 칸트가 나중에 다른 곳에서 "독서 대중"이라고 부르는 독자들을 향해 말한 것입니다.) 이러한 논쟁적인 지적도 "학파들의 오만한 생각들"을 비판하며 제기한 것인데, 이 학파들은 자신들이 유일한 "진리의 소유자"이며, 이 진리는 "일반적인 인간적 관심사"일 뿐만 아니라 "수많은 대중이 접할 수 있는—우리에게 최고의 존경을 받아온—것"[80]이라고 주장합니다. 적어도 대학에서는 그랬었지요. 정부와 관련해서 칸트는 정부의 개입이 적절하다고 생각한다면 "이 학파들의 우스꽝스러운 독재를 지지하기보다는… 이러한 비판을 지지하는 것"이 더 현명할 것이라고 덧붙였습니다. "이 학파는 누군가가 자신들의 거미줄같이 약한 이론을 부술 때 공적 위험이 발생한다고 소리치지만, 대중은 거기에 대해 결코 어떤 관심도 표명하지 않으며 그런 거미줄의 소멸에 대해 느끼지도 못할 것이다."[81]

원래 의도했던 것보다 더 많은 부분을 여러분에게 읽어주었네요. 이는 그 책들이 쓰였던 때의 분위기를 보여주기 위해서이기도 했지만, 무엇보다도 그 결과가—비록 무장 폭동으로 귀결된 것은 아니지만—칸트 자신이 예상했던 것보다 훨씬 더 심각하다는 이유에서이기도 했습니다. 당시의 분위기에 대해 말하자면, 최고조에 달했던 계몽의 정신이 오래 지속되지는 않았다고 표현할 수 있는데, 이는 그 대표격인 젊은 헤겔에게서 드러나는 다음 세대의 태도에서 가장 잘 설명될 수 있습니다.

---

80) 앞의 책, B xxxiii.
81) 같은 책, B xxxv.

철학은 그 본질상 폭민을 위해 만들어지지 않은 심오한 것이며, 또 폭민을 위해 마련될 수 있는 것도 아니다. 철학은 그것이 지성 (intellect)과 아주 대립하는 한에서만, 그리고 상식(common sense)과는 더욱더 대립한다는 점에서만 철학일 수 있다. 우리는 상식을 통해 세대들이 처한 지역적이며 일시적인 한계를 이해할 수 있다. 이러한 상식과 연관해서 볼 때 철학의 세계 자체는 뒤집혀 있는 세계다.[82]

이것은 다음과 같은 이유에서입니다.

철학의 시작은 공통의 의식이 부여하는 그런 종류의 진리, 즉 보다 높은 진리의 징조를 넘어서서 자신을 고양시키는 것이어야 한다.[83]

만일 우리가 진보를 중심으로 생각한다면, 이는 분명히 철학이 그 시초에 가졌던 모습으로 "퇴보"한 것입니다. 헤겔은 트라키아 출신 하녀의 비웃음에 크게 분개한 탈레스에 대한 플라톤의 이야기를 반복하고 있습니다. 비판철학을 고무했던 계몽의 정신이 소멸했을 때, 칸트의 비판철학이 거의 즉각적으로 그다음 세대에 의해 또 다른 "체계"로서 이해되어 공격받았던 사실에 칸트가 책임이 없다고 할 수는 없습니다.

하지만 독일 이상주의 체계들과 더불어 이러한 "퇴보"가 진행되었을 때 칸트 후예의 세대, 즉 칸트의 증손과 고손에 해당하는 세대 ——

---

82) G. W. F Hegel, "Über das Wesen der philosophischen Kritik"(1802), *Sämtliche Werke*, ed. Hermann Glockner(Stuttgart, 1958), vol. 1, p.185. 아렌트의 번역임.

83) G. W. F. Hegel, "Verhältniss des Skepticismus zur Philosophie"(1802), *ibid.*, p.243. 아렌트의 번역임.

마르크스에서 니체까지 ─ 는 외견상 헤겔의 영향 아래서 철학을 완전히 떠나기로 했습니다. 만일 사상사 중심으로 생각한다면, 이성 비판의 결과가 비판적 사유의 수립, 또는 이성과 철학적 사유가 전혀 무익하므로 "비판"은 그 대상으로 삼는 모든 것을 사유 속에서 파괴하는 것을 의미한다는 "통찰"이었을 것입니다. 이는 한계 설정 및 순수화라는 칸트의 "비판" 개념에 반하는 것입니다.

제목에 비판이라는 단어를 사용한 또 다른 책으로서 내가 언급하지 않은 것이 한 권 있습니다. 마르크스의 『자본론』은 원래 『정치경제비판』이라고 불렸는데, 이 책의 재판 서문에서 마르크스는 변증법적 방법이 "비판적이자 혁명적"이라고 말했지요. 마르크스는 자신이 무엇을 하고 있는지 알고 있었습니다. 그는 칸트를 "프랑스혁명의 철학자"라고 불렀고 그 이후에 많은 사람이 마르크스를 따라 그렇게 불렀지요. 이전에는 헤겔이 그렇게 부르기도 했습니다. 칸트에게는 아니었지만 마르크스에게 비판은 이론과 실천을 연결하는 것이었습니다. 비판은 그것들을 연관시키고 매개하는 것이라고 했지요. 구시대(ancien régime)의 이론적 해체 다음에 그것을 파괴하는 실천이 뒤따랐음을 보여주는 사례는 바로 프랑스혁명, 즉 비판과 계몽의 시대에 뒤이어 나타났던 사건이었습니다. 이 사례는 어떻게 "이념이 대중을 장악"하는지를 알려줍니다. 여기서 중요한 것은 이런 생각이 옳은지의 여부 ─ 이것이 혁명이 발생하는 방식인지의 여부 ─ 가 아닙니다. 중요한 것은 마르크스가 이런 용어상으로 사유했다는 것이지요. 마르크스는 칸트의 거대한 기획을 계몽의 가장 위대한 업적으로 여겼으며, 칸트와 마찬가지로 계몽과 혁명은 서로 어울린다고 생각했기 때문입니다. (칸트에게 이론과 실천을 연결하고 그 이행을 제공하는 "중간 항"은 판단력입니다. 그가 염두에 두었던 것은 숙련인이지요. 예를 들어, 의사나 법조인은 먼저 이론을 배우고 나서 의학이나 법을

실천하며 또 이들의 실천은 개별적 사례에 적용하면서 배운 법칙들을 적용하는 것으로 구성됩니다.)[84]

비판적으로 사유하기, 즉 편견 또는 검토되지 않은 의견이나 신념을 헤치고 사유의 나아갈 길을 열어가는 것은 철학의 오랜 관심사로, 이러한 작업을 의식적 기획으로 삼았던 시기는 아테네에서 이루어진 소크라테스의 산파술까지 거슬러 올라갑니다. 칸트가 이러한 연관성을 몰랐던 것은 아닙니다. 그는 자기가 "소크라테스의 방식"을 지속해서 수행해 모든 반대자를 "〔그들의〕 무지를 명백히 증명함으로써" 침묵시키려고 한다고 분명히 말했습니다.[85] 소크라테스와 달리 칸트에게는 "형이상학의 미래 체계"[86]에 대한 믿음이 있었지만, 결국 그가 후대에 물려준 것은 비판이었지 체계는 아니었습니다. 소크라테스의 방법이란 대화 상대자들에게서 모든 근거 없는 신념들과 "무정란"(windeggs) ― 그들의 마음을 채우고 있는 단순한 환상들 ― 을 비워내는 것이었지요.[87]

플라톤에 따르면 소크라테스가 그런 일을 한 것은 크리네인(krinein)의 방법, 즉 분류하고 분리하고 구별하는 방법(technē diakritikē)[88]을 통해서였습니다. (소크라테스가 아닌) 플라톤에 따르면, 그 결과는 "인식의 길을 방해하는 기만으로부터 영혼을 정화하는 것"입니다. 소크라테스에 따르면 반성에서는 어떠한 지식도 생겨나지 않으며, 그의 대화 상대자 가운데 그 누구도 무정란이 아닌 어

---

84) *Kant's Political Writings*(ed. Reiss)에 수록된 논문 "On the Common Saying: 'This May be True in Theory, but it does not Apply in Practice'"의 서문 p.61 참조.

85) 임마누엘 칸트, 『순수이성비판』, B xxxi.

86) 같은 책, B xxxvi.

87) 플라톤, 『테아에테투스』, 148ff.

88) 플라톤, 『소피스트』, 226-231.

떤 결과를 산출한 적은 없었습니다. 소크라테스는 아무것도 가르치지 않았습니다. 그는 자신의 질문에 대한 대답을 결코 알지 못했습니다. 그는 검토를 위해 검토한 것이지 지식을 얻기 위해 검토한 것이 아니었습니다. 용기·정의·경건 등이 무엇인지 그가 알았더라면 그는 더는 그것들을 검토할, 즉 그것에 대해 생각할 충동을 느끼지 못했을 것입니다.

소크라테스의 독특성은 그 결과가 무엇이든 간에 이처럼 생각 자체에 집중하는 데 있습니다. 전체의 기획을 위한 어떤 숨은 동기나 목적은 없었습니다. 검토되지 않은 삶은 살 가치가 없습니다. 이것이 그것과 연관된 전부입니다. 그가 실제로 했던 일은 사유 과정 ─ 소리 없이 나의 내면에서 나와 나 사이에 진행되는 그 대화 ─을 담론 속에서 **공적으로** 만드는 것이었지요. 플루트 연주자가 연주회에서 공연하는(perform) 방식을 그는 시장에서 **수행했습니다**(perform). 그것은 순전한 수행이요, 순전한 행위입니다. 그리고 플루트 연주자가 좋은 연주를 위해 어떤 규칙을 준수해야 하는 것처럼 소크라테스는 사유를 지배하는 유일한 규칙 ─ (칸트가 『순수이성비판』에서 불렀던)[89] 일관성의 규칙, 그리고 이후에 무모순성의 공리라고 불렀던 규칙 ─을 발견했습니다. 소크라테스에게 "논리적"(무의미한 것을 말하거나 생각하지 말라)이면서도 동시에 "윤리적"(하나인 자기 자신과 불편한 관계에 빠지지 않는 것, 즉 자신과 모순을 이루는 것보다는 다수의 사람과 불편하게 지내는 편이 낫다)[90]이었던 이 공리가 아리스토텔레스에 이르러서는 사유의 제1원리, 즉 사유에만 해당하는 원리가 되었습니다. 그런데 그 위에 도덕적 가르침 전체를 세웠던 칸트에게

89) 임마누엘 칸트, 『판단력 비판』, §40.
90) 플라톤, 『고르기아스』, 482c 참조.

그것은 다시 윤리학의 일부가 되었습니다. 왜냐하면 칸트에게는 윤리도 사유의 과정에 기초하고 있기 때문이지요. '당신의 행위의 준칙이 보편적인 법이 될 수 있도록 행위하라.' 이는 또다시 사유와 행위 양자를 규정하는 동일한 일반 법칙 —너 자신(너의 자아self가 아니라, 너의 생각하는 자아thinking ego)와 모순을 이루지 말라—을 말하는 것입니다.

소크라테스의 방식은 칸트에게 또 다른 이유에서도 중요했습니다. 소크라테스는 어떠한 유파의 일원도 아니었고, 또 어떤 학파도 만들지 않았습니다. 그는 시장에서 모든 방문객을 맞이했기 때문에 —그는 전적으로 보호받지 않는 상태였고, 모든 질문자에게 열려 있었으며, 자신이 말한 것에 대해 설명할 것과 그 말에 따라 살 것을 요구받았기 때문에— 최고 철학자의 전형이 되었습니다. 학파와 유파들은 창설자의 교리에 의존하기 때문에 (칸트의 말로 표현하면) 계몽되지 않은 것입니다. 플라톤의 아카데미아 이래로 학파와 유파들은 "여론", 사회 전체, "그들"(대중)에 대립해왔지만, 그렇다고 이것이 어떤 권위에도 의존하지 않음을 의미하지는 않습니다. 이에 대한 대표적인 예는 늘 피타고라스학파였는데, 이들은 갈등이 발생하면 "그분이 이렇게 말했습니다"(autos epha, ipse dixit)라고 하면서 창립자의 권위에 호소해 갈등을 해결하려 했습니다. 다른 말로 하면, 다수의 생각 없는 독단론이 소수의 선택된, 그러나 여전히 마찬가지로 생각 없는 독단론으로 맞서졌지요.

이제 우리가 철학과 정치의 관계를 한 번 더 생각해본다면, 비판적 사유방식은 항상 정치적 함의를 가졌음이 명백합니다. 그리고 이것은 소크라테스의 경우에 가장 심각한 결과를 가져왔습니다. 사실상 새롭고 "위험한" 생각을 전파하기도 하지만, 비밀스럽고 소수만이 이해하는 비밀(arcana)로서 그것을 다루는 학파의 보호벽 안에 있는 독단적 사고와는 달리, 그리고 거의 아무도 괴롭히지 않는 사변적 사고와는 달리, 비판적 사유는 원칙적으로 반권위주의적입니다. 그리고 권위와 관련된 최악의 사실은 당신이 그것을 다루지도 장악하지도 못한다는 것입니다. 소크라테스의 재판에서 이루어진 고발 — '그가 새로운 신들을 폴리스 안으로 들여왔다' — 은 날조된 것이었습니다. 소크라테스는 새로운 신들은 말할 것도 없고 그 어떠한 것도 가르치지 않았습니다. 그러나 다른 고발, 즉 그가 젊은이들을 타락시켰다는 비판은 전혀 근거가 없는 것도 아니었습니다. 비판적 사유를 하는 사람의 난점은, "가장 잘 알려진 진리의 기둥이라도 그들의 눈길이 닿는 곳 어디에서나 뒤흔들어버린다"(레싱)는 것입니다. 칸트의 경우가 분명히 그랬지요. 칸트는 결코 시장으로 간 적이 없었지만, 그리고 가장 난해하지만 분명 모호하지는 않은 철학 저술들 가운데 하나인 『순수이성비판』이 심지어 그가 사랑하는 "독서 대중" 사이에서도 인기를 얻을 것 같지 않음에도, 칸트는 모든 것을 파괴하는 자였습니다. 그런데 중요한 점은, 칸트가 대부분의 다른 철학자와는 달리 이를 아주 유감스러워했으며, 자기 생각을 대중화하는 것이 가능할 것이라는 희망, 다시 말해 "소수를 위한 좁은 오솔길이 [모두를 위한] 대로가 될 것"[91]이라는 희망을 결코 포기하지 않았다는 것입니다. 이상하게도 그는 『순수이성비판』 출판 2년 후인 1783년 8월 16일에 멘델스존에게 쓴 편지에서 변명하는 어조로 다음과 같이 말하고 있습니다.

[『비판』이 비록] 적어도 12년 동안 몰두해온 반성의 산물이기는 하지만, 나는 그것을 대략 4, 5개월 이내에 아주 서둘러 완성했어요.

---

91) 임마누엘 칸트, 『순수이성비판』, B884.

독자들이 이해하기 쉽도록 쓰는 데 거의 신경을 쓰지 않았는데…
그렇지 않고 만일 내가 이 책을 보다 대중적인 형식으로 쓰려고 했
다면 아마 이 일은 결코 성사되지 않았을 것입니다. 그러나 이 결함
은 점차 제거될 수 있으니 지금 그 작업은 거친 형태로 남겨두었어
요.[92]

칸트와 소크라테스 모두에 따르면, 비판적 사유란 그것 자신을 "자
유롭고 공개된 검토"에 노출하는 것인데, 이는 더 많은 사람이 이 사
유에 참여할수록 더 나아짐을 의미합니다. 따라서 『순수이성비판』의
출간 직후인 1781년에 칸트는 이 책을 "대중화하려는 계획을 세웠"
습니다. 1783년에는 "왜냐하면 모든 철학적 작업은 대중성에 민감해
야 하기 때문인데, 만일 그렇지 않다면 그것이 현학적으로 보이는 연
막 속에 헛소리를 감추고 있을 수 있다"[93]라고 썼지요. 이러한 대중
화의 희망과 더불어 칸트가 바랐던 것은 ─ 보통 아주 강한 분파적
성향을 가지고 있는 종족인 철학자로서는 이상하게도 ─ 자신의 검
토자 집단을 점차로 확장하는 것이었습니다. 계몽의 시대는 "이성의
공적 사용"의 시대입니다. 따라서 칸트에게 가장 중요한 정치적 자
유는 스피노자의 경우처럼 철학적 자유(libertas philosophandi)가 아
니라 언론과 출판의 자유였지요.

앞으로 보게 될 "자유"라는 단어는 칸트에게 많은 의미를 가지지
만, 정치적 자유는 "자신의 이성을 모든 면에서 공적으로 만드는 것"[94]

---

92) 강조는 아렌트의 것임. I. Kant, *Philosophical Correspondence 1759-1799*, ed.
Zweig, pp.105-106 참조.
93) K. Jaspers, *Kant*, p.123. 인용문은 칸트가 크리스티안 가르베에게 보낸 1783
년 8월 7일 자 편지에서 인용한 것이다.
94) I. Kant, *On History*, ed. Beck, pp.4-5('What is Enlightenent?').

이라고 그의 저술 전체에 걸쳐 분명하고 일관되게 정의됩니다. 그리고 "이성의 공적 사용이라는 말로서 내가 이해하고 있는 바는 학자로서의 한 개인이 이성을 독서 대중 앞에서 사용하는 것"이라고 말했지요. 이러한 사용에는 "학자로서"라는 단어가 지시하는 제약이 있습니다. 학자는 시민과 다릅니다. 그는 아주 다른 종류의 공동체, 즉 "세계시민의 사회"의 구성원이며, 그가 대중에게 말하고 있는 것은 바로 이러한 능력에서입니다. (칸트의 예는 아주 분명합니다. 복무 중인 장교는 복종을 거부할 권리가 없지요. "그러나 군대에서 이루어진 잘못들을 지적하고 이를 대중 앞에 판단을 위해 내놓는 것을 그가 학자로서," 즉 세계시민으로서 "거부하는 것은 정당화될 수 없다"라고 말합니다.)[95]

우리가 이해하는 언론과 사상의 자유는 개인이 타인에게 자기와 같은 관점을 갖도록 설득하기 위해 자신의 입장과 의견을 표현할 권리를 말합니다. 이는 내가 전적으로 독립적인 결정을 내릴 수 있고, 또한 내가 이미 결정한 것이 무엇이든 선전할 수 있게 허용할 것을 정부에 주장한다는 것을 의미합니다. 이 문제에 대한 칸트의 견해는 아주 다릅니다. 그는 사유기능 자체가 사유의 공적 사용에 의존한다고 믿습니다. "자유롭고 공개적인 검토"가 없다면 어떠한 사유나 의견 형성도 가능하지 않지요. 이성은 "자신을 고립시키지 않고 타인과 함께 공동체에 들어가도록" 만들어져 있습니다.[96]

이 문제에 대한 칸트의 입장은 아주 주목할 만한데, 이는 정치가의 입장이 아니라 철학자 또는 사상가의 입장이기 때문입니다. 칸트가 플라톤에 동의하듯이, 사유는 나와 나 자신이 행하는 조용한 대화

---

95) 앞의 책, p.5.
96) I. Kant, "Reflexionen zur Anthropologie," no. 897, *Gesammelte Schriften*, Prussian Academy ed., 15:392.

이자 (헤겔이 언급했던 것처럼) "고독한 작업"이라는 점은 모든 사상가가 동의하는 몇 안 되는 것 가운데 하나입니다. 물론 이것이 여러분이 생각에 골몰해 있을 때 다른 사람이 함께 있어야 한다거나 함께 있을 수 있어야 한다는 말은 전혀 아닙니다. 그러나 여러분이 혼자 있을 때 발견한 것이 무엇이든, 구두로나 서면으로 타인에게 어떤 방식으로든 노출해 검증하거나 소통할 수 없다면, 고독 가운데 작용했던 이 기능은 사라질 것입니다. 야스퍼스의 말로 표현하면, 진리란 내가 소통할 수 있는 것입니다. 과학에서의 진리는 다른 사람이 반복할 수 있는 실험에 의존하지요. 그것은 일반적 타당성(general validity)을 요구합니다. 그러나 철학적 타당성은 일반적 타당성을 가지지 않습니다. 철학적 타당성이 반드시 가져야 하는 것은, 칸트가 『판단력 비판』에서 취미판단에 대해 요구했던 "일반적 소통 가능성"(general communicability)입니다. "왜냐하면, 특히 인간 자체와 관련된 모든 문제에 대해 자기의 생각을 소통하고 말하는 것은 인류의 자연적 소명(natural vocation)이기 때문"[97]입니다.

일곱 번째 강의 | 정신의 확장

우리는 비판적 사유의 정치적 함의에 대해, 그리고 비판적 사유가 소통 가능성을 포함하고 있다는 것에 대해 말했습니다. 이제 소통 가능성은 호칭될 수 있고 귀를 기울이고 있는, 경청받을 수 있는 사람들(men)의 공동체를 분명히 함축한다는 것이 명백해졌습니다. 왜 단수의 사람(Man)이 아니라 복수의 사람(men)인지 질문한다면 칸트

---

97) I. Kant, *Kant's Political Writings*, ed. Reiss, pp.85-86('Theory and Practice').

는 그들이 서로 말할 수 있기 위해서라고 대답했을 것입니다. 복수의 사람들에게, 다시 말해 인류 ── 말하자면 내가 속하는 종(種) ── 에게 "자신의 생각을 소통하고 말하는 것은… 타고난 소양"입니다. 앞에서 이 구절을 인용했었지요. 사유가 비록 고독한 작업이기는 하지만 그것이 가능하기 위해서는 타인에게 의존해야 한다고 주장한 점에서 칸트는 자신의 입장이 대부분의 사상가와 일치하지 않음을 잘 알고 있었습니다.

현존하는 권력자들은 우리에게서 말하거나 글 쓰는 자유는 박탈할 수 있으나, 생각하는 자유를 빼앗을 수는 없다고 흔히 말한다. 그러나 만일 우리가 서로 생각을 주고받는 다른 사람들과 함께하는 공동체 안에서 사유하지 않는다면, 우리는 과연 얼마만큼, 과연 얼마나 정확하게 생각할 수 있을까! 그러므로 인간에게서 생각을 공적으로 주고받을 자유를 박탈하는 외부 권력은 생각하는 자유 또한 박탈하는 것이라는 우리의 주장은 틀리지 않다. 생각하는 자유란 우리의 시민적 생활에 남겨진 유일한 보물로서, 이를 통해서만 현존하는 사태 속에 있는 모든 악에 대한 처방이 존재할 수 있게 된다.[98]

비판적 사유를 위해 필수적인 이 공공성의 요소는 다른 관점에서도 바라볼 수 있습니다. 소크라테스가 철학을 하늘에서 지상으로 가져와 인간 사이에 통용되던 의견들을 검토하기 시작했을 때 그가 행한 것은, 모든 주장에서 숨어 있거나 잠재적인 함축을 드러내는 일이었습니다. 이것이 소크라테스 산파술의 실제 내용입니다. 산파가 검

---

98) I. Kant, "Was hesst: Sich im Denken orientieren?" (1786), *Gesammelte Schriften*, Prussian Academy ed., 8:131–147.

사를 위해 아기를 빛 속에서 살피듯, 소크라테스도 검토를 위해 그 함축을 드러내어 살핀 것이지요. (이것이 바로 칸트가 진보 개념에 대해 불평할 때 했던 작업입니다. 그는 그 개념의 함축을 추출했습니다. 우리가 유기체 비유[99])에 반대해 저항할 때 했던 작업이기도 합니다.) 비판적 사유는 대체로 이러한 종류의 "분석"으로 이루어져 있습니다. 이러한 검토가 다시금 전제하는 것은, 모든 사람이 자기의 생각과 말에 대해 그 이유를 설명할 의사가 있고 또 그렇게 할 수 있다는 것이지요. 소크라테스의 산파술을 수련한 플라톤은 오늘날 우리가 여전히 철학으로 인정하고 후에 아리스토텔레스에게 논문의 형식이 된 바로 그 방식으로 철학을 기술한 최초의 사람이었습니다. 플라톤은 나이 든 "현자들", 즉 소크라테스 이전의 사상가들과 자신의 다른 지점이, 비록 그들이 지혜롭기는 했으나 자신의 사상에 대해 전혀 설명하지 않은 데 있다고 보았습니다. 그들은 자신의 위대한 통찰을 가지고 거기에 있었으나 사람들이 질문했을 때 침묵했지요. "설명하기" (Logon didonai) —증명이 아니라 어떻게 그 의견에 도달하게 되었는지, 어떤 이유로 그런 의견을 형성했는지를 말할 수 있는 것 — 가 플라톤과 그의 모든 선행자들을 실제로 구별하는 것입니다. 이 용어 자체는 그 기원에 있어서 정치적입니다. 아테네인들은 정치가들에게 단지 경제적인 문제뿐만 아니라 정치적 문제들에 대해서도 설명

---

99) 이 책에서는 유기체적 비유(organic metaphor)에 대한 비판은 등장하지 않는다. 이 비판은 「폭력론」(On Violence)에서 설명되는데, 아렌트는 정치 문제를 유기체적 관점으로 생각하는 것이 가장 위험하다고 말한다. 예컨대 충수염으로 복통이 난 경우처럼, 폭동이 사회가 병든 증거라고 판단하면 이는 폭력적 방법으로 사회를 수술하려는 결론을 초래할 수 있습니다. 아렌트는 이러한 유기체 비유가 '기만적 타당성'(the deceptive plausibility)만 가질 뿐이라고 말한다(한나 아렌트, 김선욱 옮김, 「폭력론」, 『공화국의 위기』, 한길사, 2011, p.228)―옮긴이.

하기를 요구했습니다. 그들은 책임지도록(responsible, 응답할 수 있도록) 요구받았지요. 그리고 이것 — 자신과 다른 모든 사람이 생각하고 가르친 것에 대해 책임을 묻고 대답하게 하는 것 — 은 이오니아에서 발생했던 지식과 진리를 탐구하는 철학으로 변형되었습니다. 이러한 변형은 이미 소피스트들과 더불어 시작되었는데, 이런 점에서 소피스트들이 그리스 계몽주의의 대표자라고 불려온 것은 옳습니다. 그것이 이제 소크라테스의 산파술이라는 질문하고 대답하는 방식으로 선명히 드러난 것이지요. 이것이 비판적 사유의 기원인데, 근대 혹은 아마도 고전주의 이후 시대의 가장 위대한 대표자는 이런 함축을 전적으로 의식하고 있었던 칸트였습니다. 그의 아주 중요한 글 한 곳에서 칸트는 다음과 같이 쓰고 있습니다.

> 사실에 대한 질문(quaestio facti)은 사람들이 처음으로 개념을 획득하게 되는 방식이며, 법적인 질문(quaestio juris)은 사람들이 그 개념을 소유하고 사용하는 권리에 대한 것이다.[100]

비판적 사유는 타인에게서 받는 교설이나 개념들, 자기가 물려받는 편견이나 전통에만 적용되는 것이 아닙니다. 엄격히 말해 비판적 사유의 방법은, 배워서 알게 된 자기 자신의 생각에 비판적 기준들을 적용함으로써 배우게 됩니다.

그리고 이러한 적용은 공공성, 즉 다른 사람의 생각과 만날 때 발생하는 검증 없이는 학습될 수 없습니다. 그것의 작용 방식을 보기 위해 여러분들에게 1770년대 칸트가 헤르츠(Marcus Herz)에게 쓴 편지에 나오는 사적인 내용이 담긴 두 구절을 읽어보려고 합니다.

---

100) I. Kant, *Gesammelte Schriften*, Prussian Academy ed., 18:267 (no. 5636).

내가 합리적 반론들에 단순히 논박할 의도로 접근하는 것이 아니라 그것들을 숙고하는 가운데 내 판단과 연결하면서 나의 가장 소중한 신념들을 뒤집을 기회를 가지려 한다는 것을 당신은 알고 있겠지요. 이렇게 나는 내 판단을 타인의 관점에서 불편부당하게 바라봄으로써 과거의 통찰을 개선할 수 있는 제3의 견해가 획득될 수 있을 것이라는 희망을 즐기고 있는 것입니다.[101]

불편부당성(impartiality)이 타인들의 관점을 고려함으로써 획득된다는 것을 알 수 있습니다. 불편부당성이란 소란스러운 의견대립을 전적으로 초월해 논쟁을 실제로 잠재우게 될 어떤 고차적인 관점의 결과물이 아닙니다. 두 번째 편지에서 칸트는 이 점을 더욱 분명히 했습니다.

〔정신의 동력을 유지하기 위해서는 상당한 정도의 느긋함과 융통성이 필요하고,〕 이로써 정신은 모든 면에서 대상을 새롭게 볼 수 있게 되지요. 따라서 자신의 관점을 미시적인 데서부터 모든 가능한 관점들을 차례로 획득할 수 있는 일반적 시각을 갖는 데까지 확장시켜, 각자의 관찰을 다른 사람들의 관찰을 수단으로 검증하게 됩니다.[102]

여기서는 "불편부당성"이라는 말이 언급되지 않았습니다. 그 대신

---

101) 1771년 6월 7일 헤르츠에게 보낸 편지. I. Kant, *Selected Pre-Critical Writings*, trans. G. B. Kerferd and D. E. Wolford(New York: Barnes & Noble, 1968), p108.
102) 1772년 2월 21일 헤르츠에게 보낸 편지. I. Kant, *Philosophical Correspondence 1759-1799*, ed. Zweig, p.73.

타인의 생각을 고려하기 위해 사람들은 자기의 생각을 "확장"할 수 있다는 관념이 발견되지요. "정신의 확장"(enlargement of the mind) 은 『판단력 비판』에서 결정적인 역할을 합니다. 이는 "우리의 판단을 타인의 실제적 판단이 아닌 가상적 판단과 비교함으로써, 그리고 우리 자신을 타인의 입장에 놓음으로써"[103] 이루어집니다. 이러한 것을 가능하게 하는 기능을 상상력이라고 부르지요. 우리가 『판단력 비판』의 구절들을 읽고 나서 앞서 인용한 편지와 비교한다면, 여러분은 『판단력 비판』의 내용이 편지에 나타난 아주 사적인 언급들을 개념화한 데 불과함을 알게 될 것입니다. 비판적 사유는 다른 모든 사람의 관점이 검토를 위해 열려 있는 곳에서만 가능합니다. 따라서 비판적 사유는 여전히 고독한 작업이기는 하지만 "다른 모든 사람"에게서 분리될 수 없습니다. 고립 속에서 진행되기는 하지만 상상력의 힘으로 타자들을 등장시킴으로써 잠재적으로 공적이며 모든 입장에 공개된 공간으로 들어가게 됩니다. 다른 말로 하자면, 그것은 칸트가 말하는 세계시민의 입장을 채택하는 것이지요. 확장된 정신으로 생각한다는 것은 자신의 상상력이 방문하러 가도록 훈련시키는 것을 의미합니다. (『영원한 평화를 위해』에 나오는 방문권과 비교해 보세요.)

여러분에게 여기서 한 가지 아주 일반적이고 범하기 쉬운 오해를 일깨워주려고 합니다. 비판적 사유의 기술은 타인의 마음 안에서 실제로 무엇이 일어나는지 알 수 있는 엄청나게 확장된 감정이입(empathy)으로 이루어진 것이 아닙니다. 칸트의 계몽에 대한 이해에 따르면, 사유한다는 것은 독립적으로 생각하기(Selbstdenken)를 의미하는데, 이는 "결코 수동적이지 않은 이성의 준칙(maxim)"입니다.

---

103) 임마누엘 칸트, 『판단력 비판』, §40.

"그러한 수동성에 빠지는 것이 편견"[104]이며, 계몽이란 무엇보다도 편견에서의 해방입니다. 나 자신의 관점과는 다른 "관점"(이 관점이란 실제로 그들이 서 있는 자리, 그들이 속해 있는 조건들로서, 개인마다 또는 비교되는 계급과 집단에 따라 항상 상이합니다)을 가진 사람들의 생각 속에서 진행되는 그들의 생각을 수동적으로 받아들이는 것, 즉 나 자신의 입장에 적합한 편견을 그들의 편견으로 대체하는 것에 불과합니다. "확장된 사고"란 우선 "우리 자신의 판단에 우연히 부착된 제약점들로부터 추상화한 결과", 즉 "수많은 이들이 제약을 받는… 주관적이고 사적인 요소들의 배제", 우리가 보통 자기이익이라고 부르는 것을 배제한 결과입니다.

칸트에 따르면 자기이익이란 계몽되지 않았거나 계몽 불가능한 것이거나 실제로 제약하는 요소로 작용하는 것입니다. 그 영역이 넓어질수록 — 계몽된 개인이 하나의 관점에서 다른 관점으로 옮길 수 있는 영역이 넓을수록 — 그의 사유는 더 "일반적"으로 됩니다. 그런데 이러한 일반화는 개념의 일반화가 아닙니다. 예컨대, 여러 종류의 개별 건축물들을 포괄할 수 있는 "집"과 같은 개념을 말하는 것이 아닙니다. 반대로 이러한 일반화는 "일반적 관점"에 도달하기 위해 반드시 거쳐야 할 관점들이 속한 개별적 조건, 즉 개별자에 밀접하게 연결되어 있습니다. 이러한 일반적 관점에 대해 우리는 일찍이 불편부당성이라고 언급한 바 있었지요. 이는 판단들을 주목하고 감시하고 또 형성할 수도 있는, 또는 칸트 자신의 말에 따르면 인간사를 반성할 수 있는 관점입니다. 그것은 사람들에게 어떻게 행위해야 하는지 알려주지 않습니다. 심지어 "일반적 관점"을 차지함으로써 발견하게 되는 지혜를 개별적인 정치적 삶에 적용하는 방법도 말해주지 않지

---

104) 앞의 책, 같은 곳.

요. (칸트는 그러한 행위[105])에 대한 경험이 도무지 없었으며, 황제 프리드리히 2세가 다스렸던 프로이센에서는 이를 가질 수도 없었을 것입니다.) 칸트는 다른 사람들을 어떻게 고려할 수 있는지에 대해 말합니다. 그러나 행위하기 위해서 다른 사람들과 어떻게 결합할 것인지는 말하고 있지 않습니다.

일반적 관점이 단지 관찰자의 관점일 뿐인가라는 질문으로 우리를 이끄는 것은 무엇일까요? (칸트가 자기 정신의 확장에 대해 얼마나 진지했는지는 그가 대학에서 자연지리학physical geography을 소개하고 강의했던 사실을 통해 지적할 수 있습니다. 그는 모든 종류의 여행 기사에 열정적인 독자이기도 했으며, 쾨니히스베르크를 한 번도 떠나본 적이 없었지만 런던과 이탈리아에서 어느 길로 가야 할지 잘 알고 있었습니다. 그는 아주 많은 나라에 관해 아주 많은 것을 알고 싶었다는 바로 그 이유 때문에 여행할 시간이 없었다고 말했지요.) 칸트 자신의 생각에 이것은 분명히 세계시민의 관점이었습니다. 그렇다면 관념론자들이 손쉽게 말하는 이러한 "세계시민"이란 의미가 있는 것일까요? 시민이 된다는 것은 무엇보다도 책임과 의무, 권리 등을 갖는다는 것을 의미하는데, 이러한 모든 것은 지역적으로 제한되어 있을 때 의미가 있습니다. 칸트의 세계시민은 실제로는 세계관찰자(Weltbetrachter)입니다. 칸트는 세계정부가 상상할 수 있는 최악의 참주가 되리라는 것을 분명히 알고 있었습니다.

칸트가 말년에 느낀 이러한 당혹감은 프랑스혁명에 대한 끝없는 찬탄과 프랑스 시민들의 혁명적 행위에 대한 같은 정도로 끝없는 반감 사이에서 발생하는 모순 속에서 전면에 나타납니다. 내가 잠시 뒤에 여러분에게 읽어줄 구절들은 모두 거의 같은 시기에 쓰였습니다.

---

105) 이 책, 세 번째 강의 주43에서 언급한 정치적 행위를 말한다—옮긴이.

그러나 그 전에, 하이네(Heine)가 앞서 그랬던 것처럼 마르크스가 칸트를 프랑스혁명의 철학자라고 불렀던 점을 여러분들에게 상기시키고자 합니다. 더욱 중요한 것은, 이 평가가 혁명 자체에 대한 자기 이해에 확고한 기반을 두고 있었다는 점입니다. 『평민』(Tiers Etat)을 쓴 유명한 작가이자 자코뱅당의 창립 멤버로, 나중에 프랑스 헌법의 기초를 위해 모인 제헌의회의 가장 중요한 구성원 가운데 한 명이었던 시에예스(Sieyès)는 칸트를 알고 있었던 것 같습니다. 또 그의 철학에 어느 정도 영향을 받았던 것도 같지요. 여하튼 그의 친구인 테레맹(Theremin)은 칸트에게 와서, 시에예스가 "프랑스인이 칸트의 철학을 공부함으로써 프랑스혁명을 보완할 수 있을 것이기 때문에"[106] 칸트 철학을 프랑스에 소개하려고 한다고 말했습니다. 여기에 대한 칸트의 대답은 전해지지 않고 있습니다.

프랑스혁명에 대한 칸트의 반응은 처음부터, 심지어 이를 다시금 흘낏 보았을 때도 전혀 분명하지 않았습니다. 미리 말하자면, 칸트는 자신이 "최근의 사건"이라고 부른 일의 위대성을 평가하는 데 주저하지 않았고, 또 그것을 준비했던 모든 사람을 경멸하는 데도 거의 주저함이 없었습니다. 이와 연관된 그의 가장 유명한 언급들에서 시작하도록 하지요. 나아가 이것은 어떤 의미에서 그의 태도에서 모순적으로 보이는 부분을 이해하기 위한 열쇠를 포함하고 있습니다.

이 사건[프랑스혁명]은, 인간들 사이에서 위대했던 일을 작은 일로 만들고 또 작았던 일을 위대하게 만드는 인간의 중요한 행동이나 잘못된 행동에 존재하는 것이 아니고, 또 땅속 깊은 곳으로부터 다른 정치구조가 등장하는 동안 마술처럼 사라지는 고대의 찬란

---

106) I. Kant, *Gesammelte Schriften*, Prussian Academy ed., 12:59(서간문).

한 정치구조에 존재하는 것도 아니다. 아니, 그런 종류 그 어떤 것도 아니다. 이 위대한 변혁의 게임 속에서 공적으로(publicly) 나타나 일반적이면서도 이해를 초월한 공감을 한편의 행위자들에는 호의적으로 또 다른 한편의 행위자들에는 반대해 드러내면서, 만일 이러한 편파성이 발견된다면 그들에게 아주 불리하게 작용할 것도 감수하는 것이 바로 관찰자의 사유 양식일 뿐이다. 이러한 사유 양식은 그 일반성 덕분에 인류의 특성을 전체로 또 동시에 입증한다. 그 무관심성(disinterestedness) 덕분에 인류의 도덕적 특성은 적어도 그 성향에 있어서 보다 나은 것을 향한 진보에 대한 희망을 사람들에게 허용할 뿐만 아니라, 그 능력이 현재를 위해 충분히 갖추어진 한 그 자체가 이미 진보다.

우리가 목격해온, 오늘날 전개되고 있는 재능 있는 민족의 혁명은 성공할 수도, 실패할 수도 있다. 혁명은 불행과 잔혹으로 가득 차 있어서, 지각 있는 사람이라면 그 혁명을 다시금 성공적으로 수행할 희망을 용감하게 품는다고 해도 그 같은 대가를 지불하고서 실험하려고는 결코 결심하지 않을 것이다. 그럼에도 불구하고 이 혁명은 (이 게임에 직접 참여하지 않은) 모든 관찰자의 마음속에서, 그 표현 자체가 위험한, 열광에 가까우리만치 참여하기를 바라는 마음을 발견하게 된다. 따라서 이러한 공감은 인류에게서 나타나는 도덕적 성향이라는 원인만을 가질 수 있다.

…금전적 보상은 혁명의 반대파를 순수한 권리 개념으로 만들어진 〔혁명가들 속〕 영혼의 열망과 위대성을 향해 고양시킬 수 없을 것이다. 그리고 오랜 군벌 귀족들이 갖는 명예 개념(열정과 유사한 것)조차도 자신들이 속한 집단의 권리를 염두에 두고 스스로를 그것의 수호자로 여기는 자들의 무기 앞에서는 소멸했다. 그래서 관찰할 뿐 비참여적인 대중은 도움을 주려는 최소한의 의지 없이도

상당한 열정을 공감하게 되었다.

이제 나는 — 예언자적 통찰을 갖고 있지는 않지만 — 오늘날의 여러 양상과 징조들에 의거해 인류가 이 목표를 획득할 것이라고 예언할 수 있다고 주장한다. 다시 말해 나는 이제부터 더는 완전히 되돌아가지 않을, 더욱 나은 것을 향한 진보를 예언한다. 왜냐하면 인간 역사에 나타난 그와 같은 현상은 잊힐 수 없기 때문이다.

그런데 만일 이 사건과 연결해서 보고 있는 목표가 이제는 획득되지 않는다고 해도, 국가 헌법에 대한 혁명이나 개혁이 결국 실패해도, 또는 어느 정도의 시간이 지난 뒤 모든 것이 (지금 정치가들이 예언하는 것처럼) 과거의 전철을 되밟는다고 해도, 그러한 철학적 예언은 결코 그 힘을 잃지 않을 것이다. 왜냐하면 그 사건은 너무나 중요하고, 인류의 관심사와 너무나 밀접하게 결부되어 있으며, 또한 그 영향력은 전 세계의 모든 영역에 너무나 널리 알려져서, 이러한 종류의 노력을 새롭게 반복해서 일으키려는 민족에 의해 만들어진 그 어떤 유망한 상황에서도 기억되지 않을 수 없기 때문이다. 오직 한 민족에게 일어난 일로만 여기지 않고 이러한 사건에 점차 참여하게 될 지상의 모든 민족의 전체적인 전망을 염두에 두는 자에게, 이것은 헤아릴 수 없는 시간의 전망을 드러낼 것이다.[107]

여덟 번째 강의 | 관찰자

내가 여러분에게 읽어준 『학부논쟁』(2부 6절과 7절)에서 칸트는,

---

107) I. Kant, *On History*, ed. Beck, pp.143-148("An Old Question Raised Again," secs. 6 and 7).

제국을 일으키거나 망하게 하는, 그리고 과거의 위대했던 일을 사소하게 만들거나 또 사소한 일을 위대하게 만드는, 인간의 행동이나 실수에 관해서는 관심이 없다고 분명히 말했습니다. 사건(Begebenheit)의 중요성은 보는 자의 눈에만, 즉 자신의 태도를 공적으로 선포하는 관찰자의 의견 안에만 존재하지요. 사건에 대한 그들의 반응은 인류의 "도덕적 성격"을 입증합니다. 이러한 공감적 참여가 없다면, 사건의 "의미"는 전적으로 달라지거나 전혀 존재하지 않게 될 것입니다. 왜냐하면 희망을 일으키는 것은 이러한 공감이기 때문입니다.

〔그 희망은〕 수많은 혁명이 일어나고 그와 더불어 모든 변혁 효과를 경험하면서, 인류의 모든 원초적인 능력들이 발달할 수 있는, 자연의 최고 목적인 세계시민의 존재(cosmopolitan existence)가 마침내 실현될 것이라는 희망이다.[108]

그러나 여기서 칸트가 미래 혁명가들의 편에 서 있다고 결론을 내려서는 안 됩니다. 『학부논쟁』에서 인용한 이 구절에 붙은 각주에서 칸트는, 어떠한 통치자도 자신에 대항해 사람들이 봉기할 것이라는 두려움 때문에 감히 공개적으로 문제 삼을 수 없는 "국민의 권리"가 존재한다는 점을 아주 분명하게 천명하지요. 사람들은 풍요롭게 살고, 강력한 보호를 받고, 또 "복지에 있어 불평할 만큼의 부족함이 없다"고 하더라도, 오직 자유를 위해서 봉기하게 될 것입니다. 국민이 "공동의 입법자"가 될 권리를 함의하는 이 인권은 신성한 것입니다. 그런데 말이지요.

---

108) I. Kant, *Kant's Political Writings*, ed. Reiss, p.51("Idea for a General History from a Cosmopolitan Point of View," 8번째 테제 끝부분).

이러한 권리들은… 그것의 실현을 위해 사용되는 수단이 도덕성과 일치하는 조건에서만 성취될 수 있는 이념에 머물러 있다. 이러한 제약조건은 국민에 의해 침범되어서는 안 되며, 따라서 사람들은 언제나 정당하지 못한 것인 혁명을 통해 자신의 권리를 추구할 수는 없다.[109]

만일 우리가 이 각주만을 갖고 있다면, 우리는 칸트가 이 각주를 달 때 상당히 조심스러워했다는 의혹을 가질 수 있을 것입니다. 그러나 이와 똑같은 경고가 다른 수많은 곳에서도 반복되고 있습니다. 그의 입장이 가장 잘 설명되는『영원한 평화를 위해』를 살펴볼까요.

만일 나쁜 헌법 때문에 야기된 폭력적인 혁명에서 불법적 수단이 사용되어 더 정통성을 갖는 헌법이 도입된다면, 그 국민은 이전의 헌법으로 되돌아가지는 않을 것이다. 그러나 혁명이 지속되었던 동안에는, 공개적으로나 비밀리에 동참한 사람들이 반역을 일으킨 사람들로 인해 처벌을 받게 되었던 것은 정당했다.[110]

『도덕형이상학』에서도 그는 동일한 논조로 다음과 같이 썼습니다.

만일 혁명이 성공해 새로운 헌법이 수립되었다면, 그 헌법의 기원과 성공의 불법성 때문에 신민들이 새로운 질서에 대해 좋은 시민으로 스스로 살아야 할 의무가 면제되는 것은 아니다.[111]

---

109) 앞의 글, p.184, 주(*The Contest of Faculties*).

110) I. Kant, *On History*, ed. Beck, p.120 (*perpetual Peace* 부록 1).

111) I. Kant, *Kant's Political Writings*, ed. Reiss, p.147(*The Metaphysics of Morals*, General Remark A after §49).

따라서 현재의 상태가 좋든 나쁘든 간에 반역은 결코 적법한 것이 아닙니다.

[분명한 것은, 만일] 국민의 권리가 손상되었다면, 폭군이 퇴위당했을 때 그에게 어떠한 부정의도 행해진 것이 아니다. 이 점에는 어떠한 의심도 있을 수 없다. 그런데도 신민들이 이런 방식으로 자신의 권리를 추구하는 것은 최고로 비합법적이다. 만일 그들이 투쟁에 실패해 심각한 처벌을 받게 된다면, 그들이 투쟁에 성공해 내려진 부정의에 대해 폭군이 불평할 수 없듯이, 그들도 마찬가지로 자신이 당하는 부정의에 대해 불평할 수 없다.[112]

여기서 분명한 것은, 여러분이 행위할 때 따르는 원리와 판단할 때 따르는 원리 사이의 충돌입니다. 왜냐하면 칸트는 열광에 가까울 정도로 만족감을 표했던 결과를 낳은 행위에 대해서는 경멸하기 때문입니다. 이러한 충돌은 단순한 이론의 문제가 아니지요. 1798년에 칸트는 한 번 더 반역을 직면했었는데, 그것은 당시 영국의 "적법한" 권위에 대항해 아일랜드에서 일어났던 많은 반란 가운데 하나였습니다. 아베그(Abegg)의 일기에 기록된 한 지인에 따르면, 칸트는 그 반란이 적법하다고 믿었으며, 심지어 미래 영국공화국 형성의 희망을 피력하기도 했습니다.[113] 역시 그것은 단지 의견의 문제, 즉 관찰자의 판단이었지요. 그리고 그는 같은 논조로 다음과 같이 쓰고 있습니다.

---

112) I. Kant, *On History*, ed. Beck, p.130 (*perpetual Peace* 부록 II).
113) Borries, *Kant als Politiker*(Scientia Verlag Aalen, 1973; reprint of 1928 Leipzing edition), p.16 참조.

나는 심지어 지적인 사람도 하는 이런 말들, 즉 (시민적 자유를 공고히 하는 데 참여한) 어떤 민족이 자유를 누릴 정도로 아직 성숙하지 않았다는 말이나 지주에 속한 농노는 자유를 누릴 정도로 아직 성숙하지 않았다는 말, 그리고 인간들은 일반적으로 신념의 자유를 누릴 정도로 아직 성숙하지 않았다는 말을 인정할 수 없다. 그러한 선입견에 따르면 자유는 절대로 오지 않을 것이다. 왜냐하면 우리가 자유롭게 되지 않는다면 이런 자유를 누릴 정도로 우리가 성숙할 수가 없기 때문이다. 우리의 능력들을 자유롭게 합목적적으로 사용할 수 있으려면 우리는 자유로워야 하며, 〔그리고〕 우리가 스스로 노력하지 않고서는 이성을 사용할 만큼 성숙해지지 않는데, 이 노력은 우리가 자유로울 때만 할 수 있다. …〔의무에 종속된 사람들이〕 본질적으로 자유에 적합하지 않다고 〔주장하는 것은〕… 인간을 자유롭도록 창조한 신의 특권을 찬탈하는 것이다.[114]

성공한다면 환호할 일에 당신이 관여하지 않아야 할 이유는 모든 정치행위를 규율하고 있는 "공개성이라는 초월론적(transcendental) 원리" 때문입니다. 칸트는 이 원리를 『영원한 평화를 위해』(부록2)에서 주장했는데, 거기서 칸트는 참여하는 행위자와 판단하는 관찰자 사이의 충돌을 "정치와 도덕의 충돌"이라고 부르고 있습니다. 그 우선적 원리는 다음과 같습니다.

다른 사람의 권리와 연관된 모든 행위는 그의 준칙이 공공성과 일치하지 않는다면 정당하지 않다. …〔왜냐하면〕 내가 이루려는 목

---

114) I. Kant, *Religion within the Limits of Reason Alone*, Book IV, Part Two, §4, trans. T. M. Greene and H. H. Hudson(New York: Harper Torchbooks, 1960), pp.176-177, 주 참조.

적과 상충하지 않고서는 공공연히 폭로할 수 없는 준칙은 그 성공을 위해서 비밀로 지켜져야 하는 것이기 때문이다. 만일 내가 계획에 대해 불가피하게 일반적 반대를 자극하지 않고서는 그 준칙을 공개적으로 드러낼 수 없다면… 그에 대해 선험적으로(a priori) 예견할 수 있는 반대는 단지 그 준칙이 모든 사람을 위협하는 부정의라는 점 때문이다.115)

"지배자가 자신에 반대하는 사람들의 어떠한 권리도 절대 인정하지 않는다고 결코 공개적으로 선언할 수 없기에" 독재의 잘못됨이 증명될 수 있는 것과 마찬가지로, 반역의 잘못됨은 "만일 〔국민이〕 행동할 때 따르게 될 준칙이 **공개적으로** 알려진다면 자신들의 목적과 상충하는 결과를 낳기 때문에, 따라서 이 준칙은 비밀로 지켜져야 할 것이다"116)라는 사실로 인해 명백해집니다. 예컨대 "정치적 편의주의"라는 준칙은 "만일 공개된다면 자신의 목적과 필연적으로 상충"하겠지요. 다른 한편, 새로운 정부의 수립에 참여한 국민은 "혁명의 의도를 공표할" 수 없는데 왜냐하면 그렇게 해서는 "어떠한 국가도 가능하지 않을 것이고", 국가의 수립은 〔과거에〕117) "그 국민의 목적"이었기 때문입니다.

칸트는 자신이 이 논증을 반대하는 두 개의 주요 논거를 언급했습니다. 첫째, 그 원리는 "단지 부정적으로 서술되어서 무엇이 부당한지 인식하는 데만 이바지할 뿐이며, 역으로 공공성을 지닌 준칙이 그런 이유로 정당하다고 추론할 수는 없다."118) 다른 말로 하면, 의견은

---

115) I. Kant, *On History*, ed. Beck, pp.129-130(*perpetual Peace*, 부록 II).
116) 같은 책, p.130.
117) 〔 〕는 옮긴이의 것임.
118) 위의 책, p.133.

특히 그것이 관찰자의 무관심적 의견이 아니라 이해관계에 얽힌 시민의 부분적이며 무비판적인 의견일 경우는 오류일 수 있다는 것입니다. 둘째, 통치자와 피지배자의 관계라는 유비는 틀렸다는 것입니다. "결정적으로 우월한 권력을 가진 자는 자신의 계획을 은폐할 필요가 없다." 그러므로 칸트는 "긍정적이며 초월론적인 원리"를 제안합니다.

> 자신의 목적을 그르치지 않기 위해서 공공성을 필요로 하는 모든 준칙은, 정치와 권리가 결합한 것과 일치한다.[119)]

"정치와 도덕의 충돌"에 대한 이러한 해법은 칸트의 도덕철학에서 도출되었습니다. 여기서 자신의 이성에만 의존하는 개인으로서의 인간은 자기모순적이지 않은 준칙을 발견하는데, 여기서 그 개인은 명령(Imperative)을 도출할 수 있습니다. 공공성이란 칸트의 도덕철학에서 이미 옳음의 기준입니다. 예를 들면, "사람들은 도덕법칙을 공적으로 선언할 수 있는 어떤 것으로 여기지만, 자기의 준칙들은 감추어져야만 하는 것으로 여긴다"(Jeder sieht das moralische Gesetz als ein solches an, welches er *offentlich* deklarieren kann, aber jeder sieht seine Maximen als solche an, die verborgen werden müssen).[120)] 사적인 준칙은 내가 그것을 공적으로 선언할 수 있는지의 검증을 받아야만 합니다. 여기서 도덕성이란 사적인 것과 공적인 것의 일치입니다. 준칙의

---

119) 앞의 책, p.134.
120) 아렌트가 번역한 이 글의 출처는 *Eine Vorlesung Kants über Ethik*, ed. Paul Menzer(Berlin: Pan Verlag Rolf Heise, 1924)이다. I. Kant, *Lectures on Ethics*, trans. Louis Infield(London: Methuen, 1979), p.43, '최고의 도덕원리'에 관한 절 참조—베이너.

사사성(私事性)을 고집하는 것은 악한 것입니다. 따라서 악한 것은 공적인 영역으로부터의 후퇴라는 특징을 갖지요. 도덕성이란 보이기에 적합하다는 의미이며, 여기서 보인다는 것은 인간에게만 아니라 최종적으로는 마음의 모든 것을 다 아는 자(der Herzenskundige), 곧 신에게도 보이는 것입니다.

인간은 어떤 일을 하는 한 법칙을 수립합니다. 그는 입법자입니다. 그런데 그는 자유로울 때만 이러한 입법자가 될 수 있습니다. 같은 준칙이 자유인과 마찬가지로 농노에게도 타당한지는 아직 해결되지 않은 문제이지요. 그리고 여기에 서술된 칸트의 해결책을 받아들인다 해도 그 전제조건은 "펜의 자유", 즉 행동을 위한 공간은 아니더라도 적어도 의견을 위한 공적 공간이 실재해야 한다는 것이 명백합니다. 칸트에게 반역의 순간이란 의견의 자유가 폐지되는 순간입니다. 따라서 도덕에 반대하는 오랜 마키아벨리적 주장, 즉 당신이 악에 저항하지 않으면 악행자는 자기가 하고 싶은 대로 할 것이라는 주장에 답하기 위해서는 반역을 해야만 한다는 것입니다. 당신이 악에 저항함으로써 악에 연루될 수 있다는 것은 참이라 하더라도, 정치에서는 세상에 대한 배려가 자기의 자아 — 이 자아가 당신의 몸이건 당신의 영혼이건 — 에 대한 배려에 선행합니다. (마키아벨리의 "나는 내 영혼보다 내 고향을 더 사랑한다"라는 말은 내가 세상과 그 세상의 미래를 나의 생명과 내 자아보다 더 사랑한다는 말의 한 변형일 뿐입니다.)

실제로 칸트에게는 이러한 갈등에서 손쉽게 빠져나올 수 있는 두 개의 가정이 존재합니다. "인류 전체의 진보"라는 레싱의 주장을 부정한 멘델스존과의 논쟁을 보면 칸트가 이 둘 가운데 하나를 의식하고 있음을 알 수 있습니다. 칸트의 인용에 따르면 멘델스존은 다음과 같이 말하고 있습니다.

"개인으로서의 인간은 진보한다. 그러나 인류는 정해진 범위 사이에서 항상 왔다 갔다 한다. 전체로 보아 인류는 대체로 같은 수준의 도덕성, 같은 정도의 종교와 비종교, 덕과 악덕, 행복과 불행을 유지하고 있다."[121]

칸트는 진보를 전제하지 않으면 어떤 것도 의미 있지 않을 것이라고 응대했습니다. 진보는 방해받을 수는 있어도 결코 중단되지 않지요. 그는 "타고난 의무"(inborn duty)에 호소하는데, 이는 그가 『실천이성비판』에서 사용했던 주장, 즉 타고난 음성이 말하길 당신은 해야만 하며, 그래서 나의 이성이 내게 해야만 한다고 말하는 영역 안에서 내가 할 수 없다고 추정하는 것은 모순이 되리라고 한 말과 같습니다(ultra posse nemo obligatur, 가능성을 넘어서는 일은 그 누구에게도 의무가 아니다).[122] 이 경우에 호소하고 있는 의무는 "후손이 지속해서 진보할 수 있게 하는 (그래서 진보가 가능한) 방식으로 후손에게 영향을 주는" 의무이지요. 그리고 칸트는 "다가올 더 나은 시대에 대한 희망"이라는 가정이 없다면 어떠한 행위도 가능하지 않을 것이라고 주장합니다. 왜냐하면 이 희망만이 "올바로 생각하는 인간들"이 "공동선을 위한 어떤 일을 하도록"[123] 고무해왔기 때문입니다. 자, 우리는 오늘 진보 관념이 어느 때부터 있었는지를 추적할 수 있음을, 그리고 이 관념이 사람들에게 나타나기 오래전부터 사람들은 항상 행위를 해왔다는 것을 알게 되었습니다.

칸트가 가진 두 번째 한층 더 중요한 가정은 악의 본성과 관계가 있습니다. 인간이 악을 범할 위험을 무릅쓰고라도 악에 대해 저항하

---

121) I. Kant, *Kant's Political Writing*, ed. Reiss, p.88 ("Theory and Practice," Part III).
122) 같은 책, p.116(*perpetual Peace*) 참조.
123) 같은 책, p.130("Theory and Practice," part III).

지 않는다면 악은 급속히 전파될 것이라고 마키아벨리는 생각했습니다. 반면에 칸트는 전통적 입장에 다소 부합하는데, 악은 본성상 자기-파괴적이라고 믿었지요.

[따라서] 전체 종으로서의 인간(man)의 목표는… 비록 개인으로서의 인간들(men)의 목표와 정반대의 방향을 향한다 해도, [때때로 그가 "자연"이라고 부른] 섭리 때문에 성공적인 주제가 될 것이다. 왜냐하면 모든 악의 근원인 개인 성향들 간의 충돌은 이성에게 그것들에 모두 도달할 수 있는 자유로운 손을 부여하기 때문이다. 따라서 그 충돌은 스스로를 파괴하는 악이 아니라 선을 우세하게 만드는데, 이 선은 일단 형성되기만 하면 계속해서 자신을 유지해 나간다.[124]

그리고 여기서 다시 관찰자의 관점이 결정적입니다. 전체로서의 역사를 보십시오. 진보를 전제하지 않는다면 역사는 어떤 종류의 광경이 되겠습니까? 칸트에게서 그 대안은 절망을 산출하는 퇴보거나, 또는 우리를 죽을 만큼 지겹게 할 영원한 동일성입니다. 관찰자의 중요성을 한 번 더 강조하기 위해 다음의 구절을 인용하겠습니다.

덕이 있는 사람이 역경과 악한 유혹과 악전고투하면서 그럭저럭 저항을 유지하는 모습을 보는 것은 신에게나 적합한 광경이다. 그런데 인류가 일정 기간 덕을 향해 진보하다가 급작스럽게 악덕과 비참함 속으로 완전히 되돌아가는 것을 보는 것은, 아주 평범하면서도 정직한 사람들에게조차도… 아주 부적합한 장면이다. 그런

---

124) 앞의 책, p.91.

드라마를 한동안 보는 것이 아마도 감동적이거나 교훈적일 수 있을 것이지만, 막은 결국 내려져야 한다. 장기적으로 볼 때 그것은 어릿광대짓이 되기 때문이다. 비록 배우들이 그것에 대해 싫증을 내지 않는다고 해도 ── 왜냐하면 그들은 바보들이기 때문에 [모든 배우들이 바보인가?] ── 관객은 싫증을 낸다. 절대 끝나지 않는 연극의 내용이 영원히 같을(Einerlei) 것이라고 관객이 합리적으로 결론 내릴 수 있다면, 단막으로 끝나더라도 그에게는 충분할 것이기 때문이다.[125]

아홉 번째 강의 | 사심 없는 의견

『영원한 평화를 위해』를 통해 여러분이 알고 있듯이, 모든 것이 잘 되고 있다는 데 대한 궁극적인 보장은 적어도 관찰자에게는 섭리나 운명이라고도 부를 수 있는 자연 자체입니다. 자연의 "목표는 인간들의 의지를 거슬러 또 실제로 그들 사이의 불일치를 통해, 그들 사이에 조화를 생산하는 것"[126]이지요. 불일치란 실로 자연의 계획에서 너무나 중요한 요소라서 불일치 없이는 어떠한 진보도 상상할 수 없고, 또 그 어떠한 최종적인 조화도 진보 없이는 산출될 수 없을 것입니다.

관찰자는 참여하지 않기 때문에 이런 섭리 또는 자연의 계획을 인지할 수 있는데, 이것은 행위자에게는 감춰진 것입니다. 그래서 한편에는 광경과 관찰자가 있고, 다른 한편에는 행위자와 모든 개별 사건

---

125) 앞의 책, p.88.

126) I. Kant, *On History*, ed. Beck, p.106(*perpetual Peace*, 첫 번째 추가사항).

들 그리고 우연하고 일시적인 일들이 존재하는 것이지요. 프랑스혁명의 맥락에서 칸트에게는 관찰자의 관점이 그 사건의 궁극적 의미를 지니고 있었던 것으로 보였습니다. 비록 이 관점이 그 어떤 행위의 준칙도 산출하지 않았어도 말입니다. 이제 우리는 정반대의 것이 칸트에게 타당해 보일 수 있는 상황을 검토해야만 할 것입니다. 이는 개별 사건들이 "숭고한"(sublime) 장면을 제공하고 또 행위자들도 그렇게 하는 상황, 게다가 그 숭고함이 자연의 숨겨진 계획과 잘 일치할 수도 있는 상황을 말합니다. 그러나 여전히 우리의 행위 준칙을 산출하는 이성은 우리가 이런 "숭고한" 행위에 참여하는 것을 단정적으로 금합니다. 이제 우리는 전쟁의 문제에 관한 칸트의 입장을 다룰 것입니다. 혁명 문제에서 그는 명백히 혁명의 편을 지지하지만, 전쟁 문제에 관해서는 명백하고도 절대적으로 평화의 편입니다.

『영원한 평화를 위해』에서 칸트는 "이성은 최고의 도덕적 입법기관의 권좌에서 전쟁을 합법적 수단으로 여기는 것을 절대적으로 경멸하며, 비록 평화가 국가 간의 조약에 의하지 않고서는 성립되거나 유지될 수 없기는 하더라도 이성은 평화 상태를 직접적 의무로 삼고 있다"[127]라고 했습니다. 이 문제와 연관해 무엇이 우리의 행위 준칙이어야 하는지는 조금도 의심의 여지가 없습니다. 그러나 이것은 행위는 하지 않으며 보는 것에 전적으로 의존하는 순수한 관찰자가 내릴 결론이 결코 아니며, 따라서 이 책자의 반어적인 제목은 그 가능한 모순에 대한 힌트 이상의 것입니다. 왜냐하면 원제목인 "영원한 평화를 위해"는 네덜란드의 한 여관에 걸린 풍자적인 간판으로, 바로 공동묘지를 의미하는 것입니다. 이곳이 바로 영원한 평화를 위한 장소이며, 여관 주인은 현생에서 몹시 갈망했던 이 상태로 여러분을 안

---

127) 앞의 책, p.100(제2장).

내해줄 음료수를 제공합니다. 평화는 어떠합니까? 평화는 죽음이라고도 불릴 수 있는 정체상태를 말하나요? 칸트는 역사와 인류의 행로를 반성하며 형성한 전쟁에 대한 자신의 의견을 한 차례 이상 진술했습니다. 그리고 『판단력 비판』에서 더욱 힘주어 진술했는데, 여기서 그는 이 주제를 숭고에 대한 절에서 충분히 특성 있게 논의하고 있습니다.

> 심지어 야만인조차 최고의 경탄을 보내는 대상은 무엇인가? 그것은 아무것에도 움츠리지 않고, 아무것도 무서워하지 않으며, 따라서 위험에 굴복하지 않는 사람이다. …최고로 문명화된 국가에서도 군인에 대한 이러한 독특한 숭배는 남아 있다. …왜냐하면 심지어 [여기에서조차도] 군인의 정신이 위험에 굴복하지 않는다고 여겨지기 때문이다. 따라서… 정치가와 장군을 비교하면 미적 판단은 후자 쪽이다. 전쟁 자체는… 그 안에 숭고한 어떤 것을 갖고 있다. …다른 한편, 오랜 평화는 일반적으로 상업적 정신을 우세하게 만들고, 이와 더불어 저급한 이기심·비겁·유약함을 낳으며, 사람들의 성향을 저급하게 만든다.[128]

이것은 관찰자의 (즉, 미적) 판단입니다. 전쟁의 숭고한 측면 ─ 인간의 용기 ─ 을 목격하는 관찰자의 설명 가운데 들어가지 않는 것은 칸트가 다른 맥락에서 농담처럼 언급한 말로, 전쟁을 하는 국가들은 마치 도자기 가게 안에서 서로 곤봉을 들고 싸우는 주정뱅이들 같다는 것입니다.[129] 세계(도자기 가게)는 무시되고 있습니다. 그런데

---

128) 임마누엘 칸트, 『판단력 비판』, §28.
129) I. Kant, *Kant's Political Writing*, p.174. 이 인용문은 실제로 흄(David Hume)에게서 온 것임.

이 점은 칸트가 전쟁이 "진보"와 문명과 연관해 어떤 유익이 있는가라는 질문을 제기할 때 어떤 면에서는 논의의 대상이 됩니다. 여기서 또다시 칸트의 대답은 전혀 명백하지 않습니다. 분명 자연의 "최종계획"은 "세계시민적 전체, 즉 서로에 대해 상처를 주는 방식으로 행위할 위험을 지닌 모든 국가들의 체계"입니다. 그러나 "인간의 제어되지 않는 열정에 의해 야기된··· 의도치 않은 사태인" 전쟁은, 바로 그 무의미성 때문에, 오히려 최종적인 세계시민적 평화의 예비물로 기여하기도 합니다. (결국 완전한 탈진상태에 이르러 이성이나 선의지가 이루지 못해왔던 것을 부여해주겠지요.)

[그런데 전쟁이] 인류에게 방문할 때 동반하는 끔찍한 고통에도 불구하고, 그리고 평화 시기의 끊임없는 전쟁 준비로 인해 그들을 압박하는 더 끔찍한 고통에도 불구하고, 전쟁은 여전히··· 문화에 이바지할 수 있는 모든 재능을 최고조로 발전시키는 동기다.[130]

간단히 말해, 전쟁은 "보편 군주제의 생기 없음만큼 치유 불가능할 정도로 나쁜 것은 아니"[131]라는 것입니다. 그리고 민족이 복수로 존재한다는 것은 그것이 산출하는 모든 갈등과 더불어 진보의 추진력이지요.

이러한 미학적인 반성적 판단의 통찰은 행위를 위한 그 어떤 실천적 중요성도 갖지 않습니다. 행위와 관련된 한 다음과 같은 것은 의심할 여지가 없습니다.

---

130) 임마누엘 칸트, 『판단력 비판』, §83.
131) I. Kant, *Religion within the Limits of Reason Alone*, p.29 주.

우리 안에 있는 도덕적-실천적 이성은 **전쟁이 없도록** 하라는 저항 불가능한 거부권을 선포한다. …따라서 이것은 영원한 평화가 진정으로 가능한지의 문제, 또는 그것이 가능하다고 가정할 때 우리가 이론적 판단의 과정에서 어떤 실수를 범하고 있는 것은 아닌지의 문제가 더는 아니다. 이와 반대로, 우리는… 이러한 평화주의적 의도의 충족이 영원토록 하나의 경건한 희망으로 남는다고 해도… 단지 그것이 실제로 이루어질 것처럼 행동해야 하는데… 왜냐하면 그렇게 하는 것이 우리의 의무이기 때문이다.[132]

그러나 이러한 행위를 위한 준칙들이 미학적인 반성적 판단을 파기하지는 않습니다. 다른 말로 하면, 비록 칸트가 평화를 위해 행동해왔지만, 그는 자신의 판단력에 대해 알고 있었고 또 계속 염두에 두고 있었지요. 그가 관찰자로서 획득한 지식에 따라 행위했더라면 그는 자신의 정신 속에서 범죄자가 되었을 것입니다. 그가 이러한 "도덕적 의무" 때문에 관찰자로서의 자신의 통찰을 망각했더라면 그는 공적인 일에 관여하고 얽매였던 그토록 많은 선한 사람들에게서 보여진 모습 — 이상주의적 바보 — 을 갖게 되었겠지요.

요약해볼까요. 여러분에게 읽어주었던 절들에는 두 개의 아주 다른 요소들이 거의 모든 곳에서 나타나는데, 이 두 요소는 칸트 자신의 정신 속에서는 밀접하게 연결되어 있지만 다른 곳에서는 전혀 그렇지 않습니다. 첫째, 관찰자의 입장이 있었습니다. 자신이 목격한 것이 가장 중요했지요. 그는 사건이 일어나는 행로에 담긴 의미를 발견할 수 있었는데, 이 의미를 행위자는 무시했습니다. 이러한 통찰이 존재할 수 있는 기반은 그의 무관심성·비참여·비관여입니다. 관

---

132) I. Kant, *Kant's Political Writings*, p.174(*The Metaphysics of Morals*, §62, Conclusion).

찰자의 이해관계에서 벗어난 관심(disinterested concern)에 의해 프랑스혁명은 위대한 사건으로 특징지어집니다. 둘째, 진보의 관점, 즉 미래에 대한 희망이 있었는데, 이 희망 속에서 사람들은 어떤 사건을 그 사건이 다가올 세대들에게 하는 기약에 따라 판단합니다. 이 두 관점은 프랑스혁명에 대한 칸트의 평가에서는 서로 결부되어 있지만, 행위의 원리들과 관련해서는 아무런 의미도 없습니다. 그런데 전쟁에 대한 칸트의 평가에서도 이 두 관점이 어떤 식으로든 결합하고 있습니다. 전쟁은 진보를 가져오지요. 이는 기술의 역사가 전쟁사와 얼마나 밀접하게 연관되는지를 아는 사람이라면 누구도 부인할 수 없습니다. 그리고 전쟁은 평화를 향한 진보를 가져오기도 합니다. 전쟁은 너무나 끔찍해서, 전쟁이 끔찍해질수록 사람들은 더욱 합리적으로 되어 결국에는 그들이 평화를 끌어낼 국제조약을 체결하도록 이끌 것입니다. (운명은 의지하는 자들을 안내하며, 의지하지 않는 자들을 끌고 간다Fata ducunt volentem, trahunt nolentem.)[133] 그런데 칸트에게 그것은 운명이 아닙니다. 그것은 진보이며, 인간의 등 뒤에서 이루어지는 계획이며, 자연의 책략이며, 또한 나중에 역사의 책략이 됩니다.

이러한 견해 가운데 첫 번째의 것 — 일어난 일의 의미를 아는 이는 관찰자들뿐이며 결코 행위자가 아니다 — 은 아주 오래된 지혜입니다. 그것은 사실상 가장 오래되고 또 가장 결정적인 철학적 견해 가운데 하나이지요. 관조적 삶의 우위성이라는 관념 전체가 의미(또는 진리)는 오직 행위를 중지하는 자들에게만 나타난다는 이 오래된 통찰에서 나옵니다. 이것을 나는 피타고라스의 것이라고 알려진 우화를 가장 단순하면서도 쉬운 형태로 여러분들에게 제시하겠습

---

133) I. Kant, *On History*, p.111 참조. 세네카의 말을 인용한 것임.

니다.

> 인생은… 축제와 같다. 축제에 어떤 이는 경쟁하기 위해서 오고 어
> 떤 이는 장사를 하러 오지만 최상의 사람들은 관객(theatai)으로 오
> 는 것처럼, 인생에 있어 노예적인 사람은 명성(doxa)과 이득을 추
> 구하지만, 철학자는 진리를 추구한다.[134]

이런 추정 아래 깔린 정보는, 첫째로 오직 관찰자만이 전체를 볼 수
있는 위치에 있다는 것입니다. 행위자는 사태의 한 부분이므로 반드
시 자신의 부분을 실행해야 합니다. 그는 정의상 부분적입니다. 관찰
자는 정의상 부분적이지 않으며, 그에게는 부분이 할당되지 않습니
다. 그러므로 직접적 참여에서 게임 밖의 관점으로 물러서는 것은 모
든 판단에 필수 불가결한(sine qua non) 조건이지요. 둘째, 행위자가
관여하는 것은 명성(doxa), 즉 타인의 의견입니다. ('doxa'는 "명성"과
"의견" 모두를 의미합니다.) 명성은 타인의 의견을 통해 생겨납니다.
따라서 행위자에게 결정적인 문제는 그가 남에게 어떻게 보이는지
(dokei hois allois)입니다. 행위자는 관찰자의 의견에 의존하지요. 그는
(칸트의 용어로 말하면) 자율적이지 않습니다. 그는 이성의 내적 소리
에 따라 처신하지 않고, 관찰자들이 그에게 기대하는 바에 따라 행동
합니다. 그 기준은 관찰자고요. 따라서 이 기준은 자율적입니다.
    이것을 철학자의 언어로 번역하자면, 관찰자의 삶의 방식, 즉 관
조적 삶(bios theōrētikos, 'theōrein'에서 "보다"라는 말이 나왔습니
다)의 탁월성에 도달한다는 것입니다. 여기서 사람들은 억견의 동

---

134) Diogenes Laertius, *Lives of the Philosophers* 8.8, trans. G. S. Kirk and J. E.
    Raven, *The Presocratic Philosophers*(Cambridge, Eng.: At the University Press,
    1971), p.228.

굴[135)]에서 완전히 벗어나 진리를 구하러 가게 됩니다. 여기서 진리란 이제는 축제에서의 게임의 진리가 아니라 영원한 것들의 진리입니다. 이 진리는 사물들의 참된 모습과 다를 수가 없으며(모든 인간사는 그의 참된 모습과 다를 수 있습니다) 따라서 필연적인 것입니다. 이런 물러섬을 현실화할 수 있는 만큼 사람들은 아리스토텔레스가 'athanatizein', 즉 (행위로 이해된) "불멸화"라고 불렀던 것을 행하게 되는데, 이것은 인간 영혼의 신적인 부분과 관련됩니다. 칸트의 관점은 이와 다릅니다. 사람들은 관찰자의 "이론적인" 관찰적 관점으로도 물러서지만, 이 입장은 재판관의 관점입니다. 칸트 철학의 모든 용어는 법적 비유로 가득 차 있습니다. 세상에서 일어나는 일들이 나타나는 곳은 이성의 법정 앞인 것이지요. 어떤 경우든 나는 광경에 몰두한 채 그 광경의 외부에 있으며, 나의 모든 상황적이고 우연적인 조건과 더불어 나의 사실적인 실존을 결정하는 관점을 포기해버립니다. 여기에 대해 칸트는, 재판관이 판결을 내릴 때 적용할 것으로 생각되는 공정성(impartiality)이라는 일반적인 관점에 내가 도달했노라고 말했을 것입니다. 그리스 사람들이라면, 우리는 'dokei moi', 즉 네게 그럴듯하게 보이는 것과 타인에게 그럴듯하게 보이려는 욕망을 포기했노라고, 우리는 의견과 명성을 함께 의미하는 'doxa'를 포기했노라고 말했겠군요.

---

135) 여기서 '억견의 동굴'이란 the cave of opinions를 번역한 말이다. 고대 그리스 철학을 번역할 때 opinion은 일반적으로 '의견'이 아니라 '억견'(억측스런 견해를 의미함)으로 번역한다. 억견은 플라톤이 말한 지식과 구분되는 것으로, 동굴 안에서 갖게 되는 의견에서 벗어나 동굴 밖에서 참된 지식을 가져야 한다는 플라톤의 철학을 바탕으로 번역했기 때문에 벌어진 현상이다. 이처럼 플라톤 및 고대 그리스 철학을 암시하는 이 맥락에서는 opinion을 독자들이 익숙할 수 있는 번역어인 '억견'으로 번역하지만, 이는 이 맥락의 전후에 나오는 '의견'과 같은 것을 가리키는 말이다—옮긴이.

칸트에게는 이런 오랜 관념에 전적으로 새로운 하나의 관념이 결합되었는데, 이는 사람들이 판단할 때 따를 기준이 되는 진보 관념입니다. 인생의 축제에서든 또는 영속하는 것의 목격에서든 간에, 그리스의 관찰자는 개별적 사건의 우주를 그 자체로서 보고 판단하는데 (그 진리를 찾는데), 이는 그 사건이 작용을 할 수도 있고 하지 않을 수도 있는 어떤 보다 커다란 과정과 연관짓지 않고서 하는 것이었습니다. 그리스의 관찰자는 실제로 개별 사건, 특정 행동에 관심을 가졌지요. (그리스의 기둥, 계단의 부재 등을 생각해보십시오.) 그것의 의미는 원인이나 결과에 의존하지 않았습니다. 이야기가 일단 종국에 다다라야 전체적인 의미를 가졌습니다. 이는 그리스의 역사기록에서도 마찬가지였는데, 이것이 호메로스와 헤로도토스, 투키디데스가 패배한 적에게도 그에 적절한 몫을 부여한 이유입니다. 그 이야기는 미래세대들에게 해당하는 규칙들을 포함할 수도 있지만, 하나의 이야기로 머물러 있습니다. 이런 정신으로 쓰인 마지막 책(으로 생각되는 것)은 마키아벨리가 쓴 플로렌틴의 『이야기』(*Stories*)인데, 이 책은 여러분들이 『플로렌스의 역사』라는 오해를 유발하는 제목으로 알고 있지요. 요점은 마키아벨리에게 역사란 인간에 대한 모든 이야기를 담고 있는 큰 책일 뿐이라는 것입니다.

역사를 판단하는 기준으로서의 진보는 '이야기의 의미가 그 종국에 가서야 드러난다'(Nemo ante mortem beatus esse dici potest, 어느 누구도 죽기 전까지는 복을 받았다고 말할 수 없다)는 그 오랜 원리를 어떻게든 역전시켜버립니다. 칸트에게 이야기 혹은 사건의 중요성은 바로 그 끝에 놓여 있는 것이 아니라, 그것의 미래를 위한 새로운 지평을 여는 데 놓여 있었지요. 프랑스혁명이 그토록 중요한 사건이 된 것은, 그것이 미래세대에게 주는 희망 때문입니다. 이런 감정은 널리 확산되어 있었지요. 역시나 프랑스혁명이 가장 중요한 전환점이 되었던 헤겔도 그것을 항상 "찬란한 일출"이나 "새벽" 등과 같은 비유로 묘사했습니다. 그것은 미래의 씨앗들을 포함하고 있기에 "세계사적" 사건입니다. 그렇다면 누가 이야기의 주체인지가 여기서 문제가 됩니다. 혁명의 사람들은 아닙니다. 그들은 세계사를 염두에 두지 않았기 때문입니다. 세계사가 의미 있게 되는 것은,

그들이 의도하고 달성한 것과는 다른 어떤 것이 인간의 행위에서 귀결할 때, 그들이 알거나 원하는 것과는 다른 어떤 것이 귀결할 때뿐이다. 그들은 자신의 관심사를 달성한다. 그러나 그 안에 내포되어 있었으나 행위자의 의식과 의도 속에는 들어 있지 않았던 어떤 다른 것도 달성된다. 비유하자면, 어떤 사람이 복수하기 위해 다른 사람의 집에 불을 놓았다고 하자. …〔그의〕 직접적 행위는 기둥 한쪽에 작은 불을 놓는 것이지만… 〔이어 벌어지는 일은 의도된 것이 아닌데〕 이것이 엄청난 화재로 전개한다. …이 결과는 원래 행위의 일부도 아니고 또 이 일을 저지른 사람의 의도도 아니다. … 이 예는 다만, 직접적 행위가 행위자가 의식적으로 의도한 것과는 다른 어떤 것을 포함할 수 있음을 보여줄 뿐이다.[136]

이는 헤겔의 말이지만 칸트도 썼을 법합니다. 그러나 둘 사이에는 아주 중요한 이중적 차이가 있지요. 헤겔에게는 과정에서 자신을 드러내는 것이 절대정신(Absolute Spirit)이며, 이 드러남의 최종단계에서 철학자가 이해할 수 있는 것이 바로 주체입니다. 칸트에게 세계사의 주체는 인류 자신입니다. 더욱이 헤겔에게 절대정신의 드러남은

---

136) G. W. F. Hegel, *Reason in History*, trans. Robert S. Hartman, Library of Liberal Arts(Indianapolis: Bobbs-Meill, 1953), pp.35-36(헤겔의 『역사철학 강의』 서문).

반드시 종말에 다다르지요. (헤겔에게는 역사에 종말이 있습니다. 그 과정은 무한하지 않고 따라서 이야기에 끝이 있는데, 오직 이 종말만이 앞으로 일어날 많은 세대와 세기들을 필요로 합니다.) 헤겔에게는 인간이 아니라 절대정신이 최종적으로 드러나게 되며, 인간의 위대성은 오직 그가 마침내 이해하게 되는 경우에만 실현됩니다. 그러나 칸트에게 진보는 항구적입니다. 거기에는 결코 종말이 없습니다. 따라서 역사에는 종말이 없습니다. (헤겔뿐만 아니라 마르크스에게도 역사에 종말이 있다는 견해는 결정적입니다. 왜냐하면 그것은 이 목적이 이루어진 다음〔종말이 온 다음〕에 어떤 일이 이루어진다면 그것은 무엇일까라는 불가피한 질문을 함축하고 있기 때문이지요. 비록 각 세대가 이러한 종말론적 종언이 자신의 세대에 도래할 것이라고 믿는 성향이 다소 명백하다는 점은 별개로 하고 말입니다. 코제브A. Kojève가 헤겔이 마르크스에게 영향을 준 부분을 그에 내재한 극단으로까지 이끌고 가면서 적절히 언급했듯이, "역사의 종말 이후 인간은 완료된 역사적 과정을 영원히 곱씹는 것밖에는 아무것도 할 일이 없다."[137] 한편 마르크스 자신에 있어서는, 계급 없는 사회와 자유의 영역에서는 풍요를 바탕으로 모든 사람이 일종의 취미에 몰두하게 될 것입니다.)

칸트에게로 되돌아가볼까요. 세계사에 대응하는 주체는 인류입니다. 자연의 계획은 인류의 모든 능력을 계발시키는 것이지요. 인류란 이러한 결정적인 차이를 지닌 자연의 동물류 가운데 하나로서 이해된 것입니다. 동물류란 "모든 개체가 서로 직접적으로 일치함이 분명한 특징을 의미할 뿐"[138]입니다. 이는 인류와는 전적으로 다른 것입니다. 인류라는 말로써,

---

137) Alexandre Kojève, "Hegel, Marx and Christianity," *Interpretation 1*(1970): 37.
138) I. Kant, *On History*, ed. Beck, p.51(Third Review of Herder).

우리는 무한(비결정성)을 향해 나아가는 일련의 세대 전체를 의미한다. …[이] 연속하는 후손은 그와 공존하는 도착지에 끊임없이 접근한다. …[그것은] 그 모든 부분에 있어서 이 운명의 선에 근접하며 전체적으로 그것과 일치한다. 다른 말로 하면, 이러한 인류의 모든 세대에 속한 개별 구성원이 아니라 단지 인류만이 그 목적을 완전히 달성한다는 것이다. …철학자는 인류 일반의 목적지는 영원한 진보라고 말할 것이다.[139]

여기에서 몇 가지 결론을 내려봅시다. 역사란 유적 존재로서의 인간에게 내장된 어떤 것이라고 할 수 있습니다. 인간의 본질은 결정될 수 없습니다. 그리고 왜 인간은 존재하느냐는 칸트 자신의 질문에 대한 대답은, 이 질문은 답할 수 없다는 것입니다. 왜냐하면 "[그들의] 존재가치"가 "오직 전체 안에서만" 드러나기 때문인데, 다시 말해 과정 자체가 영원하므로 그것은 어떤 인간 개인이나 한 세대에게 드러나는 것이 결코 아니기 때문입니다.

따라서, 칸트의 도덕철학 중심에는 개인이 존재하고, 역사철학(또는 그의 자연철학)의 중심에는 인간의 종, 즉 인류의 영원한 진보가 존립합니다. (그러므로 일반적 관점에서의 역사입니다.) 일반적 시각 또는 관점은 "세계시민", 또는 오히려 "세계관찰자"라고 할 수 있는 관찰자가 소유합니다. 그가 바로 전체에 대한 관념을 가짐으로써 어떤 단일한 특정 사건 속에서 진보가 이루어지는지 아닌지를 결정하는 자입니다.

---

139) 앞의 책, 같은 곳.

열 번째 강의 | 취미의 작용

우리는 관찰자와 행위자 사이의 충돌에 대해 논해왔습니다. 관찰자 앞에서 광경은 ─ 말하자면 그의 판단을 위해 행해지는 ─ 전체로서의 역사이며, 이 광경의 진짜 영웅은 어떤 "무한"을 향해 "나아가는 일련의 세대들" 속의 인류입니다. 이 과정은 끝이 없으며, "인류의 목적지는 영원한 진보"인 것이지요. 이 과정에서 인류의 능력들은 현실화되고, "최고점"을 향해 발전합니다. 절대적 의미에서의 최고점이란 존재하지 않는다는 점을 제외하고는 말입니다. 종말론적 의미에서의 궁극적 목적지는 존재하지 않지만, 비록 행위자들의 배후에서이기는 하나 이러한 진보를 안내하는 두 개의 주요한 목표는 자유 ─ 누구도 자신의 동료 인간을 지배할 수 없다는 단순하고도 초보적인 의미 ─ 와, 인류의 통합을 위한 조건인 국가 간의 평화입니다. 자유와 평화를 위한 영원한 진보, 이 가운데 후자는 지상의 모든 국가 간의 자유로운 결합을 보장합니다. 이들은 이성의 이념으로, 이것 없이는 역사의 단순한 이야기가 무의미해지겠지요. 이성을 부여받은 인간이 개별 사건들을 보고 판단한다면, 개별 사건들에 의미를 부여하는 것은 전체입니다. 인간은 비록 자연적 존재이며 자연의 부분이지만, "자연의 목적은 무엇인가?"를 묻는 이성에 의해 인간은 자연을 초월합니다. 이러한 질문을 하는 기능을 가진 한 종을 산출함으로써 자연은 자신의 주인을 만들어냈지요. 인류는 단지 언어와 이성을 가지고 있기 때문이 아니라, 그 기능들이 확정 불가한 발전의 능력을 갖추고 있으므로 다른 모든 동물류와 구분됩니다.

지금까지 우리는 칸트 자신이 종종 그랬듯이 단수(the singular)로서의 관찰자에 대해 논했는데, 여기에는 적절한 이유가 있었습니다. 우선, 한 사람의 관찰자는 많은 행위자를 바라볼 수 있다는 단순한 사실이 존재하는데, 행위자들은 다 함께 관찰자의 눈앞에서 펼쳐지는 광경을 제공합니다. 둘째, 상당한 무게의 전통이 존재하는데, 이에 따르면 관조적 삶의 방식은 다수(the many)에서 물러섬을 전제합니다. 이는 인간을 단수화(singularize)시키는데, 왜냐하면 관조는 고독한 작업이거나 적어도 고독 속에서 수행될 수 있는 것이기 때문입니다.

플라톤은 동굴의 비유[140]에서, 자신 앞의 벽면에 비치는 그림자를 보고 있는 동굴거주자인 다수는 "다리뿐만 아니라 목도 사슬에 묶여 있어서 움직이지 못한 채 자신들 앞에 있는 것만을 볼 수 있다"라고 말합니다. 따라서 그들은 또한 자신들이 보는 것에 대해 서로 의사소통할 수도 없습니다. 완전히 고립된 인물은 이데아의 하늘빛을 보고 돌아온 철학자뿐만이 아닌 것이지요. 동굴에 있는 관찰자들도 서로가 서로에게서 고립되어 있습니다. 한편 행위는 고독이나 고립 속에서는 전혀 가능하지 않습니다. 홀로 있는 한 사람은 제 일이 무엇이든 적어도 그것을 수행하기 위해서는 다른 사람의 도움이 필요합니다. 이 두 가지의 삶의 방식, 즉 정치적(활동적) 방식과 철학적(관조적) 방식의 구별이 상호배타적으로 나타나는 것이 이해될 때 ─ 예를 들면 플라톤의 정치철학에서처럼 ─ 무엇이 행위를 위한 최상의 것인지를 아는 사람과 그의 안내 또는 명령에 따라 그것을 수행하려는 다른 사람들은 절대적으로 구별될 것입니다. 이것이 플라톤의 『정치가』의 요지입니다. 여기에서 이상적인 통치자(archōn)는 전혀 행동하지 않습니다. 행위를 시작하고 그 행위의 의도된 목표를 아는 사람은 현자, 즉 통치자입니다. 그러므로 그가 자신의 의도를 알게 하는 것은 전적으로 잉여적이며 심지어 해롭기조차 합니다. 반면에 칸트에게 공공성은 모든 행위를 지배하는 "선험적 원리"입니다. 자

---

140) 플라톤, 『국가』, 514a ff.

신의 목적과 어긋나지 않기 위해 "공공성이 있어야 하는" 행위는 그것이 무엇이든 간에 정치와 권리를 결합한 행위임을 기억해야 합니다. 칸트는 행위와 단순한 판단 또는 관조나 인식에 대해서 플라톤과 같은 견해들을 가질 수 없습니다.

의도된 행위에 공공성을 부여할 대중은 어디에 있으며 누구인지를 여러분이 묻는다면, 칸트에게 그가 정부 안의 행위자 혹은 참여 대중일 수 없음은 아주 명백합니다. 칸트가 생각하고 있는 것은 물론 독서 대중이며, 그가 호소하는 바는 그들이 갖는 의견의 무게이지 투표의 무게가 아닙니다. 18세기 말의 프로이센—즉, 마치 군주처럼 "신민"들로부터 완전히 분리되어 있고 상당히 계몽된 관료적 공복들에게 조언받는 절대군주가 통치하고 있는 국가—에서는 이런 독서하고 글을 쓰는 대중 이외에는 어떠한 진정한 공적 영역이 존재할 수 없었습니다. 정의상 비밀스럽고 또 접근 불가능한 것은 바로 정부와 행정의 영역이었지요. 그리고 여기서 인용한 논문들을 보면 칸트가 상상할 수 있었던 행위가 단지 현존하는 권력(그게 무엇이 되었든)의 행위—즉, 정부의 행위—였음이 명백해질 것입니다. 신민의 편에서는 어떠한 현실적 행위도 단지 음모행위, 즉 비밀결사의 행위나 계략과 같을 뿐입니다. 다른 말로 하면, 칸트에게 기존의 정부에 대한 대안은 혁명이 아니라 쿠데타(국가 전복)일 뿐입니다. 그리고 쿠데타는 혁명과는 정반대로 사실상 비밀리에 준비되어야 하지만, 혁명적 단체나 정당은 항상 자신의 목표를 공공연하게 알리는 데 열중함으로써 상당한 수의 대중을 그들의 주장에 동참하게 합니다. 이러한 전략을 통해 과연 혁명이 일어난 적이 있는지는 별개의 문제이지요. 그러나 칸트는 혁명적 행위를 쿠데타의 관점에서 파악했기 때문에, 혁명적 행위에 대한 칸트의 경멸은 오해에 기반한 것임을 이해하는 것이 중요합니다.

우리는 관조와 행위의 차이를 이론과 실천의 관계를 중심으로 생각하는 데 익숙해 있습니다. 비록 칸트가 이 문제에 대해「일상적 금언 '이것은 이론적으로는 옳지만 실천적으로는 적용되지 않는다'에 관해」라는 논문을 쓴 것은 사실이지만, 이 문제에 대한 그의 이해와 우리의 이해가 다르다는 점은 바로 이 논문이 가장 잘 증명할 수 있습니다. 칸트의 실천 개념은 실천이성에 의해 결정되는데, 판단도 행위도 다루지 않는『실천이성비판』이 이 모든 것을 알려줍니다. "관조적 기쁨"(contemplative pleasure)과 "비행위적 기쁨"(inactive delight)에서 나타나는 판단은 거기에 없습니다.[141] 실천적 문제에서는 판단이 아니라 의지가 결정적인데, 이 의지는 오직 이성의 준칙만을 따르지요.『순수이성비판』에서도 칸트는 "이성의 순수한 사용"에 대한 논의를 그의 실천적 함의와 더불어 시작하는데, 그때는 물론 그가 "이성을 오직 그의 사변적… 사용만을 중심으로 고찰하기 위해" 잠정적으로 "실천적[즉, 도덕적] 관념들을 제외"[142]합니다. 이러한 사변은 개인의 궁극적 목적지, 즉 "가장 숭고한 질문들"[143]의 궁극성에 관한 것이지요. 칸트에게 실천적이라는 말은 도덕적임을 의미하며, 그 자체로서의 개인과 관계합니다. 실천의 진짜 반의어는 이론이 아니라 사변 — 이성의 사변적 이용 — 이 될 것입니다.

정치적 사태에 대해 칸트가 실제로 내세운 이론은 영원한 진보의 이론과, 인류의 이념에 정치적 실체를 부여하기 위한 국가들의 연방적 연합 이론입니다. 이 방향을 위해 일하는 사람이라면 누구나 환영받았지요. 그러나 칸트가 이러한 이념의 도움으로 인간사 일반에 대해 반성하기는 했지만, 이 이념은 프랑스혁명의 관찰자들을 사로잡았

---

141) I. Kant, *The Metaphysics of Morals*, 서론, 1절(앞의 책, 주 30 참조).

142) 임마누엘 칸트,『순수이성비판』, B825 ff.

143) 같은 책, B833.

던 "열광에 가까운 참여", 그리고 "최소한의 지원 의도도 없는" 공감 속에서 관찰되는 "비참여적 대중의 찬탄"과는 아주 다릅니다. 칸트의 의견으로는, 혁명을 "잊을 수 없는… 현상"으로 만든 ─ 즉 세계사적 중요성을 가진 공적 사건으로 만든 ─ 것은 바로 이러한 공감이었습니다. 따라서 이러한 개별적 사건을 위해 적절한 공적 영역을 구성하는 것은 행위자가 아니라 갈채를 보내는 관중들이었습니다.

칸트는 자신만의 정치철학을 쓰지 않았기 때문에 그가 이 문제에 대해 무엇을 생각했는지를 아는 최상의 방법은 그의 「미적 판단력 비판」에 주의를 기울이는 것입니다. 여기서 칸트는 예술작품의 생산을 다루는 가운데 그에 관해 판단하고 결정하는 취미와 연관해 논의하면서 그것과 유비되는 문제에 직면합니다. 우리는 ─ 그 안으로 들어가야 할 필요가 없다는 이유에서 ─ 당신이 어떤 광경을 판단할 수 있으려면 먼저 그런 광경을 가지고 있어야만 한다고 생각하게 됩니다. 관찰자는 행위자에 대해 이차적이지요. 그리고 우리에게는, 그것을 보는 관찰자가 있다고 확신하지 않은 채로는 그 누구도 제정신으로 그 광경을 결코 일으키지는 않을 것임을 망각하는 경향이 있습니다. 인간이 없는 세상은 사막과 같다고 칸트는 확신하는데, 인간이 없는 세계란 그에게 관찰자가 없는 세계를 의미합니다. 미적 판단에 관한 그의 논의에서 칸트는 천재(genius)와 취미(taste)를 구분합니다. 천재는 예술작품의 생산에 필요하지만, 작품에 관한 판단, 즉 그것이 미적 대상인지 아닌지에 관한 결정을 위해서는 "오직"(이라고 우리는 말하겠지만, 칸트는 그렇지 않지요) 취미만 필요합니다. "미적 대상을 판단하기 위해서는 취미가 필요하고… 그것의 생산을 위해서는 천재가 필요하다."[144] 칸트에 따르면 천재는 생산적인 상상력과 독

---

144) 임마누엘 칸트, 『판단력 비판』, §48.

창성의 문제이며, 취미는 단지 판단의 문제입니다. 칸트는 이 둘 가운데서 어느 것이 "더 고귀한" 기능인가 —어느 것이 "미적인 예술로 판단할 때 고려해야 하는"[145] 필수조건인가 —라는 질문을 제기했습니다. 물론 그는 미의 판단자 대부분은 천재라고 불리는 생산적 상상력의 기능이 없지만, 천재성을 부여받은 소수는 취미 기능이 없지 않다고 추정하고 있습니다. 그래서 그의 대답은 다음과 같습니다.

관념의 풍요로움과 고유성이 아름다움에 있어서 필수적인 것보다는, 자유로운 상태에서 [취미라고 불리는] 지성의 법칙과 일치를 이루는 상상력을 따르는 것이 더 필수적이다. 왜냐하면 전자의 모든 풍요는 무법적 자유 속에서 넌센스만을 생산하기 때문이다. 한편 판단력은 상상력을 지성에 부합하게 하는 기능이다.
취미는 판단 일반과 마찬가지로 천재의 규율(또는 훈련)이다. 취미는 천재의 날개를 접게 하고… 안내해서… 명료성과 질서를 [천재의 생각들 속으로] 가져다준다. 그것은 관념들을 다른 사람들이 영속적으로 또 일반적으로 동의하기 쉽게 만들고 따를 수 있게 해주며, 문화가 계속 진보하도록 해준다. 그런데 만일 이 두 속성이 어떤 산물 가운데 충돌을 일으켜 어떤 한쪽을 희생시켜야 한다면, 그것은 천재성 쪽이 될 것이다.[146]

천재성이 없다면 판단력이 판단할 대상이 존재하지 않을 것임에도 불구하고 칸트는 천재성을 취미에 종속시킵니다. 그러나 칸트는 "아름다운 예술을 위해서는… 상상력, 지성, 영혼, 그리고 취미가 요

---

145) 앞의 책, §50.
146) 같은 곳.

구된다"고 명백히 말하며, 주를 달아 "앞의 세 가지 기능은 네 번째의 기능"인 취미 ─ 다시 말해 판단 ─ 에 의해 연합된다"라고 덧붙입니다.[147] 더욱이 이성과 지성, 그리고 상상력과는 다른 기능으로서 영혼[148]은 천재가 자기 생각에 대한 표현을 발견하도록 해주는데, "관념들에 의해 산출된 정신의 주관적 상태는 그 표현을 수단으로… 다른 사람들과 소통될 수 있"[149]습니다. 다른 말로 하면 천재에게 영감을 주되 오직 그에게만 영감을 주는, 그리고 "어떤 학문으로도 가르쳐질 수 없으며 어떤 근면성으로도 배울 수 없는" 영혼은 "정신상태(Gemütszustand) 가운데 말로 표현할 수 없는 요소", 즉 어떤 표상들이 우리 모두에게서 불러일으키지만 그것을 위한 어떤 언어도 가질 수가 없어서 천재의 도움 없이는 소통할 수 있지 않은 요소를 표현하는 데 존재합니다. 이런 정신상태를 "일반적으로 소통 가능하게 하는"[150] 것이 천재의 진짜 과제입니다. 이런 소통 가능성을 안내하는 기능이 취미이며, 취미 또는 판단은 천재의 특권이 아닙니다. 미적 대상의 존재를 위한 필수조건은 소통 가능성입니다. 관찰자의 판단은 미적 대상이 등장하는 데 반드시 필요한 공간을 창조하지요. 공적 영역은 행위자나 제작자가 아니라 비평가와 관찰자에 의해 구성됩니다. 그리고 이런 비평가와 관찰자는 모든 행위자와 제작자 속에 앉아 있습니다. 이러한 비판적인 판단기능 없이는 행위자나 제작자는 관찰자로부터 고립되어 인지조차 되지 않을 것입니다. 또는 다른

---

147) 앞의 책, 같은 곳.

148) 여기서 영혼이란 죽음 이후에도 불사하는 개인의 영혼을 의미하는 것이 아니라, 시대정신 혹은 민족정신과 같은 것을 의미하는 영혼이다. 독일어의 Geist로 표현되는 이 정신은 개인이 갖고 있는 정신(mind)과는 다른 것을 지칭하는데 아렌트는 이를 영어로 spirit이라고 한다─옮긴이.

149) 위의 책, §49.

150) 같은 곳.

방식으로, 그러나 여전히 칸트의 용어로 말하자면, 예술가의 바로 그 독창성(또는 행위자의 참신함 자체)은 예술가(또는 행위자)가 아닌 자들이 자기를 이해하도록 만드는 데 달려 있습니다. 그리고 사람들이 천재를 그의 독창성을 근거로 단수로 지칭할 수 있는 반면에, 관찰자는 피타고라스가 했던 것처럼 절대적 관찰자라는 방식으로 불릴 수 없습니다. 관찰자는 오로지 복수로만 존재합니다. 관찰자는 행위에 참여하지는 않으나 항상 동료 관찰자와 관계합니다. 그는 제작자와 더불어 그의 천재성과 독창성의 기능을 공유하지 않으며, 행위자와 함께 그 참신함의 기능을 공유하지 않습니다. 그들이 공통으로 가지고 있는 기능은 판단의 기능입니다.

제작과 관련되는 한, 이러한 통찰은 적어도 (그리스적인 것과 구별되는) 라틴적인 것만큼이나 오래된 것입니다. 여기에 대해 우리는 키케로의 『웅변가에 대해』(On the Orator)에서 처음으로 표현된 것을 발견하게 됩니다.

왜냐하면 모든 사람은 예술과 비율에 대한 아무런 지식 없이도 예술과 비율의 문제에 있어 옳고 그름을 어떤 조용한 감각(silent sense)으로 가려내고[dijudicare] 구분한다. 그림과 조각의 경우에 사람들은 그렇게 할 수 있는 반면에, 자연이 이해를 위한 기능을 적게 허락한 작품들에 있어서는 이런 구분을 말의 리듬과 발음을 판단하는 가운데서 훨씬 더 드러낸다. 왜냐하면 이러한 것들은 상식 속에 뿌리를 내리고[infixa] 있으며, 또한 이런 것들에 대해서는 자연이 아무도 그것을 전적으로 지각하거나 경험하지[expertus] 못하도록 하지는 않기 때문이다.[151]

---

151) Cicero, *On the Orator*, 3.195.

그리고 그는 다음과 같은 점이 진정으로 경탄스러워 주목할 만하다는 것을 계속해서 의식하고 있습니다.

판단에 있어서는 배운 자와 무지한 자 사이에 차이가 이토록 적은가. 제작에 있어서는 아주 큰 차이가 있는데 말이다.[152]

칸트는 『실용적 관점에서 본 인간학』에서 이와 동일한 어조로, 광기란 우리가 관찰자로서 판단하게 하는 이러한 공통감각(common sense)을 잃어버리는 데 있다고 했습니다. 공통감각의 반대는 사적 감각(sensus privatus)인데, 이는 그가 "논리적 감각"(logical Eigensinn)[153]이라고도 불렸던 것으로, 우리가 전제에서 결론을 도출하는 논리적 기능은 의사소통 없이도 실제로 기능할 수 있다는 것을 함축합니다. 공통감각이 없다면, 즉 광기 때문에 공통감각이 상실되었다면, 다른 사람들이 있는 곳에서만 타당하고 정당화될 수 있는 경험에서 분리되었다는 바로 그 이유에서 비정상적인 결과에 이르게 될 것입니다.

이러한 작업에서 가장 놀라운 요소는 옳고 그름을 판단하고 분간하는 기능인 공통감각이 취미(taste)에 기초하고 있다는 점입니다. 우리의 오감 가운데 분명히 세 가지는 외부세계의 대상을 우리에게 제공하므로 쉽게 소통할 수 있습니다. 시각·청각·촉각은 대상을 직접적으로, 말하자면 객관적으로 다루며, 이 감각들을 통해 대상들은 확인 가능하며 다른 사람과 공유할 수 있게 ─즉, 말로 표현하거나 토론 등이 가능하게─ 됩니다. 후각과 미각(taste)은 전적으로 사

---

152) 앞의 책, 3.197.
153) I. Kant, *Anthropology from a Pragmatic Point of View*, trans. Gregor, §53 (네 번째 강의 주 14 참조).

적이며 소통 불가능한 내적 감각을 제공하며, 내가 맛보고 냄새 맡은 것을 말로 옮기는 것은 도무지 가능하지 않지요. 이들은 분명히 사적 감각으로 보입니다.

더욱이 이 세 개의 객관적 감각은 재현(*re*presentation), 즉 부재 (absent)하는 어떤 것을 현재(present)하게 할 수 있습니다. 예컨대 나는 건물과 멜로디, 벨벳의 촉감 등을 기억해낼 수 있습니다. 칸트에게서 상상력이라고 불리는 미각이나 후각은 이러한 기능을 가지고 있지 않지요. 다른 한편, 이들은 명백히 차별적(discriminatory)인 감각입니다. 사람들은 자신이 본 것에 대해 판단을 유보할 수 있고, 자신이 듣거나 만진 것에 대해서도 덜 수월하기는 하지만 어쨌든 판단을 유보할 수 있습니다. 그런데 미각과 후각의 문제에서 그것이 나를 즐겁게 하는지 혹은 불쾌하게 하는지는 직접적이며 압도적입니다. 쾌와 불쾌는 전적으로 개성적인 것(idiosyncratic)입니다. 그렇다면—칸트가 시작한 것이 아니라 그라시안(Gracián)[154] 이래로 계속해서—왜 취미(taste)가 판단력이라는 정신적 기능의 기관으로, 즉 운반자로 격상되어 계속되어온 걸까요? 그리고 다시 판단—단순히 인지적이어서 우리와 같은 감각기관을 지닌 모든 생물체와 공통으로 가지는 대상을 우리에게 제시하는 감각들 속에서 머물러 있는 판단이 아니라, 옳고 그름을 구분하는 판단—은 왜 이러한 사적 감각에 기초하고 있어야 할까요? 이것이 취미의 문제가 될 때 우리는 거의 소통할 수 없기에 거기에 대해 논쟁할 수도 없다는 점, 즉 취미에 대해서는 논쟁할 수 없다(De gustibus non disputandum est)는 점은 참이 아닙니까?

---

154) 발타사르 그라시안(Baltasar Gracián, 1601-58)은 스페인의 예수회 회원으로 미학 저술을 남겼다—옮긴이.

이 수수께끼에 대한 해답은 상상력입니다. 부재하는 것을 현재하게 하는 능력인 상상력은 객관적 감각들의 대상을 "감각된" 대상으로, 마치 그들이 내적 감각의 대상인 것처럼 변형합니다. 이 변형은 대상에 대해서가 아니라 그것의 재현에 대해 반성함으로써 발생합니다. 재현된 대상은 이제는 대상에 대한 직접 지각이 아니라 사람의 쾌 혹은 불쾌를 일으킵니다. 칸트는 이를 "반성 작용"(the operation of reflection)[155]이라고 부릅니다.

열한 번째 강의 | 사적 감각의 차별성

연휴 전에 우리가 논의한 내용을 기억해볼까요. 우리는 정치 문제에서 이론과 실천 사이의 공통적 구분과 반목이 칸트에게는 관찰자와 행위자의 구분이며 놀랍게도 관찰자가 우선성을 갖는다는 것을 발견했습니다. 프랑스혁명에서 중요했던 것, 그것을 세계사적 사건, 즉 잊히지 않을 현상으로 만든 것은 행위자의 업적과 악행이 아니라 관찰자, 즉 참여하지 않는 이들의 의견과 열광적인 승인이었습니다. 이러한 비관여적이고 비참여적인 관찰자들 ─ 말하자면 그 사건을 인류 역사 안에서, 또 모든 미래의 행위를 위해 친숙하게 만드는 이들 ─ 이 (서로 소통할 수 없었던 피타고라스의 올림픽 게임에서의 관찰자들이나 플라톤의 동굴의 관찰자들과는 반대로) 서로 관여하고 있다는 것을 살펴보았습니다. 이 정도가 우리가 칸트의 정치적 글에서 얻은 것입니다. 그런데 이러한 입장을 이해하기 위해서 우리는 『판단력 비판』에 의지했는데, 거기서 우리는 칸트가 이와 유사하거

---

155) 임마누엘 칸트, 『판단력 비판』, §40.

나 유비적인 상황, 즉 제작자인 예술가 또는 천재와 그의 관중 사이의 관계를 직면하고 있었음을 알게 되었습니다. 그리고 다시 칸트에게 이들 가운데 누가 더 고귀한지, 즉 어떻게 만드는지를 아는 것과 어떻게 판단하는지를 아는 것 가운데 어느 쪽이 더 고귀한 자질인지를 물었지요. 이것은 키케로가 이미 제기했던 오래된 질문으로, 모든 사람이 예술 문제들에 있어 옳고 그름을 분간할 수 있는 것처럼 보이지만 그것들을 만들 수 있는 사람이 아주 드물다는 것이었습니다. 그리고 키케로는 판단이 "조용한 감각"——아마도 자신을 표현하지 않는 감각을 의미하는——에 의해 이루어진다고 말했습니다.

이러한 종류의 판단은 그라시안 이래로 취미(Taste)라고 불려왔던 것인데, 취미 현상은 실제로 칸트가 『판단력 비판』을 써내도록 이끌었던 것임을 기억해봅시다. 사실상 그는 1787년까지도 『판단력 비판』을 '취미 비판'(Critique of Taste)이라고 불렀습니다. 그런데 이 때문에 우리는 왜 판단력이라는 정신 현상이 미각이라는 감각에서 도출되었는지, 왜 더 객관적인 감각들, 그 객관적인 감각들 가운데서도 특히 시각에서 도출되지 않았는지 묻게 됩니다. 우리는 미각과 후각이 감각들 가운데서도 가장 사적인 것이라고 했지요. 즉, 사적 감각들은 대상이 아니라 감각 작용을 감지하며, 이러한 감각 작용은 대상에 묶인 것이 아니므로 회상되지 않습니다. (장미의 향기 혹은 어떤 음식의 맛은 나중에 다시 경험할 때 알아차릴 수 있지만, 당신이 과거에 보았던 광경이나 들었던 멜로디를 현재화시키는 방식처럼 장미나 음식이 없는 데서 그것을 다시금 현재화시킬 수는 없습니다. 다른 말로 하면 미각과 후각은 재현 *re*present할 수 없습니다.) 동시에 우리는 왜 다른 감각이 아닌 미각이 판단의 기관이 되었는지 살펴보았지요. 이는 미각과 후각만은 본질적으로 차별화할 수 있고 또 이 감각들만이 개별자에 개별자 자체로서 관계하기 때문인데, 그에 비해 객관적 감각들에 주어진 모든 대상은 그의 속성들을 다른 대상과 공유하므로 독특하지 않습니다. 더욱이 어떤 것이 '나를-즐겁게-또는-불쾌하게-한다'(it-pleases-or-displeases-me)는 것은 미각과 후각에서 압도적으로 나타납니다. 이는 즉각적이며 어떤 사고나 반성에 의해 매개되지 않습니다. 이 감각들은 주관적인데, 왜냐하면 보고 듣고 만진 사물의 대상성 자체가 그 안에서 없어지거나 또는 적어도 현재적이지 않기 때문입니다. 이 감각들은 내적 감각(inner senses)이라고 할 수 있습니다. 우리가 맛본 음식은 우리 내부에 있고, 또 장미의 냄새도 어떤 의미에서는 이와 마찬가지이기 때문이지요. 그리고 '그것은-나를-즐겁게-또는-불쾌하게-한다'는 '그것은-내게-맞거나-맞지 않다'(it-agrees-or-disagrees-with-me)와 거의 같은 것입니다. 문제의 초점은 내가 직접적으로 영향을 받고 있다는 점입니다. 바로 이런 이유로 옳고 그름에 대해서는 논쟁할 수 없습니다. "입맛(취미)의 문제에 대해서는 논쟁할 수 없다"(De gustibus non disputandum est). 만일 내가 굴을 싫어한다면 어떤 논증을 통해서도 나에게 굴을 좋아하도록 설득할 수는 없습니다. 다른 말로 하면 미각(취미) 문제에 관해 거북한 점은 그것이 소통 가능하지 않기 때문입니다.

이런 수수께끼들에 대한 해결은 다른 두 기능의 이름으로, 즉 상상력과 공통감각이라는 이름으로 나타날 수 있습니다.

부재하는 것을 현재하게 하는 기능인 상상력은[156) 내가 직접 대면할 필요가 없지만 내가 어떤 의미에서는 내면화시킨 무언가로 대상을

---

156) 파르메니데스는 누스(nous)에 대해, 존재하는 사물을 비록 지금 눈 앞에는 없어도 우리가 계속해서 볼 수 있게 만들어 주는 것이라고 말했다(단편 4). "지금 현존하지 않는 사물이 우리의 정신(nous)에 있어서 얼마나 강하게 현존하고 있는지 보라"(Kathleen Freeman, *Ancilla to the Pre-Socratic Philosophers*, Oxford: Basil Blackwell, 1971, p.42 참조).

변형시켜서, 이제 나는 마치 그것이 비객관적 감각에 의해 내게 주어진 것처럼 그 영향을 받게 됩니다. 칸트는 "판단하는 바로 그 단순한 작용 가운데 쾌감을 주는 것이 아름다운 것이다"[157]라고 말합니다. 즉, 지각 작용 속에서 쾌감을 주는지의 여부는 중요하지 않습니다. 단지 지각 작용 속에서만 쾌감을 주는 것은 만족을 주는(gratifying) 것이지 아름다운 것이 아닌 것입니다. 미는 재현 속에서 쾌감을 주는데, 왜냐하면 내가 그에 대해 반성할 수 있도록 이제는 상상력이 그것을 준비했기 때문입니다. 이것이 "반성 작용"입니다. 사람들에게 감동과 영향을 주는 재현은 그것이 더는 직접적인 현존에 영향받지 않을 수 있을 때—프랑스혁명의 실제 행동에 관여하지 않았던 관찰자처럼 무관한 상태로 있을 때—옳고 그름, 중요한 것과 부적절한 것, 미와 추, 또는 이 양자의 사이의 어떤 것이라고 판단될 수 있습니다. 이때 사람들은 판단에 대해 말하는 것이지 더는 취미에 대해 말하는 것이 아닙니다. 왜냐하면 비록 판단이 여전히 취미의 문제처럼 영향을 주기는 하지만 이제는 재현에 의해 어떤 것에 대한 승인과 불승인을 위해 필수적인, 즉 어떤 것을 그의 적절한 가치대로 평가하기 위해 필수적인 적절한 거리, 즉 떨어져 있음 혹은 비관여 혹은 무관심성을 확립했기 때문입니다. 대상을 제거함으로써 불편부당성(impartiality)을 위한 조건들이 수립되었습니다.

공통감각에 관해 말하자면, 칸트는 가장 사적이고 주관적인 감각인 것처럼 보이는 것 속에 비주관적인 어떤 것이 존재하고 있음을 아주 일찍 깨달았습니다. 이러한 깨달음을 다음과 같이 표현했지요. 취미의 문제에는 다음과 같은 사실이 존재하는데, "미는 〔우리가〕 사회 안에서 〔있을 때〕만 〔우리의〕 관심을 끈다. …무인도로 떠나버린 사

---

157) 임마누엘 칸트, 『판단력 비판』, §45

람은 자신의 움막이나 자기 자신을 치장하지 않을 것이다. …〔인간은〕 어떤 대상에 대해 다른 사람들과 함께 만족감을 느낄 수 없다면 그 대상에 대해 만족하지 못한다."[158] 혹은, "만일 우리는 우리의 취향이 다른 사람의 취향과 어울리지 않는다면 부끄러움을 느끼는" 반면, 놀이 중에 사기를 칠 때는 자신을 경멸하게 되지만 잡히면 부끄러워한다고 말하지요. 혹은, "취미의 문제에서 우리는 타인을 지지하거나" 다른 사람을 즐겁게 해주기 위해 "자신을 포기해야" 합니다 (Wir müssen uns gleichsam anderen zu gefallen entsagen).[159] 마침내 가장 급진적으로는, "취미에서 이기주의는 극복된다." 이를 단어의 본래 뜻대로 말하면, "사려 깊게" 된다는 말입니다. 우리는 타인을 위해 우리의 특별한 주관적인 조건들을 극복해야 합니다. 다른 말로 하면 비객관적인 감각들 가운데 비주관적인 요소는 상호주관성입니다. (당신은 생각하기 위해서 혼자여야 합니다. 그러나 음식을 즐기기 위해서는 동반자를 필요로 하지요.)

판단, 특히 취미판단은 항상 타인과 타인의 취미를 살피며, 그들이 내릴 수 있는 가능한 판단들을 고려합니다. 이런 일이 필수적인 이유는 내가 인간이고 또 사람들과 함께하지 않고서는 살 수 없기 때문이지요. 나는 이 공동체의 구성원으로서 판단하는 것이지 초감각적 세계의 구성원으로서 판단하는 것이 아니며, 물론 나는 이성을 부여받은 존재들과 함께 거주하고 있는 것이지, 같은 감각 장치를 부여받은 존재와 함께 사는 것이 아닙니다. 말하자면, 나는 다른 사람들이 뭐라고 생각하든 상관없이 내게 주어진 법에 복종합니다. 이 법은 그 자체로 또 독립적으로 자명하며 설득력이 있습니다. 판단과 취미의

---

158) 앞의 책, §41.
159) I. Kant, "Reflexionen zur Anthropologie," no. 767, *Gesammelte Schriften*, Prussian Academy ed., 15:334-335.

기본적인 타자지향성은 바로 그 감각 자체의 본질, 즉 절대적으로 개성적인 본질에 가능한 가장 강력하게 대립하는 것 같습니다. 그래서 우리는 판단의 기능이 이 감각에서 잘못 도출되고 있다고 결론 내리는 유혹에 빠지기도 하지요. 이러한 도출과정이 갖는 모든 함축을 잘 의식하고 있던 칸트는 이 도출이 올바르다고 확신했습니다. 그리고 이를 지지하는 가장 적절한 설명은, 미의 진정한 반대는 추가 아니라 "역겨움(disgust)을 자극하는 것"[160]이라는 그의 관찰이며, 이는 전적으로 옳습니다. 칸트가 원래 도덕적 취미 비판을 쓰려고 계획했다는 사실을 잊지 말아야 합니다. 미의 현상은 말하자면 이러한 판단의 현상에 관한 그의 초기 관찰에서 빠진 부분이라고 할 수 있지요.

열두 번째 강의 | 상상력과 반성

판단에는 두 가지 정신적 작용이 이루어집니다. 사람들은 상상력의 작용으로 더는 현재하지 않는 대상, 즉 직접적 감각 지각으로부터 분리되어 더는 직접적으로 영향을 미치지 않는 대상을 판단하는데, 그 대상이 비록 외적 감각으로부터 분리되어 있어도 이제 그것은 내적 감각의 대상이 됩니다. 어떤 이가 부재하는 것을 자신에게 재현할 때는, 대상을 객관적으로 받아들이는 감각들은 닫아버립니다. 취미라는 감각은 말하자면 자기 자신을 감각하는 감각입니다. 즉, 그것은 내적 감각입니다. 따라서 『판단력 비판』은 취미 비판에서 발전한 것이지요. 상상력의 이러한 작용은 "반성 작용"의 대상을 준비합니다. 그리고 이 두 번째 작용인 반성 작용이 무엇인지를 판단하는 실제 행

---

160) 임마누엘 칸트, 『판단력 비판』, §48.

위지요.

이러한 이중적 작용은 모든 판단을 위한 가장 중요한 조건인 불편부당성의 조건, 즉 "무관심적 기쁨"의 조건을 수립합니다. 자신의 눈을 감음으로써 사람은 가시적 사물들에 대한 불편부당한 관찰자, 직접적인 영향을 받지 않는 관찰자가 됩니다. 눈먼 시인 말입니다. 외적 감각이 지각한 것을 내적 감각의 대상으로 만들면서 사람은 감각을 통해 주어진 잡다한 내용을 응축하고 압축합니다. 사람은 마음의 눈으로 "보는" 입장에, 즉 특수한 것들에 의미를 부여하는 전체를 보는 입장에 섭니다. 관찰자가 갖는 장점은 그가 사태를 전체로서 본다는 것인데, 이에 반해 행위자 각각은 자신의 부분만을 알거나 혹은 그가 행위의 관점에서 판단해야 할 때 전체에서 자기가 관련된 부분만을 판단하지요. 행위자는 정의상 부분적입니다.

이제 발생하는 질문은, 반성 작용의 기준이 무엇인가라는 것입니다. 상상력의 작용은 부재하는 것을 즉각적으로 내적 감각에 현재화하는 것인데, 이 내적 감각은 정의상 차별적이어서 나를 즐겁게 하는지 또는 불쾌하게 하는지를 말해줍니다. 취미(taste)라고 불리는 이것은 입맛(taste)과 마찬가지로 선택하는 것입니다. 그런데 이러한 선택은 그 자체로 여전히 다른 선택에 종속되는데, 사람은 즐겁게 해준다(pleasing)는 바로 그 사실을 승인하거나 승인하지 않을 수 있기 때문이지요. 이 또한 "찬동(approbation)과 부동의(disapprobation)"에 종속됩니다. 칸트의 예는, "궁핍하지만 좋은 뜻을 가진 사람이 애정이 넘치지만 인색했던 아버지의 재산을 상속받게 되었을 때의 기쁨", 혹은 그와 반대로 "어떤 깊은 비통(훌륭한 남편의 죽음을 맞은 반려인의 슬픔 같은 것)은 그것을 경험하고 있는 사람을 납득시킬 수 있다거나, 혹은 만족감이 (우리가 추구하는 학문에서처럼) 기쁨을 더해준다거나, 혹은 비탄(예를 들면 증오·시기·복수)은 더욱이 불쾌감을 준다"[161]라는 것입니다. 이런 모든 찬동과 부동의는 사후의 생각입니다. 당신이 과학적 탐구를 하는 시간에는 희미하게 자신이 그것을 하고 있다는 데 행복을 느낄 수도 있겠지만, 나중에 가서야만, 즉 당신이 하던 그 일로 더 이상 바쁘지 않게 되어 그것을 되돌아볼 때라야 당신은 이러한 부가적인 "기쁨", 그것을 승인하는 기쁨을 가질 수 있습니다. 이러한 부가적 기쁨에서 기쁨을 주는 것은 더는 그 대상이 아니라, 그것이 기쁨을 준다고 우리가 판단하는 사실입니다. 이것을 자연이나 세계 전체와 연관을 짓는다면, 우리는 세계나 자연이 우리를 기쁘게 하므로 기쁘다고 말할 수 있습니다. 찬동의 작용 자체가 기쁘게 하는 것이며, 바로 부동의 작용 자체가 불쾌하게 만드는 것입니다. 따라서 문제는, 찬동과 부동의 사이에서 어떻게 선택하는가 하는 것이지요. 한 가지 기준은 칸트의 예를 고찰함으로써 쉽게 짐작할 수 있는데, 그것은 소통 가능성(communicability) 혹은 공공성(publicness)이라는 기준입니다. 사람들은 아버지의 죽음에 대해 기쁨이나 혹은 증오나 시기의 감정을 과도하게 열심히 표현하지 않습니다. 다른 한편, 사람들은 자신이 학문적 작업을 즐긴다고 선언하는 데 거리낌을 느끼지 않으며, 또 훌륭한 남편이 죽었을 때 비통을 감추지 않을 것입니다.

따라서 그 기준은 소통 가능성이며, 그에 관한 결정 기준은 공통감각입니다.

『판단력 비판』 39절:
감각의 소통 가능성에 대해

"모든 사람이 우리와 같은 감각을 지니고 있다고 추정할 수 있기에

---

161) 앞의 책, §54.

감각들의 작용이 일반적으로 소통 가능"하다는 것은 옳습니다. "그러나 이것은 어떤 단일 감각 작용에 대해 전제될 수는 없"습니다. 이런 감각 작용들은 사적인 것이며, 또한 어떠한 판단도 관여되지 않습니다. [이론적 판단에서] 우리는 단지 수동적일 뿐이며, 우리는 반응하며, 우리가 무엇에 대해 의지적으로 상상하거나 반성할 때처럼 자발적이지 않지요.

그 반대의 극단에는 도덕적 판단이 있습니다. 칸트에 따르면 도덕 판단은 필연성을 갖습니다. 그것은 실천이성에 의해 명령됩니다. 도덕 판단은 소통될 수도 있으나 이러한 소통은 이차적인 것이며, 비록 그것이 소통될 수 없다 해도 여전히 타당한 것으로 남을 것입니다.

우리는 세 번째로 미에 관한 판단 또는 그에 대한 즐거움을 가지고 있습니다. "이 즐거움은 상상력에 의해… 가장 일반적인 경험을 대신 행해야만 하는 판단의 절차에 의해… 대상에 대한 일상적인 파악(Auffasung, "지각"이 아님)을 수반"합니다. 그러한 일부 판단은 우리가 세상과 더불어 갖는 모든 경험 가운데 존재하지요. 이 판단은 "우리가 모든 사람 속에서 전제해야 하는 저 공통적이고 건전한 지성(gemeiner und gesunder Verstand)"에 근거합니다. 우리가 공통적으로 가지고 있지만 그럼에도 감각 작용들의 일치를 보증하지 않는 다른 감각들과 이러한 "공통감각"은 어떻게 구별될까요?

『판단력 비판』40절:
"공통감의 일종인 취미에 대해"

용어가 바뀌었습니다. "common sense"라는 용어는 우리의 다른 감각들과 같은 감각 —아주 사적인 것에서 모두에게 동일한 것— 을 의미합니다. 라틴어 용어를 사용함으로써 칸트는 자신이 여기서 어떤 다른 것, 즉 우리를 공동체에 걸맞게 만드는 별개의 감각 —별

개의 정신 능력과 같은 것(독일어로 Menschenverstand, 인간 지성) —
을 의미한다는 것을 보여줍니다. "인간 공통의 지성은… 누구에게
나 인간의 이름으로 요구할 수 있는 최소한의 것이다." 그것은 인간
을 동물들로부터 또한 신들로부터 구별되게 하는 능력입니다. 이
러한 감각 가운데 드러나는 것이 바로 인간의 그 인간됨(혹은 인류,
humanity)입니다.

공통감(sensus communis)은 특히 인간적인 감각인데, 이는 의사
소통, 즉 언어(speech)가 거기에 의존하기 때문입니다. 우리가 어떤
요구를 하거나 공포나 기쁨 등을 표현하기 위해서는 언어가 필요하
지 않을 것입니다. 몸동작으로도 충분할 것이며, 만일 먼 거리를 이
을 필요가 있다면 소리가 몸동작을 충분히 대신할 수 있을 것입니
다. 소통은 표현이 아니지요. 따라서 "광기의 유일한 일반적 증상
은 공통감의 상실이며, 자기 자신만의 감각(sensus privatus)을 우기
는 논리적 고집인데, 이것이 〔미친 사람에게서는〕 공통감을 대신한
다"(Das einzige allemeine Merkmal der Verücktheit ist der Verlust des
Gemeinsinnes und der dagegen eintretende logische Eigensinn).[162] 미친
사람은 자신의 필요를 드러내고 다른 사람에게 알리는 표현력을 잃
지는 않았습니다.

공통감이라는 이름 아래 우리는 모두에게 공통적인 감각이라는 관
념, 즉 판단기능의 관념을 포함시켜야 한다. 판단력은 자신의 판단
을 인류(humanity)의 총체적 이성과 비교하기 위해서 사유 가운데
다른 모든 사람들을 재현하는 양상을 스스로의 반성 가운데 (선천
적으로a priori) 고려한다. …이러한 것은 우리의 판단을 다른 사람

---

162) I. Kant, *Anthropology from a Pragmatic Point of View*, trans. Gregor, §53.

들의 실제적 판단이 아니라 가능적 판단과 비교함으로써, 그리고 우리 자신들을 다른 사람의 자리에 놓음으로써, 우리 자신의 판단에 우연히 부여된 한계로부터 추상화함으로써 이루어진다. …이제 이러한 반성 작용은 너무나 인위적이어서 **공통적인** 감각이라고 불리는 기능에 귀속되지 않는 것처럼 보이지만, 그것은 추상적인 형식 속에서 표현되었을 때 그렇게 보일 뿐이다. 만일 우리가 보편적 규칙의 역할을 할 판단력을 추구한다면, 매력이나 감정에서 추출하는 것보다 더 자연스러운 것은 본질적으로 없다.[163]

이 이후에는 공통감의 준칙들이 나오는데, 이는 스스로 생각하라(계몽의 준칙), 생각 속에서 자신을 다른 사람의 자리에 놓아라(확장된 심성의 준칙), 그리고 자신과 일치되도록 하라"(mit sich selbse Einstimmung denken)라는 일관성의 준칙 등입니다.[164]

이러한 것은 인지(cognition)의 문제가 아닙니다. 진리가 강요되면 사람에게는 어떤 "준칙들"도 필요가 없기 때문입니다. 준칙들은 의견의 문제에 대해서만, 그리고 판단에 있어서만 필요합니다. 도덕적 문제에서 인간의 행위 준칙이 인간 의지의 특질을 입증하는 것처럼, 판단의 준칙은 공동체 감각에 의해 규율되는 세상의 문제들에 있어서 인간의 "사유의 방식"(Denkungsart)을 입증합니다.

인간의 자연적 재능이 미치는 영역이나 정도가 아무리 대수롭지 않다고 해도, 만일 누군가가 다른 많은 사람들의 판단을 제한하고 주관적이고 사적인 조건들을 자신의 판단에서 무시하고 (자기 자

---

163) 임마누엘 칸트, 『판단력 비판』, §40.
164) 같은 곳, 또한 I. Kant, *Logic*, trans. R. Hartman and W. Schwarz, p.63(위의 주27) 참조.

신을 다른 사람의 관점에 놓음으로써만 인간이 결정할 수 있는) 일반적 관점에서 그것을 반성한다면, 그것은 그가 확장된 사고를 가진 사람임을 나타낸다.[165]

이 다음에는 흔히 상식이라고 불리는 것과 공통감 사이의 분명한 구별이 나옵니다. 취미는 이 "공동체 감각"(gemeinschaftlicher Sinn)이고, 여기서 감각은 "정신을 반성한 결과"를 의미합니다. 이 반성은 마치 그것이 감각 작용인 것처럼, 그리고 분명히 하나의 취미, 즉 차별적이고 선택적인 감각인 것처럼 나에게 영향을 줍니다. "심지어 우리는 취미를 (지각이 아니라) 주어진 재현 속에서 [감각 작용 같은] 우리의 감정을 개념의 매개 없이 일반적으로 소통 가능하도록 만드는 판단기능이라고 정의할 수 있었다."[166]

따라서 취미는 주어진 재현에 결부된 감정들의 소통 가능성을 선험적으로 판단하는 기능이다. …만일 감정의 단순한 일반적 소통 가능성이 그것 자체 안에 그에 관한 우리의 관심을 지녀야만 한다

---

165) 임마누엘 칸트, 『판단력 비판』, §40(칸트가 사용한 용어인 'allgemein'의 표준 번역은 'universal', 즉 '보편적'이지만 아렌트가 이를 일관되게 'general', 즉 '일반적'이라고 옮기고 있는 것에 주목해야 한다. 이렇게 바꾼 중요한 이유 한 가지로 아렌트의 논문 "The Crisis in Culture," *Between Past and Future*, enl. ed. New York: Viking Press, 1968, p.221에서 다음과 같이 설명된다. "판단에는 어떤 특정한 타당성이 부여되는데, 그것은 결코 보편적으로 타당한 것이 아니다. 그 타당성 요구는 판단하는 사람이 고려하고 있는 그 사람들의 입장보다 결코 더 멀리 나갈 수 없다. 판단은 '모든 판단하는 개인에 대해' 타당하다고 칸트는 말하는데, 이 문장에서 강조점은 '판단하는'에 있다. 그것은 판단하지 않는 사람들에 대해서, 또 판단의 대상이 나타나는 공적 영역의 구성원이 아닌 사람들에 대해서는 타당하지 않다." 강조는 베이너의 것이다. 따라서 여기서 보여지는 아렌트의 용어 선택은 그의 칸트 독법과 연관해 상당한 중요성을 갖고 있다 ─ 베이너).

166) 같은 곳.

고 추정할 수 있다면… 우리는 왜 취미판단에서 감정이 모든 사람의 탓으로 돌려지는지, 말하자면 의무로서 돌려지는지를 설명할 수 있게 될 것이다.[167]

열세 번째 강의 | 세계시민적 실존

이제 우리는 아주 특별한 칸트적 의미에서의 상식에 대한 토론을 결론지을 텐데, 이 의미에 따르면 상식은 사적 감각과 구별되는 공동체 감각, 즉 공통감입니다. 이 공통감은 판단이 모든 사람 속에서 호소하는 대상이며, 판단에 특별한 타당성을 부여하는 것은 바로 이런 식으로 가능해지는 호소입니다. 감정과 마찬가지로 너무나 전적으로 사적이고 소통 불가능하게 보이는, '그것은-나를-즐겁게-또는-불쾌하게-함'은 실제로 이러한 공동체 감각에 뿌리내리고 있으며, 따라서 일단 그것이 반성 작용으로 변형된 이후에야 모든 사람과 그들의 감정을 고려하는 방식으로 소통 가능해질 것입니다. 이러한 판단의 타당성은 결코 인지적 타당성도 과학적 명제의 타당성도 갖지 않는데, 후자는 적절히 말하자면 판단이 아닙니다. (만일 어떤 사람이 "하늘이 푸르다"라고 하거나, "둘에다 둘을 더하면 넷이 된다"라고 말한다면, 그는 판단을 하고 있는 것이 아닙니다. 자신의 감각이나 정신의 증거에 강요받아 존재하는 것에 대해 말하고 있는 것이지요.) 이와 유사하게, 사람들은 어떤 이에게 "이것은 아름답다"라든가 "이것은 틀렸다"라는 자신의 판단에 동의하도록 결코 강요할 수 없습니다. (칸트는 도덕 판단을 반성과 상상력의 산물이라고 생각하지 않으며, 따라서

---

167) 앞의 책, 같은 곳.

이것들은 엄격히 말해 판단이 아닙니다.) 사람은 다른 모든 사람의 동의에 "호소"(woo)하거나 "간청"(court)할 뿐입니다. 그리고 이러한 설득적 행위에서 사람들은 실제로 "공동체 감각"에 호소합니다. 다른 말로 하면, 판단을 내릴 때 그는 공동체의 일원으로서 판단을 내립니다. "[통상적 의미에서 상식을 의미하는] '건전한 지성'이 의미하는 것이 단지 이 판단기능일 뿐인 것은 바로 판단의 본성" 속에서인데, "이러한 본성의 올바른 사용은 아주 필연적으로 또 아주 일반적으로 필수적이다."[168]

『판단력 비판』41절: "미에 대한 경험적 관심에 대해"

이제 『판단력 비판』의 41절을 간략히 살펴봅시다. 우리는 앞에서 "확장된 심성"이 바른 판단의 필수조건임을 보았습니다. 사람의 공동체 감각이 자기 심성의 확장을 가능하게 합니다. 부정적 방식으로 말하면, 판단에 관한 한 그것의 작용을 제한하고 금하는 사적인 조건과 상황에서 추상화하는 것을 가능하게 함을 의미하지요. 사적 조건들은 우리를 제약하지만, 상상력과 반성은 우리가 사적 조건들에서 해방될 수 있게 해 판단의 특정한 덕인 상대적 불편부당성을 획득할 수 있게 해줍니다. 한 사람의 취미가 덜 개성적일수록(less idiosyncratic) 더 잘 소통될 수 있습니다. 또다시 소통 가능성이 시금석입니다. 칸트에게 불편부당성은 "무관심성"이라고 불리는데, 이는 미에 대한 무관심적 기쁨을 의미합니다. 무관심성은 실제로 미와 추라는 말 자체에 함축되어 있지만, 옳고 그름이라는 말에는 함축되어 있지 않습니다. 그러므로 만일 41절이 "미에 대한 관심"에 관해 다룬

---

168) 앞의 책, 서문.

다면, 그것은 실제로는 무관심성에 대한 "관심"을 가지는 것에 대해서 다루는 것입니다. 여기서 관심이란 유용성을 지칭합니다. 만일 당신이 자연을 본다면, 생명의 과정에 유용하기 때문에 즉각적으로 관심 가질 만한 자연적 대상이 많이 있습니다. 문제는 칸트가 보고 있는 것처럼 자연의 지나친 풍부함입니다. 예컨대 수정처럼, 그 모양이 아름답다는 점 이외에는 글자 그대로 아무짝에도 좋은 게 없는 것들이 너무나 많지요. 우리가 어떤 것이 아름답다고 할 수 있기에 우리는 "그의 존재에서의 즐거움"을 느낄 수 있으며, 그것이 "모든 관심이 놓인 곳"입니다. (노트에 쓰인 그의 생각들 가운데 한 곳에서, 아름다움이 우리에게 "자기이익ohne Eigennutz[169] 없이 사랑하기"를 가르쳐준다고 칸트는 말합니다.) 그리고 이 관심의 독특한 특성은 그것이 "단지 사회에 대한 관심"이라는 점입니다.

만일 사회에 대한 충동을 인간에게 자연스러운 것으로, 그리고 사회에 대한 인간의 적합성과 사회를 향한 인간의 성향, 즉 사회성을 인간은 사회를 위해 운명 지워진 존재라고 할 정도로 인간에게 필수적인 것으로, 그래서 그것을 인간적인 것과 인간됨(Humanität)에 속하는 속성으로 우리가 인정한다면, 우리는 취미를 우리가 다른 사람들과 감정을 소통하려는 지점이 되는 모든 것을 판단하기 위한 기능으로 여길 수밖에 없으며, 따라서 취미를 모든 사람의 자연적 성향이 욕구하는 바를 진작시키는 수단으로 간주하지 않을

---

169) 여기서 '이익'이라고 옮긴 말은 'interest'로 이 단어 전후에 나오는 '관심'으로 옮긴 말과 같은 단어다. 아렌트는 『혁명론』에서 interest를 사람들 사이를 연결하는 '사이-존재'(inter-esse)라고 풀어 설명했는데, 칸트와 관련해서는 무관심성(disinterestedness)처럼 대부분의 경우 '관심'으로 옮겼으나 현재의 경우는 문맥에 따라 '이익'으로 옮겼다—옮긴이.

수 없게 된다.[170]

자신의 논문 「인간 역사의 추정적 기원」(Conjectural Beginning of Haman History)에서 칸트는 "인간을 위해 의도된 최고의 목적은 사회성이다"[171]라고 주장하는데, 이는 마치 사회성이 문명의 과정을 통해 추구되는 목표처럼 들립니다. 이와 반대로 여기서 우리는 사회성이 인간의 인간됨의 목표가 아니라 기원임을 알게 됩니다. 즉, 사람들이 오직 이 세상에 속하는 한 사회성이 인간의 바로 그 본질임을 우리는 발견하지요. 이것은 우리의 **필요**와 **결핍**을 위해 우리가 동료 인간들에 의존하는 만큼 인간의 상호의존성을 강조한 모든 이론과 근본적으로 다른 점입니다. 칸트는 우리의 **정신적 기능** 가운데 최소한 하나, 즉 판단의 기능이 타인의 현존을 전제한다는 것을 강조합니다. 그리고 이 정신의 기능은 우리가 용어상으로 판단력이라고 부르는 것만이 아니라, 거기에는 "감정과 정서(Empfindungen)가 일반적으로 소통될 수 있는 한에서만 가치 있는 것으로 간주된다"라는 생각이 결부되어 있습니다. 즉, 판단력은 소위 우리 전체 영혼의 장치와 결부되어 있습니다. 소통 가능성은 명백히 확장된 심성에 의존합니다. 사람은 다른 사람의 관점에서 생각할 수 있을 때만 소통할 수 있습니다. 그렇지 않다면 사람들은 결코 다른 사람을 만나지 않을 것이고, 결코 자기가 이해한다는 식으로 말하지 않겠지요. 자신의 감정, 자신의 즐거움과 무관심적 기쁨에 대해 소통하면서 사람은 자신의 선택을 말하고, 또 자신의 동반자를 선택합니다. "나는 피타고라스학파 사람들과 함께 옳기보다는 플라톤과 함께 틀리고 싶다"[172]

---

170) 앞의 책, §41.

171) I. Kant, *On History*, p.54("Conjectural Beginning of Human History").

172) Cicero, *Tusculan Disputations*, 1.39-40.

라는 말처럼 말입니다. 끝으로, 소통 가능한 사람들의 범위가 넓으면 넓을수록 대상의 가치 또한 커지지요.

그런 대상에 대해 모두가 갖는 즐거움이 하찮아서 〔즉, 그가 그 대상을 공유하지 않는 동안에〕 그 자체로는 어떤 특정한 관심을 끌지 않는다고 해도, 그의 일반적 소통 가능성 관념은 거의 무한하다고 할 정도로 그 가치를 증대시킨다.[173]

이 지점에서 『판단력 비판』은 큰 어려움 없이 영원한 평화 가운데 살아 있는 통합된 인류에 관한 칸트의 숙고와 합쳐집니다. 칸트를 전쟁의 폐지에 관심 두게 하고 그를 이상한 종류의 평화주의자로 만든 추동력은 갈등의 제거가 아니며, 전쟁의 잔인성, 유혈사태, 잔혹상의 제거조차도 아닙니다. 그가 때때로 심지어 마지못해 (마지못하다고 한 것은 인간이 양sheep과 같아질 수 있기 때문인데, 생명의 희생에는 숭고한 무엇이 있다는 등의 이유에서 그렇습니다) 결론을 내린 것처럼, 그것이 확장된 심성의 가능한 최대의 확장을 위한 필수조건이라는 점입니다.

〔만일〕 모든 이가 다른 모든 이에게서 〔쾌에 대한, 또는 무관심적 기쁨에 대한〕 일반적인 소통에 대한 참조를 기대하고 요구한다면, 인류 자체에 의해 명령받은 원초적 서약〔이라도 존재하는 것과 같은 어떤 지점에 도달했을 것이다.〕[174]

---

173) 임마누엘 칸트, 『판단력 비판』, §41.
174) 같은 곳.

칸트에 따르면 이러한 서약은 단지 하나의 이념일 것이며, 이 문제들에 대한 우리의 반성을 규제할 뿐만 아니라 실제로 우리의 행위를 고무시킬 것입니다. 인간들이 인간적일 수 있고, 또 이 관념이 그들의 행위가 아니라 판단의 원리가 될 정도로 인간들이 문명화되었다거나 인간적으로 되었다고 불릴 수 있는 것은, 모든 개별 인간 속에 현존하는 인류라는 이런 관념에 의해서입니다. 행위자와 관찰자가 연합되는 것은 이 지점에서지요. 행위자의 준칙과 관찰자가 세상의 광경을 판단할 때 따르는 준칙 혹은 "기준"은 하나가 됩니다. 소위 행위를 위한 정언명법은 다음과 같이 읽힐 수 있습니다. '이러한 원초적 서약이 일반적 법칙으로 현실화할 수 있도록 하는 준칙에 따라 항상 행위하라.' 평화에 대한 사랑에서뿐만이 아니라 이러한 관점에서 『영원한 평화를 위해』, 특히 그 첫 번째 절의 "예비적 조약들"과 두 번째 절의 "결정적 조약들"이 쓰였습니다. "예비적 조약" 가운데 가장 중요하고 또 가장 독창적인 것은 여섯 번째 조약입니다.

전쟁 중에 어떤 국가에게도 앞으로 이루어질 평화에 대한 상호신뢰를 불가능하게 할 적대적 행위가 허용되어서는 안 된다.[175]

또한 사회성과 소통 가능성에서 실제로 도출되는 것은 세 번째 조약입니다.

세계시민의 법은 보편적 친절의 조건에 의해 제한될 것이다.[176]

---

175) I. Kant, *On History*, p.89(*perpetual Peace*).
176) 같은 책, p.102.

만일 인간의 그런 원초적 서약과 같은 것이 존재한다면, "일시적 체류의 권리, 연합의 권리"는 양도 불가능한 인권 가운데 하나입니다.

〔인간들은〕 자신이 무한히 퍼질 수 없어서, 따라서 타인의 현존을 마침내 관용해야 하는 이 땅인 지구를 그들이 공동으로 소유함으로써 그런 권리를 가진다. …〔왜냐하면〕 지구의 표면에 대한 공통의 권리는… 인간들에게 일반적으로 귀속되기 때문이다. …하나의 장소에서 권리에 대한 위반이 전 세계적으로 느껴진다는 〔사실에 의해 부정적으로 증명될 수 있는 모든 것에서 칸트는〕 세계시민의 법이라는 관념이 야심에 차거나 과장된 견해가 아니라고 〔결론 내렸다.〕[177]

앞에서 말했던 것으로 돌아가봅시다. 사람은 항상 자신의 공동체 감각, 즉 공통감의 안내에 따라 공동체의 일원으로서 판단을 내립니다. 그런데 마지막 분석에서는, 인간은 그가 인간이라는 단순한 사실에 의해 세계공동체의 일원입니다. 이것이 인간의 "세계시민적 실존"(cosmopolitan existence)이지요. 인간이 판단을 내릴 때, 또 정치적 문제 속에서 행위할 때, 인간은 자신이 세계시민, 따라서 자신이 세계관찰자(Weltbetrachter)라는 현실이 아닌 그 관념을 염두에 두어야 합니다.

결론적으로, 나는 몇 가지 난점들을 정리하려고 합니다. 판단에서의 주된 난점은 그것이 "개별자를 사유하는 기능"[178]이라는 점입니다.

---

177) 앞의 책, pp.103, 105.
178) 임마누엘 칸트, 『판단력 비판』, 서론 제4절.

그런데 **사유한다는** 것은 일반화하는 것을 의미하므로, 사유는 개별자와 일반자를 신비롭게 결합하는 기능입니다. 만일 일반자가 규칙이나 원칙, 또는 법으로 주어져서 판단이 개별자를 단지 그 아래로 귀속시키는 것이라면, 이는 상대적으로 쉬운 일이지요. "만일 개별자만이 주어져 있고 그것을 위한 일반자가 발견되어야 한다면"[179] 어려움은 커집니다. 왜냐하면 기준은 경험으로부터 빌려올 수 없고 외부에서 도출되지도 않기 때문입니다. 나는 하나의 개별자를 다른 개별자에 근거해 판단할 수 없습니다. 개별자의 가치를 판단하기 위해 나는 두 개의 개별자와 연결되어 있지만, 그와는 구별되는 어떤 것, 즉 제3의 것이 필요합니다. 칸트에게서 우리는 이 난점에 대한 두 개의 서로 전적으로 다른 해결책을 실제로 발견하게 되지요.

칸트에게는 제3의 것으로서 판단에 도달하기 위해 반성해야 할 두 개의 관념이 나타납니다. 정치적 저술들과 『판단력 비판』에서도 이따금 나타나는 첫 번째 관념은, 인류 전체의 원초적 서약이라는 관념입니다. 이 관념으로부터 인간성의 개념, 즉 그들이 공동으로 거주하고 공동으로 소유하며 세대를 걸쳐 물려주는 이 세계, 다시 말해 이 지구 위에 존재하며 이 세계에서 살고 죽는 인간들의 인간다움을 실제로 구성하는 관념이 도출됩니다. 『판단력 비판』에서 사람들은 합목적성이라는 관념도 발견하게 됩니다. 특수자로서 현실성의 기반을 자기 안에서 필요로 하고 또 지니고 있는 모든 대상은 목적을 가지지요. 무목적적으로 보이는 유일한 대상은 한편으로는 미적 대상들이고, 다른 한편으로는 인간들입니다. 당신은 어떤 목적을 위해서냐고 질문할 수 없는데, 왜냐하면 그것들은 아무 데도 쓸모가 없기 때문입니다. 그런데 무목적적인 예술적 대상은 무목적적으로 보이

---

179) 앞의 책, 같은 곳.

는 자연의 다양성과 마찬가지로 인간을 즐겁게 하고, 그들이 세상에서 편안하게 느끼도록 하는 "목적"을 가지고 있습니다. 이것은 결코 증명될 수는 없지만 합목적성은 인간의 반성적 판단 안에서 그의 반성을 규제하는 이념입니다.

훨씬 더 가치 있다고 생각되는 칸트의 두 번째 해결책은 **예증적**(exemplary) 타당성입니다. ("예란 판단의 수레와 같다.")[180] 이게 무엇인지 알아봅시다. 모든 개별적인 대상, 예를 들면 탁자는 우리가 탁자를 탁자로 인지하게 되는 그에 상응하는 개념을 가지고 있습니다. 이것은 "플라톤"의 이데아나 칸트적 도식(schema)이라고 생각할 수 있지요. 즉, 사람들은 자신의 마음의 눈 앞에 모든 탁자와 어떤 방식으로든 일치하는 도식적 또는 단지 형식적인 탁자 모양을 가집니다. 또는 반대로, 자신이 살아오는 동안 보아온 수많은 탁자에서 모든 이차적 성질들을 제거해버리면, 남는 것은 모든 탁자에 공통적인 최소한의 속성만을 가진 일반적 탁자(table-in-general), 즉 **추상적 탁자**입니다. 한 가지 가능성이 더 남게 되는데, 이는 인식 작용이 아닌 판단과 연관됩니다. 사람은 자기가 가능한 최고의 탁자라고 판단한 어떤 탁자를 만나서 그에 대해 생각하고, 이 탁자가 탁자라면 마땅히 어떠해야 하는지에 대한 예로 여길 수도 있는데, 이것이 **예증적 탁자**("예" example라는 말은 "어떤 개별자를 선발한다"는 의미의 'eximere'에서 나온 말)입니다. 이 예는 달리 정의될 수 없는 일반성을 바로 그의 개별성 속에서 드러내는 개별자이며 또 그런 개별자로서 남아 있습니다. 아킬레우스의 용기와 같은 것 등이 그것이지요.

우리는 행위자의 편파성에 대해 말했습니다. 행위자는 자신이 관여하기 때문에 전체의 의미를 결코 보지 못합니다. 이는 모든 역사

---

180) 임마누엘 칸트, 『순수이성비판』, B 173.

이야기에도 적용됩니다. 철학이 미네르바의 올빼미처럼 낮이 지난 후 저녁 무렵에만 그 날개를 편다고 한 헤겔의 말은 전적으로 옳습니다. 이와 같은 것이 미에 대해 또는 어떤 행위 자체에 대해서는 옳지 않습니다. 칸트적 의미에서 미는 그 자체로 목적인데, 그 이유는 모든 가능한 의미가 그 내부에 포함되어 있으므로 다른 것을 참조로 할 필요가 — 말하자면 다른 미적인 사물과 연결할 필요가 — 없기 때문이지요. 칸트 자신에게는 이런 모순이 나타납니다. 즉, 무한한 진보는 인류의 법칙입니다. 동시에 인간의 존엄성은 인간(우리 개개인)이 자신의 특수성 속에서 보이기를 요구하며, 그 자체로서 어떤 비교도 없이 그리고 시간에 독립해서 인류 일반을 반영하는 것으로 여겨지기를 요구합니다. 다른 말로 하면 진보의 이념 자체는, 만일 그것이 상황의 변화나 세계의 개선 이상을 의미한다면, 인간의 존엄이라는 칸트의 생각과 모순됩니다. 진보를 믿는 것은 인간의 존엄에 반합니다. 더욱이 진보는 이야기가 결코 끝(목적)을 가지지 않음을 의미하지요. 역사의 종언 자체는 무한 속에 있습니다. 우리가 가만히 서서 역사가처럼 회고하는 안목을 가지고 되돌아볼 수 있는 자리는 존재하지 않습니다.

상상력
1970년 가을 뉴스쿨에서의 『판단력 비판』 세미나

(한나 아렌트는 이 세미나 노트에서 『순수이성비판』 초판본에 나오는 칸트의 도식론에 대한 설명 가운데 초월론적 상상력Transcendental Imagination에 대한 분석에 의존해 마지막 열세 번째 강의에서 언급한 예증적 타당성 개념을 정교하게 다듬는다. 예증적 타당성 개념이 결정적으로 중요한 이유는 그 개념이 보편자들 — 역사 과정 개념, 역사의 일반 법칙들 — 이 아니라 개별자들 — 이야기들, 역사적 예들 — 을 중심으로 하는 정치학 개념에 기초를 제공하기 때문이다. 아렌트는 도식이 인식에 대해 하는 것을 사례들이 판단에 대해 한다는 것을 보이기 위해 『판단력 비판』 59절을 인용한다. 첫 번째 "비판"에 나오는 도식론에 관한 이 중요한 배경 없이는, 우리는 재현representation 작용과 이와 더불어 이루어지는 판단 작용에서의 상상력의 기능을 완전히 이해할 수 없다. 상상력을 다루는 이 부분이 다른 주제를 다룬다거나 또는 판단에 대해 단지 가벼운 적실성만을 갖는다고 생각한다면 그것은 실수일 것이다. 그와 반대로, 이 세미나 자료는 예증적 타당성에 대한 확장된 설명과 함께 이를 도식론에서의 상상력의 기능과 연결함으로써, 우리가 아렌트의 판단이론에 대해 완전한 개괄을 재구성하기를 희망한

다면 풀어야 할 퍼즐 가운데 필수 불가결한 부분을 제공하고 있다—베이너.)

I

칸트는 상상력이란 부재하는 것을 현존하게 하는 기능, 즉 재-현[1] (re-presentation)의 기능이라고 말했습니다. "상상력이란 그 자체가 현존하지 않은 대상을 직관 안에서 재현하는 기능"[2] 혹은 "상상력(factultas imaginandi)은 대상의 부재를 지각하는 기능"[3]이지요. 부재하는 것을 현존하게 하는 기능에 "상상력"이라는 이름을 붙인 것은 충분히 자연스럽습니다. 내가 부재하는 것을 재현한다면, 나는 내 정신 가운데 어떤 이미지—내가 보았던 것으로, 지금은 어떤 식으로든 재생한 이미지—를 가집니다. (칸트는 『판단력 비판』에서 이 기능을 본 적이 없는 어떤 것을 생산하는 예술적 기능인 "생산적" 기능과 구별하기 위해 때때로 내가 봤던 것을 재현한다는 의미의 "재생적" reproductive 기능이라고 부릅니다. 그러나 생산적 상상력[천재성]이 전적으로 생산적인 것은 결코 아닙니다. 그것은 주어진 것으로부터 예컨대 말과 인간으로부터 반인반수 같은 것을 만들어냅니다.) 이것은 우리가 기억을 다루는 방식처럼 들리지요. 그런데 칸트에게 상상력은 기억의 조건이며, 훨씬 더 포괄적인 기능입니다. 『실용적 관점에서 본

---

1) 재현(再現)은 원래의 드러남인 현상(presentation)이 인간의 감각기관을 통해 인식 속에서 다시 나타나는 것(re-presentation)을 의미하며 표상(表象)으로 번역되기도 한다. 이 단어는 정치적 용어로는 대표(代表) 혹은 대의(代議)로 번역된다—옮긴이.
2) 임마누엘 칸트, 『순수이성비판』, B151. 강조는 아렌트의 것임.
3) I. Kant, *Anthropology from a Pragmatic Point of View*, trans. Mary J. Gregor, §28. 강조는 아렌트의 것임.

인간학』에서 칸트는 "과거를 현재화하는 기능"인 기억을, 미래를 현재화하는 "점술 기능"과 나란히 놓고 있습니다. 이 둘은 모두 "연합" (association) 기능, 즉 "더는 존재하지 않는 것"과 "아직 존재하지 않는 것"을 현재와 연결하는 연합 기능입니다. 그리고 "비록 그것들 자체가 지각은 아니라 할지라도 시간 속에서 지각들을 연결하는 데 복무"[4]합니다. 상상력은 이러한 시간적 연합에 의해 이끌릴 필요가 없지요. 상상력은 자신이 선택하는 모든 것을 의지에 따라 현재로 만들 수 있습니다.

칸트가 상상력의 기능이라고 불렀던 것, 즉 감각 지각에 부재하는 것을 정신 속에 현재화하는 기능은 기억과 관계가 있기보다는 다른 기능, 즉 철학의 시작 이래로 잘 알려져왔던 기능과 더 관계가 있습니다. 파르메니데스는 그것을 누스(nous, "부재하지만 현존하는 것들을 지속적으로 바라볼 수 있는" 기능)라고 불렀는데(단편4),[5] 이 말을 통해 파르메니데스가 말하려 한 것은, 존재(Being)는 결코 현존하지 않고 자신을 감각에 드러내지 않는다는 것이었지요. 사물에 대한 지각 가운데 현존하지 않는 것은 있다는 것이며, 있다는 것은 감각의 관점에서는 부재하지만 정신에게는 현재적입니다. 또 아낙사고라스는 "비가시적인 것을 힐끗 본 것이 현상이다"(Opsis tōn adēlōn ta phainomena)[6]라고 했습니다. 이것을 달리 표현하면 (칸트 말로는, 직관에 주어지는) 현상을 봄으로써 사람들은 나타나지 않는 어떤 것에 대해 깨닫게 되며, 그것을 힐끗 보게 됩니다. 이 어떤 것이 존재 자

---

4) 앞의 책, §34.

5) Kathleen Freeman, *Anchilla to the Pre-Socratic Philosophers*(Oxford: Basil Blackwell, 1971), p.42 참조.

6) Hermann Diels and Walther Kranz, *Die Fragmente der Vorsokratiker*, 5th ed. (Berlin), B 21a. K. Freeman, *Anchilla to the Pre-Socratic Philosophers*, p.86 참조.

체이지요. 따라서 형이상학, 즉 물리적 실재 너머에 여전히 신비로운 방식으로 존재하며 현상들 속에서 현상 아닌 것으로 정신에게 주어지는 것을 다루는 학문이 존재론, 즉 존재에 관한 학이 됩니다.

II

우리의 인식기능들에 대한 상상력의 역할은 아마도 칸트가 『순수이성비판』에서 발견한 가장 위대한 사실일 것입니다. 우리의 목적을 위해서는 "순수 지성 개념의 도식론"[7]에 주목하는 것이 가장 좋을 것입니다. 미리 말하면, 인식에 도식을 제공하는 기능인 상상력은 판단에 예들을 제공하지요.

우리는 칸트에게 경험과 지식의 두 근원으로 직관(감각)과 개념들(지성)이 존재한다는 것을 기억할 것입니다. 직관은 항상 특수한 어떤 것을 우리에게 줍니다. 개념은 이 특수한 것을 우리가 인식하게 합니다. 내가 "이 탁자"라고 말한다면, 그것은 마치 직관이 "이"라고 말하고, 오성이 "탁자"라고 덧붙이는 것 같지요. "이"는 이 특정한 사물과만 관계하며, "탁자"는 그것이 무엇인지 알려주고 그 대상을 소통 가능하게 만듭니다.

여기서 두 가지 의문이 생깁니다. 첫째, 이 두 기능은 어떻게 연합할까요? 물론 지성의 개념들은 정신이 다양한 감각들에 질서를 부여하게 합니다. 그런데 이러한 종합, 즉 그들의 협력은 어디에서 생겨나는 건가요? 둘째, "탁자"라고 하는 개념은 과연 개념일까요? 그것 또한 일종의 이미지가 아닐까요? 그래서 일종의 상상력이 지성 속에도 존재하는 것은 아닐까요? 대답은 다음과 같습니다. "다양성의 종

---

7) 임마누엘 칸트, 『순수이성비판』, B 176 ff.

합은… 먼저 지식을 생겨나게 하는 것이다. …〔그것은〕지식의 요소 들을 취합해 그것들을 특정한 내용으로 연합한다." 이러한 종합은 "오직 영혼의 맹목적이면서도 필수불가결한 기능인 상상력이 작용 한 결과일 뿐인데, 우리는 이것 없이는 어떠한 지식도 가질 수 없지만 우리는 거기에 대해 거의 의식하지 못한다."[8] 상상력은 "이미지를 개 념에 제공함으로써"[9] 종합을 생산해냅니다. 그런 이미지를 "도식"이 라고 부르지요.

두 개의 극단, 즉 감각과 지성은 상상력에… 의해 서로 연결되어야 한다. 만일 그렇지 않다면 감각은 비록 현상을 만들어내기는 해도 어떠한 경험적 지식의 대상도 공급하지 못할 것이고, 따라서 어떤 경험도 만들지 못할 것이다.[10]

여기서 칸트는 이 두 기능 사이에 연결을 제공하기 위해 판단력을 불러들입니다. 그는『순수이성비판』의 초판본에서 상상력의 기능을 "종합기능 일반"이라고 불렀습니다. 우리의 지성에 연관된 "도식론" 을 직접 언급한 다른 곳에서 칸트는 상상력을 "인간 영혼 깊은 곳에 감춰진 예술"[11]이라고 부릅니다. (즉, 우리는 절대 현존하지 않는 어떤 것에 대한 일종의 "직관"을 갖고 있습니다.) 그리고 이로써 그는 상상 력이 실제로 다른 인식기능의 공통적 뿌리라는 것, 즉 감각과 지성에 "공통적이지만 우리에게는 알려지지 않은 뿌리"[12]임을 암시하지요.

---

8) 앞의 책, B 103. 강조는 아렌트의 것임.
9) 같은 책, B 180. 강조는 아렌트의 것임.
10) 같은 책, A 124.
11) 같은 책, B 180.
12) 같은 책, B 29.

칸트는 이 부분에 대해 『순수이성비판』 서론에서 말하고 있으며, 마지막 장에서 이 기능의 이름을 부르지는 않은 채 다시 언급합니다.[13)]

III

도식. 문제가 되는 지점은 바로 이 "도식" 없이는 사람들이 어떤 것도 인지할 수 없다는 것입니다. "이 탁자"라고 누군가 말할 때, 탁자의 일반적인 "이미지"가 그 마음에 현존하며, "이"가 가리키는 것이 탁자임을 알아차립니다. 다시 말해 "이 탁자"가 비록 개별적이고 독특한 것이기는 하지만 다른 많은 탁자들과 그 성질들을 공유하고 있는 어떤 것임을 알아차리게 됩니다. 만일 내가 어떤 집을 인지한다면, 이 인지된 집 또한 일반적인 집의 모습을 포함하고 있습니다. 이것이 플라톤이 집의 형상(eidos) — 일반적 형식 — 이라고 불렀던 것인데, 이는 자연적 감각에는 결코 주어지지 않고 오직 마음의 눈에만 주어지지요. 엄격히 말해 그것은 "마음의 눈"에조차도 주어지지 않습니다. 그것은 "이미지"와 같은, 또는 더 잘 말하자면 "도식"과 같은 것입니다. 사람이 집 그림을 그리거나 집을 지을 때마다 그는 집 자체가 아니라 특정한 하나의 집을 그리거나 짓습니다. 그러나 이러한 일은 그의 마음의 눈 앞에 이러한 도식이나 형상을 갖지 않고서는 불가능합니다.

또는 칸트가 말한 것처럼, "어떠한 이미지도 삼각형 일반의 개념에는 적합하지 않을 것이다. 그 이미지는, 정삼각형이나 둔각삼각형 또는 예각삼각형이든 간에 모든 삼각형에 타당하게 될 삼각형 개념의 보편성은 결코 획득하지 못할 것이다. …삼각형의 도식 어디에도 존

---

13) 앞의 책, B 863.

재하지 않으며 오직 생각 속에만 존재한다."[14] 그런데 그것이 생각 속에서만 존재한다 해도 일종의 "이미지"입니다. 그것은 사유의 산물도 아니고 감각에 주어진 것도 아니지요. 그런데 적어도 그것은 감각적으로 주어진 자료들로부터 추상화된 산물입니다. 그것은 사고와 감각을 초월한 것이거나 양자 사이에 있습니다. 그것이 외적으로 볼 수 없는 것인 한에서는 사고에 속하며, 이미지와 같은 것인 한에서는 감각에 속합니다. 따라서 칸트는 때때로 상상력을 "모든 경험의… 원초적 근원들 가운데 하나"라고 불렀고, 또 그것은 "정신의 어느 다른 기능에서도 도출될"[15] 수 없다고 말합니다.

예를 하나 더 들어봅시다. "'개'라는 개념은 나의 상상력이 네 발 달린 동물의 형태를 일반적 방식으로 묘사할 수 있는 규칙을 의미한다.〔그러나 그 형상을 종이 위에 묘사하는 순간 다시금 그것은 특정한 동물이 됩니다!〕그런데 이것은 경험과 같이 어떤 단일하고 분명한 형체에 국한되지 않고, 내가 구체적으로 실제로 재현할 수 있는 그 어떤 가능한 이미지에 국한되지 않는다."[16] 이것은 "인간 영혼 깊은 곳에 감춰진 예술이며, 그의 활동의 참된 양상을 자연은 우리가 발견하거나 응시하도록 허용하지 않는 것 같다."[17] 칸트는 이미지 ─ 예를 들면, 조지 워싱턴 브리지[18] ─ 를 "재생산적 상상력의 경험적 기능"의 산물이라고 말합니다. "도식(다리)은… 이미지 자체가 최초로 가능하게 되는… 순수 선험적인 상상력의… 산물이다."[19] 다

---

14) 앞의 책, B 180.
15) 같은 책, A 94.
16) 같은 책, B 180.
17) 같은 책, B 18-181.
18) 미국의 뉴욕시와 뉴저지를 잇는 다리. 아렌트가 한때 살던 아파트에서 이 다리를 볼 수 있었다─옮긴이.
19) 위의 책, B 181.

른 말로 하면, 내게 "도식화" 기능이 없다면 나는 이미지를 가질 수 없습니다.

IV

우리에게 다음과 같은 점들은 결정적입니다.

1. 이 특정한 탁자에 대한 경험에는 "탁자" 자체가 포함되어 있습니다. 따라서 상상력 없이는 어떠한 지각도 가능하지 않지요. 칸트는 "심리학자들은 지금까지 상상력이 지각 자체의 필수적인 요소임을 깨닫지 못했다"[20]라고 언급합니다.

2. "탁자" 도식은 모든 특정한 탁자에 대해 타당합니다. 도식 없이 우리는 "이것" 또는는 "이것"과 "이것"이라고 말할 수밖에 없는 다양한 대상들로 둘러싸이게 될 것입니다. 어떠한 지식도 불가능하게 될 뿐만 아니라 "내게 (어떤 종류든) 탁자를 가져다주세요"와 같은 의사소통도 불가능해지는 것이지요.

3. 따라서 "탁자"라고 말할 능력 없이는 우리는 결코 의사소통할 수 없습니다. 우리가 조지 워싱턴교를 묘사할 수 있는 것은 우리가 모두 "다리"를 알기 때문입니다. "다리"를 모르는 사람과 함께 있고, 또 내가 손가락으로 가리키면서 언급할 다리도 없다고 가정해볼까요. 그렇다면 나는 어떤 다리 도식의 이미지를 그릴 것이고 이 이미지는 물론 이미 어떤 특정한 다리일 텐데, 이는 그에게 그가 알고 있는 "강 한쪽에서 다른 쪽으로 넘어가기"와 같은 어떤 도식을 상기시키기 위한 것입니다.

다시 말해, 특수자들을 소통 가능하게 하는 것은, (a)특수자를 지각

---

20) 앞의 책, A 120, 주.

할 때 우리가 마음의 뒤편(혹은 "우리 영혼 깊은 곳")에 "도식"을 갖고 있으며 이 도식의 "모양"이 수많은 그런 특수자들의 특징이 되기 때문에, 그리고 (b)이러한 도식의 모양이 다른 많은 사람의 마음의 뒤편에 있기 때문입니다. 비록 "어떤 도식도 결코 어떠한 이미지로 가져올 수 없다 해도"[21] 이러한 도식의 형태는 상상력의 산물입니다. 모든 개개의 일치와 불일치는 우리가 같은 사물에 대해 말하고 있다는 것, 즉 여럿인 우리가 우리 모두에게 같은 어떤 것에 대해 동의하고 함께한다는 것을 전제로 합니다.

4. 『판단력 비판』은 규정적 판단과는 구별되는 반성적 판단을 다룹니다. 규정적 판단은 개별자를 일반적 규칙 아래 종속시키지요. 이와 반대로 반성적 판단은 개별자에서 규칙을 "도출"합니다. 도식에서 사람들은 실제로 개별자로부터 어떤 "보편자"를 "지각"합니다. 말하자면 탁자를 탁자로 인지하면서 "탁자"의 도식을 봅니다. 칸트는 『순수이성비판』에서 "개념 아래 종속시키기"와 "개념에 가져오기"를 구별함으로써 이런 규정적 판단력과 반성적 판단력의 구분을 암시합니다.[22]

5. 끝으로, 우리의 감각은 지식의 보조로서뿐만 아니라 다양성 속에서 동일성을 인지하기 위해서도 상상력을 필요로 하는 것 같습니다. 상상력은 그 자체로서 모든 지식의 조건입니다. "상상력의 종합 작용은 통각(apperception)에 선행해 모든 지식, 특히 경험 가능성의 근거다."[23] 상상력은 그 자체로서 "감각을 선험적으로 규정하는데," 이는 상상력이 모든 감각 작용에 내재해 있다는 말입니다. 상상력이 없다면 인식될 수 있는 세계의 객관성도 없게 될 것이고 우리가 말

---

21) 앞의 책, B 181.
22) 같은 책, B 104.
23) 같은 책, A 118.

을 나눌 수 있게 되는 소통의 그 어떤 가능성도 존재하지 않을 것입니다.

V

우리의 목적에서 도식의 중요성은, 상상력을 통해 그것을 산출할 때 감각과 지성이 만난다는 점입니다. 『순수이성비판』에서 상상력은 지성을 보조합니다. 『판단력 비판』에서는 지성이 "상상력을 보조"[24] 합니다.

『판단력 비판』에서 우리는 "도식"에 대한 유비, 즉 예(example)를 발견합니다.[25] 칸트는 도식이라 불리는 직관들이 경험과 인지에 대해 가지는 것과 동일한 역할을 판단에서는 예들에 부여합니다. 예는 반성적 판단력에서든 규정적 판단력에서든 우리가 개별자들과 관계할 때마다 어떤 역할을 하지요. 『순수이성비판』——여기서 우리는 "판단은 가르쳐질 수 없고 단지 훈련될 수만 있는 독특한 재능이다" 와 "이것이 없으면 어떤 학교도 고쳐줄 수 없다"[26]라고 쓴 것을 읽을 수 있습니다——에서는 예를 "판단의 수레"(Gägelband)[27]라고 부릅니다. 『판단력 비판』에서는, 즉 개별자를 개념에 종속시키지 않는 반성적 판단력에 대해 다룰 때는, 도식이 탁자를 탁자로 알아차리도록 도와주는 것과 같은 방식으로 예가 사람들을 돕습니다. 예는 우리를 인도하고 안내하며, 따라서 판단은 "예증적 타당성"을 획득합니

---

24) 임마누엘 칸트, 『판단력 비판』, §22에 대한 일반적 주.
25) 같은 책, §59.
26) 임마누엘 칸트, 『순수이성비판』, B 172.
27) 같은 책, B 173.

다.[28]

예는 개념 혹은 일반적 규칙을 자신 안에 포함하고 있거나 포함해야 하는 개별자입니다. 예컨대, 사람들은 어떤 행위가 용기 있다고 어떻게 판단 또는 평가할 수 있을까요? 판단을 내릴 때 사람들은 어떤 일반적 규칙들에서 도출하지 않고 즉각적으로 "이 사람은 용기가 있다"라고 말하지요. 만일 그가 그리스인이라면, 그는 "마음속 깊은 곳에" 아킬레우스의 예를 가지고 있을 것입니다. 상상력이 다시 필수적입니다. 그는 비록 아킬레우스가 부재하지만 현재화시켜야 하지요. 만일 우리가 어떤 이에 대해 선한 사람이라고 말할 때, 우리는 마음 뒤편에 성 프란치스코나 나사렛 예수의 예를 가지고 있습니다. 판단은 그 예가 올바로 선택되는 정도에 따라 예증적 타당성을 가집니다. 또는 다른 예를 들면, 프랑스 역사의 맥락에서 나는 나폴레옹 보나파르트를 개별적 인간으로 언급할 수 있습니다. 그러나 내가 보나파르트의 독재에 대해 말하는 순간, 나는 그를 하나의 예로 만든 것입니다. 이러한 예의 타당성은, 나폴레옹의 동시대인 혹은 이런 특정한 역사적 전통의 경험을 소유한 상속인들에게 제한될 것입니다. 역사학과 정치학에서 개념들 대부분은 이러한 제한적 본질을 갖습니다. 개념들은 어떤 특정한 역사적 사건에 그 기원을 가지며, 우리는 그것을 계속 진행해 "범례적"(exemplary)으로 만들지요. 그렇게 특정한 것 가운데서 단지 하나의 경우 이상으로 타당한 것을 보게 됩니다.

---

28) 임마누엘 칸트, 『판단력 비판』, §22.

제2부
베이너의 해설 논문

「한나 아렌트의 판단론」

1. 판단, 난점의 해결책

「판단」은 한나 아렌트의 마지막 저술인 『정신의 삶』의 세 번째 부분이자 결론으로서, 「사유」와 「의지」의 뒤를 잇는 글이었다. 그러나 이 유고의 담당 편집자인 메리 매카시가 앞선 두 부분을 출간하며 후미에 붙인 글에서 말한 것처럼, 아렌트의 급작스러운 죽음은 「의지」 초고를 탈고한 지 일주일도 채 안 되어 찾아왔다. "그[아렌트]가 죽은 후에 한 장의 종이가 타자기에서 발견되었는데, 거기에는 '판단'이라는 제목과 두 개의 표제문만 있었다. 「의지」를 마무리한 토요일과 그가 죽은 목요일 사이의 어느 순간에 그는 이 마지막 부분을 쓰려고 자리에 앉았음이 분명했다."[1] 판단에 대한 설명이 없다면 『정신의 삶』에 대한 우리의 이해는 결정적으로 불완전하다고 주장할 수 있다.

---

1) Hannah Arendt, *The Life of the Mind*, ed. Mary McCarthy(New York: Harcourt Brace Jovanovich, 1978), vol. 1: *Thinking*, p.218(Editor's Postface).

특히 한나 아렌트의 친구인 글렌 그레이(J. Glenn Gray)는 다음과 같이 증언한다. "그는 판단을 자신의 특별한 강점으로 여겼으며, 의지에 대한 성찰로 인해 그가 만나게 된 난점에 대한 진정한 의미에서 바라던 해결책으로 여겼다. 『판단력 비판』이 칸트에게 이전의 비판서들에서 봉착한 이율배반 가운데 몇 개에 대해 돌파구를 찾아준 것처럼, 아렌트도 판단을 위한 우리 능력의 본질을 연구함으로써 사유와 의지가 가진 난제들의 해결을 희망했었다."[2] 이는 이미 완성된 두 정신 능력에 대한 설명이 아직 마련되지 않은 세 번째 것에 의해 보충되어야 했기 때문만은 아니다. 오히려 그 두 정신 능력에 대한 설명 자체가 판단에서 기약된 종합 없이는 결함이 있는 채로 남기 때문이기도 하다.

데느니(Michael Denneny)는 1966년에 참여했던 사유와 의지 그리고 판단에 대한 아렌트의 선구적인 강의를 언급하면서 이와 유사한 평가를 내렸다. "사유(와 양심과 의식)에 대한 강의는 아주 독창적이며 지적으로 자극적이었으나, 의지에 대한 강의는 어려웠고 난해했다. 문제의 핵심이 판단에 놓여 있다는 것이 점차로 명백해졌다." 데느니는 여기에 이상한 아이러니가 있다고 덧붙였다. 왜냐하면 "놀랍게도 이 기능에 대한 토론은 항상 연기되었고, 그리고는 마침내 맨 마지막 강의에서 단지 요약적으로만 다루어졌기 때문이다."[3]

확실히 우리는 『정신의 삶』을 판단에 대한 부분 없이, 즉 마무리 없는 이야기로 생각하도록 강요받아왔다. 「의지」 끝에 이르면 우리는

---

2) J. Glenn Gray, "The Abyss of Freedom-and Hannah Arendt," *Hannah Aendt: The Recovery of the Public World*, ed. Melvyn A. Hill(New York: St. Martin's Press, 1979), p.225.

3) Michael Denneny, "The Privilege of Ourselves: Hannah Arendt on Judgment," *Hannah Arendt: The Recovery of the Public World*, ed. Hill, p.245.

마치 유보 상태처럼 머물러 있다. 의지는 우리를 이론적 난점으로 끌어들이는 것 같다. 만일 의지에 의미가 있다면 그것은 "순수한 자발성의 협곡"을 함의할 것이다. 그런데 기존 서양철학의 전통은 협곡을 피해서, 새로운 것을 낡은 용어 안에서 이해하면서 설명해버리려고 했다. 오직 마르크스의 유토피아주의만이 진정 새로운 이러한 의미가 남아 있는 자유였다. 아렌트는 이를 당혹스런 결론이라고 부르며, "전체 정치사상사 안에서 제시된 그것의 유일한 잠정적 대안"을 알고 있다고 말한다. 이는 아우구스티누스의 "탄생성"(natality) 개념으로, 인간의 탄생이라는 사실 속에 근거를 둔, 시작의 능력이다. 그러나 「의지」의 마지막 페이지에서 우리는 아우구스티누스의 이론조차도 "다소 애매하다"라고 한 것을 읽게 된다.

> 우리가 자유를 좋아하든 그것의 자의성 때문에 혐오하든 간에, 또 그것을 "즐거워"하든 어떤 형태의 숙명론을 선택해 그 끔찍한 책임에서 벗어나려 하든 간에, 자유는 우리가 탄생함으로써 자유롭도록 운명 지워져 있다는 것만을 우리에게 말해주는 듯하다. 만일 그것이 정말로 난점이라면 이러한 난점은 시작의 기능만큼이나 신비로운 기능인 또 다른 정신적 기능, 즉 판단의 기능에 호소하지 않는다면 해결되거나 해소될 수 없다. 그 기능에 대한 분석은 적어도 우리의 쾌와 불쾌 속에 무엇이 연관되어 있는지를 말해줄 수 있다.[4]

이렇게 우리는 여전히 아렌트가 『정신의 삶』을 쓰게 만든 기본적 문제들에 대한 해결을 추구하는 가운데 판단으로 향하는 길에 들어

---

4) H. Arendt, *The Life of the Mind*, ed. McCarthy, vol. 2: *Willing*, p.217.

선다. 출판된 『정신의 삶』 끝부분에서 발견한 이러한 난점에서 벗어나기 위해 아렌트가 어떤 준비를 했을지 추측하려는 상황에서, 우리가 입수 가능한 강의 노트들과 사후에 발견된 자료를 바탕으로 그의 판단이론을 재구성하려고 시도하는 것은 사실상 의무와도 같다.

아렌트가 인생 역작의 마지막 장을 완성할 만큼 살았다는 가정하에 「판단」에 무엇이 담겼을지를 재구성하려는 우리의 노력은 (주제 넘은 짓이라고까지는 말하지 않더라도) 고도로 사변적으로 보인다. 무엇보다도 우리는 그가 죽을 당시까지 써놓은 것이라고는 "'판단'이라는 제목과 두 개의 표제문만 있는"종이 한 장뿐이었음을 알고 있다. 그리고 그 두 표제문이 비록 흥미롭기는 하지만 아렌트의 의도에 대한 명백한 가이드를 제시한다고도 말할 수 없다. 그 한 장의 종이에 담긴 비애는 마치 더는 진행하지 말라는 경고처럼 보이기도 한다. 문제를 더 복잡하게 만드는 것은, 아렌트가 칸트를 판단 능력 연구에 대한 지침으로 삼았을 때 그가 살아생전 적절히 발전시키지 못한 일련의 생각을 자신이 시작하고 있다고 우리에게 말한 점이다.[5] 따라서 아렌트가 칸트를 다룰 때 가졌던 그 입장을 우리는 아렌트에 대해 똑같이 가지는 셈이다.

이러한 이중적인 난점에도 불구하고 이 책이 제공하는 칸트 강의는 아렌트가 원래 계획했던 저작에 대한 상당히 신뢰할 만한 지침이 된다는 생각에는 설득력 있는 이유가 있다. 첫째, 이 강의에 나오는 판단에 대한 설명은 이미 출간된 저술인 「사유」에 포함된 판단에 대한 설명과 전적으로 일치한다.[6] 사실상 「사유」에 나오는 몇몇 구절

---

5) 이 책, pp.71, 90-91 참조. '칸트 정치철학 강의'와 관련해 인용된 쪽수는 이 책의 쪽수임.

6) H. Arendt, *Thinking*, pp.69-70, 76, 92-98, 111, 129-130, 140, 192-193, 207-209, 213-216.

은 당시에는 출간되지 않았던 칸트 강의를 대체로 그대로 옮겨놓은 것인데, 이러한 사실은 아렌트 자신이 칸트 강의에서 형성한 판단에 대한 이해에 상당히 만족했음을 분명히 보여준다. 더욱더 결정적인 사실은, 아렌트가 「사유」의 후기에서 제시한 판단이론의 개요가 칸트 강의에서 실제로 이루어진 전개와 상당히 가깝게 대응한다는 점이다. (이 점은 아래에서 논증될 것이다.) 따라서 이 책이 한나 아렌트의 판단이론을 재구성하는 데 합리적인 기초를 제공하고 있다고 추정할 근거가 있다.

우리의 과업이 아직 덜 위험하기라도 한 듯 여전히 부딪쳐야 할 또 다른 난점이 존재한다. 아렌트의 저술을 전체적으로 조사해보면, 우리는 아렌트가 하나가 아니라 두 개의 판단이론을 제시하고 있음을 알게 된다. 판단기능에 대한 언급은 1960년대에 출간한 아렌트의 저술 전반에 걸쳐 흩어져 있다. 그러나 1970년을 시작으로, 우리는 사소하지만 중요한 방향의 재정립이 이루어졌음을 감지할 수 있다. 1971년의 논문인 「사유와 도덕적 고려 사항들」[7]에 이르기까지의 아렌트 저술에서는 판단이 활동적 삶의 관점에서 고찰되었으나, 이 논문 이후에는 정신적 삶의 관점에서 고찰되었다.

정치행위자의 재현적 사유와 확장된 심성에서 역사가와 이야기꾼의 관조적 입장과 반성적 판단으로 강조점이 옮겨졌다. 행위에서 벗어나 불편부당한 반성이 가능하게 된 눈먼 시인이 이제는 판단의 상징이 된다.[8] 대상에 대한 일차적 지각에서 벗어난 판단의 대상은 정신의 이차적 반성이라는 정신 작용에 의해 상상력 안에서 재현된다. 눈먼 시인은 거리를 두고 판단을 내리는데, 이는 불편부당성의 조건

---

7) H. Arendt, "Thinking and Moral Considerations," *Social Research* 38(1971), pp.417-446.
8) 이 책, p.155.

이다. 이렇게 호메로스는 고대 역사 기술의 공정한 판단을 위한 길을 준비한다. 호메로스와 헤로도토스는 모두 즐길 만한 반성을 위한 인간 탁월성의 예들을 제공한다.[9]

　나의 아렌트 해석 방식에 따르면, 판단이라는 주제에 대한 그의 저술은 두 개의 다소 구분되는 시기, 즉 전기와 후기 혹은 실천적 시기와 관조적 시기로 나눌 수 있다. 물론 그의 저술을 "전기"와 "후기"로 나누는 데 어떤 문제점이 있음을 알고 있다. 두 시기를 깔끔히 구분하도록 기대하는 것은 부당하며, 따라서 "전기"와 "후기"의 경계를 분명히 나누는 특정한 날짜를 지정하는 것은 명백히 자의적인 일일 것이다. 그래서 개념적으로나 시기적으로 이 두 "시기"가 중복된다고 해서 놀랄 것은 없다. 그러나 구분점을 찾기 위해서는, 예컨대 「진실과 정치」에 나오는 "재현적 사유"에 대한 논의에서는 분명한 정신적 기능으로서의 (즉, 정신의 세 구분 가운데 한 기능으로서의) 판단에 대한 관심이 아직은 존재하지 않는다는 사실에 주목할 필요가 있다. 여기서 아렌트는 정치적 삶의 한 특징으로서만 판단을 다룬다. (사실상 아렌트가 판단을 사유나 의지와 다른 자율적인 정신기능으로 간주하게 되었던 것은 비교적 후기 단계에서뿐이었다.)[10]

　내가 "후기적" 정식화라고 부르는 것에서 아렌트는 정치적 삶 자체의 특징으로서의 판단에 더는 관심을 두지 않았다. 그 대신 등장한 것이 정신의 삶을 구성하는 통합적 전체 가운데 분명히 구별되는 하나의 기능으로서의 판단 개념이다. 아렌트가 두 개의 구별되는 판단 개념(첫째는 실천의 세계와 연관되고, 둘째는 관조의 세계와 연결되는)

---

9) 이 책, pp.46, 135. 아렌트의 *Between Past and Future*에 수록된 "The Concept of History," pp.41-90, 특히 pp.51-51 참조. 또 같은 책에 수록된 "Truth and Politics," pp.262-263 참조. 쪽수는 증보판에 따른 것임.

10) 이 책, pp.266-268 참조.

을 제시한다는 결론에 도달하기 위해서는, 아렌트가 후기 저술에서 왜 활동으로서의 판단에 더 이상 모호한 지위를 부여하지 않고 그것을 오직 정신의 삶 내에만 위치시켰는지에 대해 분명히 설명할 필요가 있을 것이다. 내가 생각할 수 있었던 유일한 설명은 판단이 처음에 그가 관심을 가졌던 것과는 아주 다른 대상이 되었다는 것, 즉 정치적 삶인 '비타 악티바'(vita activa)와는 아주 다른 관심에서 판단이 다루어지게 되었다는 것이다.

아렌트가 판단기능에 대해 생각하면 할수록, 점점 더 그것을 (필연적으로 고독하지 않은 행위를 하는) 행위자에 대립하는 (비록 공적 정신을 가졌으나) 고독한 관조자로 간주하려는 경향이 강해졌다. 행위는 다른 사람과 함께하지만 판단은 혼자서 내린다. (비록 그가 부재하는 자들을 자신의 상상 속에서 현존하게 하면서 판단을 내리기는 하지만 말이다.) 아렌트가 이해한 대로, 판단에서는 상상된 타자의 가능한 판단을 저울질하는 것이지 실제 대화 상대자의 실제 판단을 저울질하는 것이 아니다.

이른 시기의 저술들(예컨대 「자유와 정치」 「문화의 위기」 「진실과 정치」)에서[11] 아렌트는 공적 영역에서 복수의 행위자들이 하는 공동행위가 정치행위라는 자기 사상의 기초를 더욱 강화하기 위해 판단 개념을 도입했다. 인간은 타인의 잠재적인 관점에 들어갈 수 있기 때문에 정치적 존재로서 행위할 수 있다. 인간은 무엇이 공동으로 주장될 수 있는지를 판단함으로써 타자와 함께 세계를 공유할 수 있는데, 정치적 존재로서의 그들에게 판단의 대상은 현상공간을 밝혀주는 말과 행위다. 「사유와 도덕적 고려 사항들」과 「사유」뿐 아니라 '칸트

---

11) 각각의 서지사항은 차례대로 다음과 같다. *Freedom and Serfdom*, ed. A. Hunold(Dordrecht: D. Reidel, 1961), pp.191-217; *Between Past and Future*, pp.197-226, 227-264.

정치철학 강의'에서도 이미 나타나기 시작하는 후기의 정식화에서, 아렌트는 판단에 대해 아주 다른, 그리고 훨씬 더 야심에 찬 관점으로 접근한다.

여기서 판단은 "난점"을 "풀어내는 것" 또는 "해결책"으로서 묘사된다. 「의지」의 마지막 장을 보면 이 난점의 본질이 무엇인지 재구성할 수 있다. '자유의 협곡과 새로운 세속 질서'(novus ordo seclorum)라는 제목이 붙은 이 마지막 장의 주된 관심사는 인간의 자유와 그것이 의지의 기능에 대해 갖는 연관성이다. 여기에 함축된 것은, 우리가 "우리의 쾌와 불쾌"에 상응하는 기능의 분석을 통해서만 인간의 자유를 포용하는 방법과 그것을 우리처럼 태어나서 죽는 존재들이 견딜 만한 것으로 여기는 길을 발견할 수 있다는 점이다.

칸트 강의는 하나의 유기적 전체를 이루고 있다. 이 강의 내용을 이루는 주제들, 즉 인간의 삶에 의미 혹은 가치를 부여하는 것은 무엇인가라는 문제, 쾌와 불쾌의 관점에서 본 인생의 평가, 인간 세상을 향한 관조적 인간의 적개심, 형이상학적 진리의 획득 불가능성과 비판적 사유의 필요, 상식과 인간의 공통 지성에 대한 옹호, 인간의 품격, 역사적 반성의 본질, 진보와 개인의 자율성 사이의 긴장, 보편자와 특수자의 관계, 그리고 끝으로 인간 판단의 구원 가능성 등은 서로 연결된 것이다. 이 자료는 단순한 강의 노트임에도 그 주제들은 지상에서의 인간실존이 존재의 소여성(givenness)에 대해 감사할 수 있는지, 또는 반대로 그 사실이 제거할 수 없는 우울감(melancholy)을 불러일으킬 것인지에 대한 고도로 독창적인 명상으로 우리를 이끈다.

메리 매카시는 아렌트 스스로 「판단」이 「사유」와 「의지」에 비해 훨씬 짧고 또 가장 다루기 쉬울 것이라고 예상했지만 "「판단」이 아렌트를 깜짝 놀라게 해서" 그를 예기치 않은 방향으로 이끌고 갔을 것으로 "추측할 수 있다"[12]고 했다. 그럴 수도 있을 것이다. 그렇지만 「사유와 도덕적 고려 사항들」과 『정신의 삶』 제1권, 그리고 이 책에 실린 강의에서 우리는 아렌트의 논의에 등장하는 판단 개념의 통일성과 일관성을 식별해낼 수 있다. 더욱이 이 저술들이 한데 어우러지면 「사유와 도덕적 고려 사항들」 이전의 저술 가운데서 발견되는 것과는 확연히 다른 판단에 대한 설명이 드러난다. 아렌트 후기의 이론에 일관성이 있다는 점과 또 무엇이 이를 전기의 이론과 구별시켜주는지를 적시하기 위해서는, 판단의 본질에 대해 아렌트가 거쳐온 생각의 발전 과정을 추적하는 것이 필수적이다. 따라서 흥미롭지만 오랫동안 무시되어온 정치적 인간의 능력에 대한 관심이 어떻게 훨씬 더 야심에 찬, 즉 세상사에 대한 긍정과 인간의 자유에 대한 구원을 약속하는 것으로 진화했는지를 알아보기 위해, 아렌트의 저술에서 판단에 대한 생각이 발전한 단계들을 추적해보도록 하자.

2. 이해와 역사적 판단

아렌트를 종국에 판단에 대한 반성으로 이끈 주제와 관심들이 처음으로 등장한 곳은 1953년 『파르티잔 리뷰』(*Partisan Review*)에 게재된 「이해와 정치」였다.[13] 이해란 "우리가 현실과 사귀고 받아들이게 되는, 즉 세계에서 편안하게 되려고 애쓰는… 끊임없는 활동이다" (p.377). 이러한 받아들이는 활동은 전체주의 시대, 즉 화해할 수 없어 보이는 행위에 대해서는 근본적으로 의문시된다. 그러나 "전체주

---

12) H. Arendt, *Thinking*, p.219(Editor's Postface).
13) H. Arendt, "Understanding and Politics," *Partisan Review* 20(1953), pp.377-392. 이하 본문에 나오는 쪽수는 이 논문의 것임.

의 정부들의 등장이 우리 세계의 중심적 사건일 동안에, 전체주의를 이해한다는 말은 그것을 용서한다는 말이 아니라 이런 일들이 가능한 세계를 우리가 받아들인다는 말이다"(같은 곳).

"이해의 결과는 의미인데, 이 의미는 우리가 행하는 일과 고통을 겪는 일을 받아들이려고 애쓰는 한 살아가는 바로 그 과정 자체에서 찾게 된다"(p.378). 그러나 전체주의의 독특한 공포를 직면하게 되면, 우리는 "우리가 이해의 도구들을 상실해버렸다는 사실"을 갑자기 발견하게 된다. "의미에 대한 탐구는 의미를 발견하지 못하는 우리의 무능과 부딪히면서 동시에 당혹스러워진다"(p.383). 이해는 피할 수도 또 끝내버릴 수도 없는 활동이다. 그런데 우리는 극복할 수 없는 것처럼 보이는 문제, 즉 전체주의라는 역사적 사실에 대해 연구할 의무가 있는 사상가와 정치분석가들이 이해에 저항하는 듯한 현상에 봉착하고 있다는 사실을 직면하고 있음을 알게 된다. 전체주의의 전례 없던 악들은 "우리의 정치적 사유의 범주들과 도덕적 판단의 기준들을 분명히 넘어서버렸다"(p.379). 이해의 과제는 역사적 판단에서 이전에는 결코 만날 수 없었던 정도의 비중을 차지하고 있는 것으로 보인다.

이해의 위기는 판단의 위기와 같다. 이해와 "판단은 너무나 밀접하게 그리고 상관적으로 연결되어 있어서 사람들은 이 둘에 대해" 특수한 것을 보편적 규칙에 "귀속시키는 것으로 기술하고 있는 것 같다"(p.383). 문제는 이러한 귀속을 위해 요구되는 신뢰할 만한 보편적 규칙을 우리가 갖고 있지 않다는 점이다. 과거에서 물려받은 지혜를 "우리 시대의 중심적인 정치적 경험들에 정직하게 적용하려고 하자마자"(p.379) 우리는 실패하게 된다. 심지어 "정상적이고" 상식적인 판단도 더는 충분치 않다. "우리는 뒤죽박죽된 세계, 즉 한때 상식이었던 규칙들을 따라서는 갈피를 잡을 수 없는 세계에 살고 있다"

(p.383). 아렌트에 따르면 20세기에 일어난 무의미성의 확장은 상식의 파멸에 수반한 것이었는데, 상식은 우리가 세계에서 우리의 위치를 찾기 위해 통상적으로 의지하는 것이다.

그런데 서구의 이러한 도덕적·지적 위기는 전체주의에서 비롯된 것이 아니다. 그것은 서구의 전통 속에 깊이 뿌리박고 있다. 20세기의 악마적 정치상은 단지 잠재해 있던 위기가 누구나 볼 수 있도록 노출된 것일 뿐이다. 따라서 전체주의의 등장에서 당황스러운 사실은 "전체주의가 우리의 사고의 범주와 판단의 기준이 파괴되었음을 빛 가운데 드러냈다는 점"(p.388, 강조는 베이너의 것)이다. 오직 관습(mores)만이 "서양 문화의 극적인 도덕적·정신적 몰락을 막아주었음"(p.384)이 이미 18세기에 몽테스키외에게는 명백했었다고 아렌트는 지적한다.

만일 정치체가 "관습과 전통에 의해서만 결속된다면", 산업혁명으로 드러난 전면적인 변형에 대한 유럽 문명의 취약성은 그다지 놀랄 일이 아니다. "더 이상 안전하지 않은 토대를 가진 정치적 구조의 내부에 큰 변화가 발생해 한 사회를 점령해버렸을 때, 그 사회는 비록 이해와 판단 능력을 여전히 가지고 있더라도 그 이해의 범주와 판단의 기준들이 진지하게 논의될 때 더 이상 거기에 대해 설명해줄 수 없었다"(p.385). 19세기에 이르러서 "우리의 위대한 전통에는 우리 시대의 '도덕적' 정치 문제들"에 대한 대답이 고갈되어버렸다. …"그런 대답들이 솟아날 수 있는 그 원천들 자체가 고갈되었다. 이해와 판단이 등장할 수 있었을 그 틀 자체가 사라졌다"(pp.385-386).

역사가의 관점에서 보면 이야기는 끝나는 지점에 존재한다. 그러나 행위자의 관점에서 보면 우리는 새로운 시작을 하는 것 말고는 다른 선택이 없다. 여기서 아렌트는 아우구스티누스가 발견한 시작의 원리를 언급한다. 아우구스티누스는 "어떤 점에서는 기록된 역사의 시기 가운데 우리 시대와 가장 닮은 시기에 살았고, 또 아마도 우리가 봉착한 종말과 닮은 파국적 종말의 완전한 충격 아래서 저술 작업을 했던 한 명의 위대한 사상가였다"(p.390). 아우구스티누스와 마찬가지로 우리도 거대한 파국의 그림자 안에서 살며 생각하고 있고, 따라서 아우구스티누스와 마찬가지로 우리는 인간의 시작 능력에 주목해야 한다. 인간은 시작이 본질인 존재이기 때문이다.

이러한 반성의 관점에서 보면, 사고의 범주들과 판단의 기준들을 망쳐놓은 것을 이해하려는 우리의 노력은 덜 위협적으로 보인다. 비록 상황을 가늠할 척도와 특수자를 귀속시킬 법칙들을 상실했지만, 본질이 시작인 존재는 이미 알려진 범주 없이도 이해할 수 있고 일련의 관습적인 규칙, 즉 도덕 없이도 판단할 수 있는 충분한 원천을 자신 가운데 가질 수 있다. 만일 모든 행위, 특히 정치적 행위의 본질이 새로운 시작을 하는 것이라면, 이해는 행위의 이면이며 이는 인지의 다른 형식들과 구별되는 형식인데, 이 형식을 통해 (진보하거나 멸망해가는 역사의 과정을 관조하는 사람이 아니라) 행위하는 인간은 돌이킬 수 없이 일어난 일에 결국 익숙할 수 있고 불가피하게 존재하는 것과 화해할 수 있다(p.391).

다른 말로 하면, 판단의 기능이 제 기능을 발휘하게 되는 때는 판단의 척도가 사라지는 바로 그때다.

아렌트는 이해를 상상의 기능과 연결하면서 이 논문을 끝맺는데, 상상력은 단순한 환상(fancy)과는 다르다.

상상력만이 우리에게 사물들을 적절한 관점에서 볼 수 있게 해주고, 너무 가까이 있는 것은 일정한 거리를 두게 해 우리가 편견이나 선입견 없이 그것을 보고 이해할 수 있게 하며, 너무 멀리 떨어져 있는 것은 그것을 마치 우리 자신의 일인 것처럼 보고 이해할 수 있을 때까지 먼 협곡에 다리를 놓을 수 있게 할 수 있다. 어떤 것에 대해서는 이처럼 "거리두기"를 하고, 다른 것에 대해서는 협곡에 다리를 놓는 것이 이해의 대화에 관한 일부분이다(p.392).

상상력은 이해를 가능하게 할 근접을 허락하고, 또 판단에 필요한 거리도 형성한다.

사실상 이해라고 할 수 있는 이런 종류의 상상력이 없다면 우리는 이 세상에서 결코 우리의 위치를 확인할 수 없을 것이다. 그것이 우리가 가진 유일한 내적 나침반이다. …만일 우리가 금세기에 편안하게 살기를 희생하고서라도 이 지구에서 편안하게 살기를 원한다면, 우리는 그 본질과의 무한한 대화에 참여하려고 애써야만 한다(같은 곳).

3. 아이히만 판단하기

한나 아렌트에 따르면, "사유 자체는 생생히 경험한 사건들에서 일어나며, 그것에 결부된 채 그 사건의 위치를 확인할 수 있는 유일한 지침으로 남아 있다."[14] 그렇다면 어떤 경험 때문에 그의 판단이론이 생겨났는가? 말할 필요도 없이, 전체주의의 발흥에 대한 그의 작업이 그에 대한 적절한 예가 될 것이다. 전체주의는 아렌트에게 인간적

---

14) H. Arendt, *Between Past and Future*, p.14(서문).

판단의 복잡성과, 현대사회의 발달상으로 인해 판단에 노정된 위협들에 대해 경고했다. 그러나 또 다른 보다 분명한, 그러나 더 특정하면서도 그와 명백히 연관된 "생생히 경험한 사건"이 그에게 판단의 본질에 관한 이론화 노력을 촉발했다고 추정할 좋은 이유가 있다. 바로 1961년 예루살렘에서 있었던 아돌프 아이히만(Adolf Eichmann) 재판에 참석한 일이었다.

재판에 대한 참관기는 처음에는 잡지 『뉴요커』에 보고서의 형태로, 그리고 1963년에는 책의 형태로 나와 폭풍과 같은 엄청난 논쟁을 불러일으켰다.[15] 우리는 이 경험이 아렌트에게 폭넓은 반성을 진행하도록 자극했음을 아는데, 아렌트 스스로 진리의 지위에 대한, 또 사유의 비판적 기능에 대한 자신의 반성이 아이히만 논쟁에 휘말리면서 야기된 것이었다고 우리에게 알려주고 있기 때문이다.[16] 따라서 아렌트가 판단에 대해 심각하게 생각하기 시작했을 때 의심의 여지 없이 그의 마음을 지배하고 있었던 것은, 아돌프 아이히만 사건에서

---

15) H. Arendt, "A Reporter at Large," *New Yorker*, February 16, 1963, pp.40-113; February 23, 1963, pp.40-111; March 2, 1963, pp.40-91; March 9, 1963, pp.48-131; March 16, 1963, pp.58-134. 또한 H. Arendt, *Eichmann in Jerusalem: A Report on the Banality of Evil*(New York: Viking Press, 1963; rev. and enl. ed. 1965) 참조. 이하에서 이루어지는 모든 인용은 이 수정증보판에 의한 것임. 아이히만 재판 이전에도 아렌트의 저술 가운데 판단기능에 대한 논의가 있기는 하지만, 최초의 칸트 강의는 1964년에, 즉 아이히만에 대한 책이 출간된 직후였다.

16) H. Arendt, "Truth and Politics," *Between Past and Future*, p.227 n.; "Thinking and Moral Considerations," *Social Research* 38(1971), pp.417-419; *Thinking*, pp.3-6 참조. '사유'에 관한 저술에 대한 예고는 1964년, *Eichmann in Jerusalem*(Encounter, January, 1964), p.56에 등장했다. 아렌트는 "여기는 이러한 문제들을 심각하게 다룰 수 있는 장소가 아니다. 나는 이를 다른 맥락에서 심도 있게 다룰 생각인데, 아이히만은 내가 말할 것의 구체적인 모델로 훌륭하게 남아 있게 될 것이다"라고 쓰고 있다.

피할 수 없는 판단의 필요성과 함께 아이히만 자신이 책임 있는 판단 내리기를 명백히 중지했다는 사실—그의 "사유를 거부하는" 평범성(banality)에 의해 야기된 악—이었다.

아이히만 재판이 아렌트의 판단 개념에 끼친 영향을 평가할 수 있는 두 개의 주요 근거가 있다. 1964년 잡지 『더 리스너』에 게재되었던 「독재 치하에서의 개인의 책임」(Personal Responsibility under Dictatorship)[17]이라는 강의록과 『예루살렘의 아이히만』(*Eichmann in Jerusalem*) 제2판(1965)에 추가된 후기다. 이 두 문건의 핵심에 놓여 있는 질문은, 과연 우리가 "사건이 발생할 때마다 모든 행위와 의도를 완전히 자발적으로 새롭게 판단하는, 법이나 여론에 의지하지 않는 인간의 독립적인 기능"을 상정할 수 있느냐는 것이다. 우리는 그러한 기능을 가지고 있는가? 그리고 우리가 행동할 때마다 우리 개개인 각자는 입법자인가?[18] 이것이 "모든 시대의 핵심적인 도덕적 질문 가운데 한 가지, 즉 인간의 판단력의 본질과 기능을 다루는"[19] 것이라고 아렌트는 말한다. 아이히만의 재판과 뉘른베르크 재판 모두에서 요구되었던 것은,

자신을 인도해줄 것이라고는 자기 자신의 판단력밖에 없을 때조차도, 게다가 그 판단의 결과가 주위 모든 사람의 일치된 의견으로 여겨지는 것과 완전히 어긋날 때조차도, 인간은 옳음과 그릇됨을 분간하는 능력이 있다는 점이다. 여전히 옳고 그름을 구분할 수 있었던 그 극소수의 사람들은 자기 자신의 판단력만을 의지해서 나아갔고, 또 그들은 그런 식으로 자유롭게 행위했다. 그들이 직면했

---

17) *The Listener*, August 6, 1964, pp.185-187, 205.

18) 같은 책, p.187.

19) H. Arendt, *Eichmann in Jerusalem*, p.294.

던 특수한 경우에 적용할 수 있는, 따라야 할 규칙은 존재하지 않았다. 사건이 발생할 때마다 매번 그들은 결정을 내려야 했는데, 전례 없는 사건을 위해 존재하는 규칙은 없기 때문이다.[20]

여기에는 두 번째 측면이 결부되어 있는데, 이는 어떤 면에서는 앞의 것과 마찬가지로 곤란한 문제다. 판단력 자체의 지위가 함께 문제되기 때문이다. 『예루살렘의 아이히만』에서 아렌트는 홀로코스트 경험을 공정히 평가하려 했는데, 이는 전범들을 판단 능력을 갖추지 못한 인간 이하의 존재로 묘사하거나 희생자들을 판단을 넘어서 있는 아무런 책임 없는 무고한 희생자로 묘사함으로써가 아니라, 판단받는 자들이 짐승이나 천사가 아니라 인간인 곳에서만 인간의 판단이 기능할 수 있다는 점을 명백히 밝힘으로써였다. 그러나 수많은 아렌트의 독자들은, 만일 인간의 판단력이 그렇게 작용한다면 차라리 판단을 완전히 중지하는 것이 나을 것이라는 반론을 (아주 요란하게) 제기했다.

아렌트는 아이히만에 대한 책이 불러일으킨 소동이 "우리 시대의 사람들이 이 판단 문제로 얼마나 많이 고민했는지"[21]를 보여준다고 적었다. 이 모든 문제는 잡지 『인카운터』(*Encounter*)에서 이루어진 거숌 숄렘(Gershom Scholem)과 아렌트 사이의 흥미진진한 서신 교환 속에서 대부분 직접 다루어졌다.[22] 아렌트의 마지막 응답은 『예루살

---

20) 앞의 책, pp.294-295.
21) 같은 책, p.295
22) *Encounter*, January, 1964, pp.51-56. H. Arendt, *The Jew as Pariah: Jewish Identity and Politics in the Modern Age*, ed. Ron H. Feldman(New York: Grove Press, 1978), pp.240-251에 재수록됨. 이 책에는 아이히만 사건과 연관된 작은 자료집도 수록되어 있음.

렘의 아이히만』 수정판 후기에 포함되었는데, 거기서 아렌트는 다음과 같이 쓰고 있다. "현장에 없었거나 관계된 일이 아니라면 우리가 판단할 수 없다는 주장은 어디에서든 누구에게든 납득 가능한 것처럼 보인다. 만일 그것이 참이라면 정의의 집행이나 역사의 서술은 결코 가능하지 않으리라는 점이 명확해 보이기는 해도 말이다."[23)]

이 점은 난공불락이다. 판단하는 자는 스스로 의롭게 여기는 자라는 비난을 모면할 수 없다는 두 번째 주장 또한 첫 번째 주장만큼이나 타당하지 않다는 것이 검토를 통해 증명된다. 아렌트는 그 점에 대해 다음과 같이 말하면서 응대한다. "살인자에게 유죄판결을 내린 판사도 집에 가면서 '신의 은총이 없었다면 나도 저렇게 되었을 거야'라고 말할 것이다." 게다가 "당신 자신이 같은 상황에 있었다면 잘못했을 수도 있다는 반성은 용서의 정신을 불러일으킬 수 있지만," 이것이 판단을 봉쇄하는 것은 결코 아니다. 아렌트에게 용서는 판단에 뒤따르는 것이지 판단을 대신하는 것이 아니다. "자비가 아니라 정의가 판단의 문제다."[24)]

아렌트는 어디서나 여론은 "다른 사람을 판단할 수 있는 권리는 어느 누구도 갖고 있지 않다"는 데 기쁘게 동의할 것이라고 주장한다. "여론이 우리에게 판단하게 하고 심지어 유죄판결을 내리도록 허용하는 것은 유행, 또는 민족 전체 집단(클수록 좋음)으로, 간단히 말하면 너무나 일반적이어서 개인 간의 구별이 더 이상 이루어지지 않고 개인들의 이름이 더 이상 불리지 않게 되는 어떤 것이다."[25)] 그래서 우리는 전체 국민의 집단적 죄나 집단적 결백에 대한 수많은 이론이 넘쳐나는 것을 발견한다. "이 모든 상투어(clichés)들은 판단을 불필

23) H. Arendt, *Eichmann in Jerusalem*, pp.295-296. 강조는 아렌트의 것임.
24) 같은 책, pp.296, 401.
25) 같은 곳.

요한 잉여의 것으로 만들어버린다는 점에서, 그리고 그러한 것을 말하면 모든 위험을 모면할 수 있다는 점에서 공통점을 갖는다."[26] 이는 "개인적인 도덕적 책임을 중심으로 판단을 내리는 데 대한 어디서나 명백히 나타나는 꺼려함"[27]와 더불어 이루어진다. 슬픈 아이러니는, 이러한 판단기능의 파국이 바로 아이히만의 끔찍한 범죄를 일차적으로 가능하게 만든 것이었다는 점이다.

아이히만 사건으로 아렌트는 무엇이든 받아들이기 아주 어려운 것도 인간의 지성적 방식으로 받아들이는 판단기능을 완전히 의식하게 되었다. 판단은 그 대상을 인간적으로 의미 있는 영역 안으로 가져온다. 이 점은 아이히만 문제에 대한 아렌트와 거숌 숄렘의 서신 교환에서 가장 현저히 드러난다.

아렌트에게 보내는 편지에서 숄렘은 다음과 같이 썼다. "〔유대인 장로들〕 가운데는 우리와 전혀 다를 것이 없는 많은 사람이 있는데, 이들은 우리가 다시 생각해보거나 재구성을 시작할 수조차도 없는 상황에서 끔찍한 결정을 내려야 했습니다. 나는 그들이 옳았는지 틀렸는지 알지 못합니다. 나는 판단할 생각도 없습니다. 나는 거기에 없었습니다." 아렌트는 다음과 같이 대답했다. "〔유대인 관리들의 행동이〕 소위 우리의 '정복되지 않은 과거'(unmastered past)의 일부를 형성하고 있는데, 비록 '균형 있는 판단'을 내리기에는 시기가 너무 이르다고 말한 당신이 옳다고 해도 (나는 그렇게 생각하지 않지만) 우리가 그것에 대해 솔직해지고 또 판단을 시작할 수 있으려면 이 과거와 익숙해져야 한다고 생각합니다."[28] 이처럼 판단은 달리 이해되지 않거나 인간

---

26) 앞의 책, pp.297, 403.
27) 같은 곳.
28) H. Arendt, *The Jewish as Pariah*, ed. Feldman, pp.243, 248. 강조는 아렌트의 것임.

적으로 이해 불가능한 사건들을 이해 가능한 사건으로 만드는 데 도움을 준다. 판단기능은 인간의 이해 가능성(intelligibility)에 기여 ── 아렌트가 탁월한 행위들을 이야기 가운데 언급하는 것과 같다고 한 기여 ── 하는데, 이해 가능성을 부여하는 것이 정치의 의미다.

이런 점에서 아렌트의 『예루살렘의 아이히만』은 비슷한 도덕적 차원의 저술인 메를로퐁티(Maurice Merleau-Ponty)의 『휴머니즘과 테러』(*Humanism and Terror*)에 비교된다. 이 두 책은 각각 두 개의 가장 극단적인 (그리고 가장 처참한) 정치적 경험인 나치즘과 스탈린주의에 대해 쓰인 것이다. 이 두 저술의 공통점은 연구의 중심에 이해를 위한 노력을 두고 있다는 점이다. 이해가 판단에 기여할 때, 이해는 자유로운 상상력의 활동 ── 특히 우리가 실제로는 갖지 못한 입장에서 사물을 어떻게 볼지 가정하는 능력 ── 을 요구한다. 판단은 우리가 입장을 공유할 수 없을 뿐 아니라 심지어 아주 혐오스럽다고 생각되기도 하는 이들의 관점을 이해하는 노력을 우리에게 요구한다. 동의하지 않는다고 해서 우리에게서 거부하는 바를 이해할 책임이 면제되는 것은 아니다.

메를로퐁티는 다음과 같이 쓰고 있다. "참된 자유는 타자를 있는 그대로 받아들이며, 자유를 부정하는 이론조차도 이해하려고 노력하고, 이해하기 전에는 결코 판단을 허용하지 않는다. 우리는 이해의 자유 안에서 사상의 자유를 충족시켜야 한다."[29] 메를로퐁티에게도 역시 판단은 이해와 용서라는 비극적 과제를 전제하는데, 바로 이 이해와 용서가 판단의 비극적 차원을 구성한다. 홀로코스트의 경험과 친숙해지려는 아렌트의 노력도 같은 메시지를 지닌다. 진정 인간적인

---

29) Maurice Merleau-Ponty, *Humanism and Terror*, trans. John O'Neill(Boston: Beacon Press, 1969), pp.xxiv-xxv. 강조는 베이너의 것임.

상황을 판단하는 것은 인간의 책임이 발휘되고 한계에 다다른 상황에서 잠재적으로 존재하는 비극에 참여하는 것이다. 이것이 왜 아렌트가 판단의 기능을 인간 존엄성의 의미와 연결하는지를 설명하는데 도움을 준다.

판단이라는 주제에서 아이히만 사건의 적실성은 이중적이다. 첫째, 아이히만은 자신이 결부된 결정적인 정치적 상황에서 사유하고 판단하는—옳고 그름을 분간하고 아름다움과 추함을 구별하는—데 무능력했다. 둘째, 반성적 이해, 즉 문제가 된 사건으로부터 시공간적으로 떨어진 관점에서 아이히만의 의미를 어떻게 판단할 것인가라는 문제가 존재한다. 아렌트는 이 이중적 적실성의 두 차원 모두에 유념한다. 첫째에서는 아이히만이 판단의 주체다. 둘째에서는 아렌트 자신과 그의 동료 미국계 유대인이 판단하도록 소환된다. 첫 번째 것이 주는 교훈은 사유의 무능이 판단의 기능에 대해 치명적인 함축을 갖고 있다는 것이다. 둘째 부분의 교훈은 가족이나 민족과 같은 관계나 유대감이 침해받더라도 판단의 책임은 회피할 수 없다는 것이다. 판단 활동은 그에 선행하는 관계라고 생각되는 사랑과 충성심에 의해서도 방해되어서는 안 된다. 판단은 자유로워야 하며, 판단의 자율성에 앞선 조건은 사유 능력이다.

아이히만 사건의 이러한 두 차원에서 두 번째의 것, 즉 20여 년이 지난 뒤 유대계 미국인 공동체의 회고적 판단은 우리가 살펴본 것처럼 판단의 지위 자체에 대한 도전이다. 왜냐하면 문제는 배신에 대한 염려와 공포 때문에 판단을 전적으로 유보해야 하는지에 있기 때문이다. 아렌트의 대답은 타협의 여지 없이 무조건적이다. 우리의 세계를 이해할 만한 것으로 만드는 판단이 없다면, 현상공간은 붕괴될 뿐이다. 따라서 판단의 권리는 절대적이며 양도 불가능하다. 우리가 세상을 이해할 수 있는 것은 판단을 끊임없이 내림으로써 가능하기 때문이다. 만일 우리가 사랑이나 주저함 때문에 판단기능을 중지한다면, 이 세상에서 우리의 자리는 상실될 것이 분명하다.

4. 취미와 문화

칸트의 『실천이성비판』에 바탕을 둔 정치철학과 다를 뿐 아니라 사실상 반대되기까지 하는 정치철학의 씨앗이 『판단력 비판』에 담겨 있다는 생각을 처음 마주할 수 있는 곳은 1961년에 출간된 아렌트의 「자유와 정치」라는 논문이다. 아렌트는 칸트에 대해 다음과 같이 쓰고 있다.

〔칸트는〕 서로 완전히 다른 두 개의 정치철학을 상술했다. 첫째는 일반적으로 그의 『실천이성비판』에 있다고 받아들여지는 것이고, 둘째는 『판단력 비판』에 담겨 있는 것이다. 『판단력 비판』의 제1부가 사실상 정치철학이라는 것은 칸트가 쓴 저술들에서는 거의 언급되지 않은 사실이다. 다른 한편으로 나는 칸트에게 "판단력"이라는 주제가 "실천이성"이라는 주제보다 더 중요하다는 것이 그의 모든 정치적 저술들에서 나타난다고 생각한다. 『판단력 비판』에서 자유는 의지의 술어가 아니라 상상력이 가진 힘의 술어로 묘사되며, 상상력의 힘은 최상의 정치적 사유인 저 폭넓은 사유 방식과 아주 밀접히 연결되어 있다. 왜냐하면 상상력이 우리를 "다른 사람의 마음에 들어가볼" 수 있게 하기 때문이다.[30]

---

30) "Freedom and Politics," *Freedom and Serfdom: An Anthology of Western Thought*, ed. Hunold, p.207. "The Crisis in Culture," *Between Past and Future*, pp.219-220 참조(같은 해에 출간됨).

뒤이어 출간된 아렌트의 저술들에서 윤곽이 잡힌 판단론은 단지 이 "다른"(따라서 알려지지 않았고 평가되지 않은) 정치철학을 그려내고 발전시키는 노력으로 이루어진다.

아렌트 생전에 출간된 저술들 가운데 판단에 대한 가장 완전한 설명이 담겨 있는 것은 『과거와 미래 사이』에 수록된 논문인 「문화의 위기: 그것의 사회적·정치적 의미」[31]다. 이 글에 담긴 아렌트의 분석의 바탕은 사물(문화적 대상), 가치(교환가치), 그리고 소비자상품 사이의 삼각 구분이다. 문화적 상품의 올바른 품격은 "사물", 즉 "그것의 탁월성이 생명의 과정을 견뎌내는 능력에 의해 측정되는" "세계의 항구적 부속물"이라는 사실 가운데 포함된다(pp.205-206). 이러한 문화적 대상들은 18-19세기의 "좋은 사회"의 문화적 실용주의에 의해 "가치"로 평가절하되었는데, 교양 있는 유럽 부르주아들이 그것을 사회적 진보를 위한 교환가치로 사용했기 때문이다. 대중 사회의 뒤이은 등장은 새로운 발전을 가져왔다. 즉, 교환가치로서의 문화는 버려지고, 전적으로 다른 본질을 가진 오락(entertainment)에 대한 관심이 그것을 대체한 것이다(대중적 인간은 "세계로부터의 운명적 소외fateful alienation"뿐 아니라, 판단의 무능이나 심지어 구별의 무능을 동반한 소비 능력으로 정의된다, p.199). 오락이란 엄격한 의미에서 "소비자상품"이며, 의도된 필요가 충족되자마자 노동사회에서 생산되고 소비되는 다른 모든 것과 마찬가지로 "소비"되어버린다. (교환가치와 소비자상품의 구별은 『인간의 조건』에서의 작업과 노동에 대한 아렌트의 구분과 명백히 상응한다.) 노동사회의 소비자주의는 어떤 의미에서는 "좋은 사회"의 문화적 실용주의보다는 덜 위험하다고 아

---

31) H. Arendt, "The Crisis in Culture: Its Social and Political Significance," *Between Past and Future*, pp.197-226. 이하 본문에 나오는 쪽수는 이 책의 것임.

렌트는 생각한다. 이는 그들의 오락에 대한 관심이 문화와는 전적으로 무관하며, 따라서 문화 실용주의와 같은 방식으로 문화를 침해하지는 않기 때문이다. 다른 한편으로, 문화 역시 모든 것을 포괄하는 기능화에 의해 결국 소비자사회의 오락의 필요에 흡수된다.

문화는 사물들과 연결되며 세계 속 하나의 현상이다. 그리고 오락은 사람과 연결되며 하나의 삶의 현상이다. 사물은 그것이 지탱하는 만큼 문화다. 그의 지속성은 기능성과 정반대되는 것인데, 기능성이란 사용되고 없어짐으로써 현상세계에서 그것이 다시 사라지게 하는 특질을 말한다. 사물의 위대한 사용자이자 소비자는 생명 자체, 즉 개인의 생명과 전체로서의 사회의 생명이다. 생명은 사물의 물성(thingness)에 무관심하다. 생명은 모든 사물이 기능적이어야 하며 어떤 필요를 충족시킨다고 주장한다. 현재 혹은 과거에 의해 생산된 모든 세속의 대상들과 사물들이 마치 어떤 필요를 충족시키기 위해서만 거기에 존재하는 것처럼 사회의 생명 과정을 위한 단순한 기능으로서 취급될 때 문화는 위협을 받게 된다(p.208).

소비자사회는 세계를 어떻게 돌봐야 할 것인지, 그리고 세계의 현상을 위한 공간에만 배타적으로 속한 사물들을 어떻게 돌봐야 할 것인지 도무지 알지 못한다. 이는 모든 대상들에 대한 그의 중심적 태도, 즉 소비의 태도에는 그것이 건드리는 모든 것을 훼손시키는 마법이 걸려 있기 때문이다(p.211).

이것이 우리에게 말해주는 것은, 문화적인 것과 정치적인 것은 모두 세계를 돌보고 있다는 것, 양자는 모두 공적 세계에 대한 관심으로 수렴된다는 것이다. 정치와 문화는 본질적으로 인간의 노력이 이루어지는 분리된 영역이 아니다. 이 둘은 세계가 어떤 모습인지, 세계가 그것을 공유하고 있는 사람들에게 어떻게 보이는지와 관계되며, 또 우리를 감싸고 있고 우리 가멸적 실존을 영위하고 있는 세계라는 거주지의 질에 관심을 기울인다.

이 점은 투키디데스가 전하는 페리클레스의 장례식 연설의 구절에서 아주 잘 나타나는데, 아렌트는 이를 다음과 같이 번역한다. "우리는 정치 판단의 한계 안에서 미를 사랑하며, 그리고 우리는 나약함이라는 야만인의 악덕 없이 철학한다(philosophize)"(p.214). "미에 대한 사랑"이 "정치적 판단" 안에 포섭될 수 있는 이유는 이것들이 공적인 출현이라는 근본적인 요구 조건을 공유하기 때문, 즉 이것들은 공적 세계를 전제하기 때문이다. "예술과 정치를 연결하는 공통적 요소는 그들 모두가 공적 세계의 현상이라는 점이다."

문화가 보여주는 것은, 행위하는 인간이 정치적으로 확보한 공적 영역은 사물이 그 본질을 드러내고 아름다움을 드러낼 수 있는 전시 공간을 제공한다는 점이다. 다시 말해 문화는, 예술과 정치가 그 둘의 갈등과 긴장에도 불구하고 서로 연관되어 있으며 심지어 상호의존적이기까지 하다는 점을 보여준다. 그대로 둔다면 이 세상에 아무런 흔적도 남기지 않고 왔다가 갈 정치적 경험이나 활동들을 배경으로 해서 볼 때, 미는 바로 비소멸성의 드러남이다. 말과 행위의 흘러가버릴 위대성은 그 아름다움이 말과 행위에 부여된 만큼 세계에서 지속할 수 있다. 미, 즉 잠재적 불멸성이 인간세계에 드러나게 되는 빛나는 영광 없이는, 모든 인간의 삶은 황폐해지고 그 어떠한 위대함도 지속될 수 없을 것이다(p.218).

미에 대한 사랑을 분간하고 식별하며 판단하는 활동인 취미는 문화적 영혼(cultura animi), 즉 "미가 기준인 현상의 세계를 돌보고 보살필 만큼 신뢰할 수 있는 정도로 훈련되고 가꾸어진 정신"(p.219)을 소유함을 말한다.

아렌트는 문화적 현상과 정치적 현상을 이해하는 "관찰자"와 연관해 판단에 대한 논의를 안내한다. 칸트의 『판단력 비판』이 여기서 참조되는데, 그 이유는 제1부인 「미적 판단력 비판」에서 "주로 판단하는 관찰자의 관점에서의 미에 대한 분석"(pp.219-220)을 제공하기 때문이라고 아렌트는 말한다. 판단하는 관찰자에 대한 이러한 관심은 아렌트의 정치 개념을 장인성(virtuosity) 또는 공연(performance)을 중심으로 단순히 확장한 것이다(p.153). 행위자의 행동은 그 어떤 다른 공연 예술가의 행동만큼이나 관찰자(관중)의 판단을 필요로 한다. 사유의 고독한 본성에 반대되는, 판단에 전제된 복수성에 주의를 환기하면서 아렌트는 이러한 관찰 개념에 대한 설명을 시작한다. 아렌트는 칸트의 "확장된 정신" 개념을 참조한다. 이것은 그가 다른 곳에서는 "재현적 사유", 즉 "다른 모든 사람의 입장에서 생각하기"라고 불렀던 것이다(p.241). 이것은 결국에는 어떤 합의에 이르게 될 "타자와의 잠재적 합의"를 포함한다.

판단의 또 다른 측면은, 그것이 논리적 추론과는 달리 보편적 타당성을 강요하지 않는다는 점이다. 오히려 판단은 그 대상이 등장하는 공적 영역의 구성원인 "현존"하는 판단자들에 호소한다. 아렌트는 아리스토텔레스의 실천지(phronesis)와 지혜(sophia)의 구별에 호소한다. 후자는 상식의 위로 올라가려 애쓰고, 전자는 상식 가운데 뿌리박고 있다. 이 상식은 "공적 영역, 즉 공동의 세계에서 그 세계의 본질을 우리에게 열어 보인다." 상식은 "사람에게 공적 영역, 공통의 세계 안에서 방향을 잡을 수 있게 해준다." 상식(공통감각)에 대한 아렌트의 이 같은 옹호는 아렌트 저작에서 지속해서 나타나는 주제라는 점에 유의해야 한다. 상식은 비주관적이며 "객관적인"(객체가 존재하는) 세계를 타인과 함께 공유한다는 의미다. "판단이란 이와 같은 타인과-세계-공유하기(sharing-the-world-with-others)가 이루어지는 하나의 중요한(비록 가장 중요한 것은 아니라 해도) 활동이다"(p.221).

아렌트는 칸트가 취미판단이 오직 미학적 문제에만 관여하기 때문에 (이성의 영역 밖에 존재할 뿐 아니라) 정치적 영역 밖에 존재한다는 편견을 없앴다고 평가한다. 아렌트는 취미를 주관적 자의성이라고 추정하는 것은 칸트의 미학을 훼손하는 것이 아니라 그의 정치적 감각을 훼손하는 것이라고 주장한다. 취미판단이 토론에 열려 있고 논박될 수 있다고 칸트가 주장했던 것은 그가 미의 공적 특질과 미적 사물의 공적 적실성에 대해 알고 있었기 때문이다.

정치적 판단에서와 마찬가지로 미적 판단에서도 결정은 내려진다. 그리고 비록 이 결정이 항상 어떤 주관성에 의해, 즉 개개인이 세계를 바라보고 판단하는 자신만의 장소를 점하고 있다는 단순한 사실에 따라 내려진다고 하더라도, 그 결정은 또한 세계 자체가 객관적 자료, 즉 그곳의 거주자 모두에게 공통적인 어떤 것이라는 사실로부터도 도출된다. 취미 활동은, 이 세계가 그의 유용성과 그에 대한 우리의 활발한 관심에서 독립해서 어떻게 보이고 들리는지, 사람들이 세계에서 무엇을 보고 무엇을 들을 것인지를 결정한다. 취미는 세계를 그것이 드러나는 모습과 그것의 세속성(worldliness) 가운데서 판단한다. 세계에 대한 그의 관심은 순수히 "무관심적"인데, 이것은 개인의 생활적 관심사도 자아의 도덕적 관심사도 여기에는 관련되어 있지 않음을 의미한다. 취미판단에서는 세계가 가장 우선적인 것이지, 인간이나 인간의 삶 혹은 그의 자아가 아니다(p.222).

아렌트는 진리를 지향하는 철학적 논증과 판단의 대비로 되돌아간다. 전자, 즉 증명 가능한 진리는 강압적 증명 과정을 통해 동의를 강제한다. 이와 대조적으로 취미판단은 정치적 의견과 마찬가지로 설득적이다. 이 판단은 "모든 사람과 마침내 동의를 이룰 것이라는 희망"이 특징이다.

문화와 정치는… 서로 속한다. 왜냐하면 중요한 것은 지식이나 진리가 아니라, 판단과 결정, 공적 삶의 영역과 공통의 세계에 대한 의견의 변론적 교환, 그리고 거기서 어떤 종류의 행위를 할 것인지와 그 세계를 이후에 어떤 모습을 갖게 할 것인지 그리고 거기서 어떤 일이 등장하게 할 것인지를 결정하는 것이다(p.223).

아렌트는 「문화의 위기」에서 키케로를 특별하게 언급하며, 휴머니즘에 대해 긍정하는 가운데 취미에 대한 논의를 끝낸다. 아렌트는 취미가 "세상이 어떤 모습이어야 하는지를 결정할 뿐 아니라, 거기서 누구와 누가 서로에게 속하는지도 결정한다"고 지적한다. 그것은 귀속의 원리를 규정하며, 사람이 유지하는 동반 관계에 대한 표현이며, 정치 그것 자체와 마찬가지로 자기-드러냄(self-disclosure)의 문제다.[32] 따라서 "취미는 미를 진정으로 인간화하고 문화를 창조하는

---

32) "이러한 방식의 판단을 통해 사람은 자신을, 즉 자기가 어떤 사람인지를 어느 정도 드러내기도 하는데, 이러한 비자의적 특성을 가진 드러냄은 단순한 개인의 특수성에서 벗어나는 만큼 타당성을 획득한다"(p.223). 다른 말로 하면, 개인적 특징들조차도 그와 비슷하게 판단하는 사람들의 상호주관적인 타당한 방식으로 '동반'의 가능성을 이루는 한에서는, 잠재적으로 비주관적이라

정치적 능력이다"(p.224). 아렌트는 키케로가 다음과 같이 말했다고 해석한다. "진정한 인문주의자(humanist)에게는 과학자의 진리도 철학자의 진리도 또 예술가의 미도 절대적인 것이 될 수 없다. 인문주의자는 전문가가 아니기 때문에, 각각의 전문성을 우리에게 부과하는 강제성 너머에 존재하는 판단과 취미의 기능을 행사한다"(p.225). 전문화나 문화적 실용주의에 반대해 아렌트는 "세계의 일들을 보살피고 보존하고 경탄하는 방법을 아는"(같은 곳) 휴머니즘을 반정립한다. 취미에 대한 이러한 반성으로부터 아렌트는 교양 있는 사람(cultivated person)은 "과거뿐 아니라 현재의 사람들 가운데서, 일들 가운데서, 사상들 가운데서 자신의 동반자를 선택하는 방법을 아는 자"(p.226)여야 한다고 결론을 맺는다.[33]

는 말이다.

33) 아렌트는 여기서, 피타고라스학파 사람들과 함께 진리를 소유하기보다는 플라톤과 함께 잘못되는 것을 선호한다고 한 키케로의 주장을 떠올린다. 아렌트는 이 말을, "플라톤의 동반자들과 그의 사상의 동반자들"을 위해서라면 진리로부터 벗어나게 되는 것조차도 수용할 것임을 의미하는 것이라고 해석한다(pp.224-225). 출간되지 않은 한 강의록에서 아렌트는 여기에, 신 없이 낙원에 있는 것보다 신과 함께 지옥에 있는 것이 훨씬 더 낫다는 마이스터 에크하르트(Meister Eckhart)의 말을 덧붙인다. 그리고 또 다음과 같은 『힘에의 의지』(The Will to Power), no.292에 나오는 니체의 말을 인용한다. "행위를 행위자와 분리하고, 증오나 경멸을 '죄'[행위자 대신 행위]와 대립시켜서, 어떤 행위가 그 자체로 선하거나 악할 수 있다고 믿는 것은" 도덕의 성질을 변형시키는 것이다. …각 행위에서 모든 것은 그 행위를 누가 하느냐에 달려 있고, 동일한 '죄'가 어떤 경우에는 최고의 영예가 될 수 있고 어떤 경우에는 [악의] 오점이 될 수도 있다. 실제로, [행위자와 판단자 사이의] 유사성과 비유사성… 에 따라 행위 또는 오히려 행위자를 해석하는 것은 판단하는 자신과의 자기연관성이다"(Nietzsche, The Will to Power, ed. Walter Kaufmann, trans. W. Kaufmann and R. J Hollingdale [New York: Random House, 1967], p.165 참조). 이 출간되지 않은 강의록은 1965년 3월 24일 뉴스쿨에서 열린 '도덕철학의 몇 가지 문제들'의 네 번째 강의 내용의 일부다(Lecture notes, Hannah Arendt Papers, Library of Congress, Container 40, pp.024637, 024651-024652). 니체 인

5. 재현적 사유

설득적 판단과 강요적 진리 사이의 중요하고도 극명한 대비는 「진실과 정치」[34]라는 아렌트의 논문에서 계속 전개된다. 여기서 아렌트는 그 비교를 철학적 삶과 시민의 삶 사이의 전통적 갈등 사이에 위치시킨다. 철학자들은 진리에다 "환상과 동일시된 단순한 의견(또는 억견)을 대립시키는데, 이 갈등에 정치적 통찰함을 제공한 것은 의견에 대한 폄하다. 왜냐하면 진리가 아니라 의견이 모든 권력의 필수 불가결한 선결 조건에 속하기 때문이다." 진리와 정치의 이러한 갈등 관계는 다음과 같은 성격을 갖는다.

인간사의 영역에서 이루어지는 절대적 진리라는 모든 주장은 그 타당성에 대해 의견(opinion) 편에서의 그 어떤 지지도 필요로 하지 않기 때문에, 모든 정치와 모든 정부의 뿌리 자체를 흔들어놓게 된다(p.233).

플라톤 이래로 철학자가 의견(억견)에 대해 쏟아놓은 이러한 비난과 비방이 함축한 시민의 삶에 대한 평가절하에 저항하기 위해 아렌트는 매디슨과 레싱, 그리고 칸트에게 호소한다. 의견의 독특한 품격은 인간 복수성의 조건에서, 즉 시민이 자신의 동료에게 말을 걸 필요에서 도출된다. 왜냐하면 "토론은 정치 생활의 핵심적인 본질을 구성하기 때문이다." 아렌트가 보는 문제점은, 모든 진리는 독단적

용문 가운데 삽입된 부분은 아렌트의 것이다. 이 책, p.165 참조. 이 부분에 대한 계속되는 논의는 pp.222-227을 참조하라.
34) H. Arendt, "Truth and Politics," *Between Past and Future*, pp.227-264. 이하 본문에 나오는 쪽수는 이 책의 것임.

으로 인정받기를 주장함으로써 논쟁을 배제한다는 사실이다. "진리를 다루는 사유와 소통의 양식은 정치적 관점에서 본다면 필연적으로 위세적이다. 그것은 다른 사람들의 의견을 고려하지 않는데, 다른 사람의 의견을 고려하는 것은 모든 엄밀한 정치적 사유의 보증서다"(p.241).

아렌트가 정치적 사고의 재현적 성격이라는 개념을 도입하는 곳이 바로 여기다.

나는 주어진 문제를 다른 관점들에서 고려함으로써, 또 현재 함께 있지 않은 사람들의 관점들을 내 마음속에 현재하게 함으로써 의견을 형성한다. 즉 나는 그들을 재현[35]한다. 이러한 재현의 과정은 다른 입장에 서 있는 사람들의 실제적 견해를 맹목적으로 채택하는 것이 아니며, 세계를 다른 관점에서 보는 것이다. 이는 마치 내가 다른 어떤 사람처럼 되려고 하거나 그처럼 느끼려 하는 감정이입의 문제나, 또는 인원수를 셈해서 다수의 편이 되는 문제가 아니라, 나 자신의 정체성을 유지하면서 실제로 내가 아닌 입장이 되거나 그렇게 생각하는 것이다. 내가 주어진 문제에 대해 생각하면서 내 마음속에 더 많은 사람의 관점들을 현재화시킬수록, 그리고 내가 그들의 입장이라면 어떻게 느끼고 생각할지를 더 잘 상상할수

---

35) '재현'(representation)은 정치 용어로 대의정치(representative politics)에서처럼 '대표'를 의미하기도 하며, 의식철학적으로는 어떤 사물이 현상(presentation)한 것에 대해 '재-현'(re-presentation), 즉 다시 현재화하는 것을 의미할 수 있다. 아렌트가 판단이 의식 속에서 어떻게 형성되는지를 설명하는 맥락에서는 '재현'이라고 번역하는 것이 적절하지만, 판단자가 다른 사람의 입장을 염두에 두고 그들의 입장을 대표한다는 점에서는 '대표'가 더 적절하다. 이 맥락에서 '재현'과 '대표'는 동일한 단어의 번역어임을 유념해주기 바란다—옮긴이.

록, 나의 재현적 사유의 능력은 더욱 강화될 것이고 나의 최종적 결정, 즉 나의 의견은 더욱 타당해질 것이다(같은 곳).

아렌트에 따르면 이러한 능력은 칸트의 "확장된 정신"을 말하는데, 이것은 인간의 판단 능력의 기초다. (공정한 판단을 위해 이러한 능력을 발견했던 칸트가 비록 "이러한 발견의 정치적·도덕적 함축을 인정하지 않았"지만 말이다, 같은 곳). 우리는 사유 가운데 다른 입장이 되는 것이 어떤 것인지를 상상하려고 애를 쓰는데, "이러한 상상력의 작용의 유일한 조건은 무관심성, 즉 자기 자신의 사적인 이해관계에서 해방되는 것이다"(p.242). 스스로의 마음을 사용하고 생각하는 누군가가 취하는 입장에 있는 자들이 결정한 이러한 의견 형성의 과정은 "어떤 특정한 주제의 모든 측면이 가능한 모든 관점에서 드러나도록 해서, 그것이 충만하게 넘쳐나 인간 이해력의 완전한 조명을 받음으로써 투명하게 될 정도까지 만드는 것이다"(같은 곳).

아렌트는 판단에 대한 미출간 강의에서 이러한 재현적 사유 개념을 다음과 같이 설명한다.

내가 어떤 빈민 거주지를 보면서 이 특정한 건물 안에서 그 건물이 직접 드러나지 않는 어떤 일반적 개념, 즉 가난과 비참 개념을 지각하고 있다고 가정해보자. 내가 그곳에서 살아야 한다면 어떻게 느낄지를 나 스스로에게 재현함으로써, 즉 빈민촌 거주자들의 입장에서 생각하려고 애쓰면서 나는 이 개념에 도달한다. 내가 갖게 되는 판단은 오랜 시간과 절망 때문에 자신들의 조건에 대한 분노가 무뎌진 그 거주자들의 판단과 반드시 동일하지는 않겠지만, 그것은… 이 문제에 대해 내가 계속해서 판단할 때 참조하게 될 탁월한 예가 될 것이다. 나아가, 판단하는 가운데 내가 다른 사람을 고려하는 동안, 이것은 내가 나의 판단 속에서 다른 사람의 판단에 순응하는 것을 의미하지 않는다. 나는 여전히 나 자신의 목소리로 말하고, 내가 옳다고 생각하는 것에 도달하기 위해서 인원수를 파악하지 않는다. 그러나 나의 판단은 결코 주관적이지도 않다.[36]

"문제의 핵심은, 어떤 특정 경우에 대한 나의 판단이 단지 나의 지각에만 의존하지 않고, 내가 지각하지 않은 어떤 것을 내 자신에게 재현하는 데에도 의존"[37]한다는 것이라고 아렌트는 말한다.

판단과 의견이 정치 이성의 주요 기능으로서 불가분리적으로 결속되어 있음은 명백하다. 아렌트의 의도는 상당히 분명하다. 즉, 판단의 기능에 주의를 집중하는 것은, 플라톤 이래로 빠져 있는 불명예로부터 의견을 구출하려는 것이다. 따라서 이 두 기능, 즉 판단의 기능과 의견 형성의 기능은 동시에 확보된다. 이 점은 판단과 의견이 한 호흡에 언급되는 『혁명론』(On Revolution)의 다음 구절에서 아주 잘 제시된다. "의견과 판단, …정치적으로 가장 중요한 이 두 이성적 기능은 철학적 사유뿐 아니라 정치적 사유의 전통에 의해서 거의 전적으로 무시되어왔다."[38] 아렌트는 미국혁명의 국부들은 이 두 기능의 중요성을 의식하게 되었다는 점에 주목한다. 비록 그들이 "인간 이성적 능력들의 위계에서 의견의 지위와 품격을 의식적으로 재주장하려고 하지는 않았"지만 말이다.

"이와 동일한 것이 판단에 대해서도 타당한데, 여기서 만일 우리

---

36) 뉴스쿨 네 번째 강의 "Some Questions of Moral Philosophy," 1965년 3월 24일. 시카고대학에서 행한 "Basic Moral Propositions"에서도 제시됨(Hannah Arendt Papers, Library of Congress, Container 40, p.024648).

37) 같은 글.

38) H. Arendt, On Revolution(New York: Viking Press, 1965), p.231.

가 판단의 본질적 성격과 인간사의 영역에서 갖는 놀라운 적용 범위에 대해 무엇인가를 배우기 원한다면 혁명의 사람들에게가 아니라 칸트의 철학으로 돌아가야만 할 것이다."[39] 미국 국부들 자신은 "그들이 가지고 있는 일반적 개념들의 협소하고도 전통에 얽매인 틀"을 초월해 이러한 정치적 삶의 두 기능을 재개념화하는 데까지 나아갈 수 없었다. 다른 말로 하면, 필수적인 재언명은 아직 대기 상태이고, 그것을 형식화하는 것은 칸트의 해석가로서 아렌트 자신이 떠맡은 과업이다.

이제 우리는 철학적 진리와 시민의 판단을 대립시킨 아렌트 작업의 진정한 중요성을 볼 수 있다. 그의 목적은 의견의 "지위와 품격"을 보강하려는 것이다. 의견을 진리와 견주었을 때, 의견에 그만의 독특한 품격을 부여하고 존중할 수 있는 척도를 부여하는 것은 판단이다. 의견이 철학자들이 전통적으로 만들어온 불명예스러운 것이 아닌 것은 바로 판단 때문이다. 전통 철학이 추정한 것처럼 의견이 즉각 묵살될 수 없는 이유는 복수적 존재인 우리가 "재현적 사유"를 할 수 있기 때문이다. 그리고 의견이 정치의 버팀대이기 때문에 의견의 지위를 승격하는 것은 정치적인 것의 지위를 높이는 데 동시에 이바지한다.

지금까지 판단의 본질에 대한 아렌트의 이론적 작업은 일관된 발전 노선을 따라왔다. 그러나 1970년대에 쓰인 아렌트 저술을 주목하면, 우리는 판단에 대한 그의 반성 속에서 현저한 강조점의 이동을 식별할 수 있게 된다. 그는 정치적 행위자의 재현적 사유를 더 이상 강조하지 않는다. 그 대신 판단은 사유와 함께 정렬되는데, 사유는 "특별한 긴급사태가 돌발하지 않는 한 어떠한 정치적 적실성도 지니

---

39) 앞의 책, pp.231-232.

지 않는다."[40] 판단은, 가능한 미래의 행동(아렌트가 의지의 투사라고 이후에 확인해주는 활동) 과정을 결정하는 정치행위자의 숙고를 중심으로 인식되는 대신, 이제는 과거, 즉 이미 주어진 것에 대한 반성으로 정의된다. 또한 사유와 공통으로 "그러한 반성은 정치적 비상사태에 불가피하게 생겨날 것이다."[41]

6. 사유의 바람, 비상사태에서의 판단

아렌트가 계속해서 『정신의 삶』에서 다루었던 후기의 관심은 1971년에 출간된 논문인 「사유와 도덕적 고려 사항들」로 처음 출간되었다.[42] 이 논문의 끝부분에서 아렌트는 판단기능의 역할에 대해 주의를 기울인다. 아렌트는 역사적 위기의 시기에는 "사유가 정치적 사안에서 더는 지엽적인 일에 머무르지 않는다"라고 쓰고 있는데, 이는 비판적 사유 능력을 가진 사람은 다른 모든 사람과 달리 생각 없이 휩쓸려가지 않기 때문이다.

그들의 동조 거부는 명백하며, 따라서 일종의 행위가 된다. 소크라테스의 산파술처럼, 검토되지 않은 의견들의 함의에서 나와 그것들—가치들·교리들·이론들 그리고 심지어 확신들—을 파괴하는, 사유 속 제거의 성질은 함축적으로 정치적이다. 왜냐하면 이러한 파괴는 또 다른 인간적 기능인 판단기능에 해방적 영향력을 갖

---

40) H. Arendt, *Thinking*, p.192.
41) 같은 곳.
42) H. Arendt, "Thinking and Moral Considerations," *Social Research* 38(1971), pp.417–446.

는다. 이 판단기능이 인간의 정신적 능력 가운데 가장 정치적인 것이라고 정당하게 부를 수 있다. 판단기능이란, 학습과 습득을 통해 다른 습관과 규칙이 대체할 수 있는 습관으로 성장하는 일반적인 규칙 아래로 귀속하지 않은 채 **특수자를 판단하는 기능이다.** (칸트가 발견했던 것처럼) 특수자를 판단하는 기능, 즉 "이것은 틀렸다" "이것은 아름답다" 등과 같이 말할 수 있는 능력은 사유기능과 같지 않다. 사유는 부재한 사물을 재현함으로써 보이지 않는 것을 다룬다. 판단은 항상 가까이 있는 사물과 개별자에 관심을 기울인다. 그런데 이 둘은 의식과 양심이 상호 결속된 것과 유사한 방식으로 결속되어 있다. 만일 사유, 즉 하나-안의-둘(two-in-one)의 소리 없는 대화가 의식 안에 주어진 우리의 정체성 내부의 차이를 현실화한다면, 그래서 그 부산물이 양심으로 귀결된다면, 사유의 해방적 효과의 부산물인 판단은 사유를 실현하고 그것을 현상의 세계 가운데 드러낸다. 현상의 세계에서 나는 결코 혼자가 아니며 또 항상 너무나 바빠서 생각할 수가 없다. 사유의 바람(the wind of thought)을 드러나게 하는 것은 지식이 아니다. 그것은 옳고 그름, 미와 추를 구별하는 능력이다. 그리고 이것은 실로 적어도 유례없는 위기의 순간에 적어도 나 자신을 위해 파국을 예방할 수도 있다.[43]

아렌트에게 정치는 현상성(phenomenality)에 의한 현상공간에서 자기-드러냄(self-disclosure)으로 정의된다. 아렌트의 이해에 따르면 정치적 사안은 현상적으로 드러난다. "위대한 일은 자명하며 스스로 빛나고", 시인이나 역사 서술가는 이미 모두에게 보이는 영광을 단지 **보존할 뿐이다.** 그리스인들 사이에는 "위대한 행위와 위대한

---

43) 앞의 글, pp.445-446; H. Arendt, *Thinking*, pp.192-193 참조.

말은, 그 위대성 속에서 바위나 집처럼 실재적이었고, 거기서 함께한 모든 사람들에 의해 보이고 들리는 것이었다."[44] 예술과 정치를 연결하는 것은 바로 이것, 즉 "양자가 모두 공적 세계의 현상"[45]이라는 점이다. 따라서 정치의 현상성은 예술의 현상성과 유비가 된다.

현상을 깨닫기 위해서 우리는 먼저 우리 자신과 대상 사이에 어떤 거리를 둘 수 있을 정도로 자유로워야 하며, 사물의 순전한 현상이 중요하면 할수록 그에 대한 적절한 평가를 위해서는 더욱더 먼 거리가 요구된다. 우리가 우리 자신을, 즉 염려와 이익과 우리 생활의 압박 등을 망각하는 자리에 있지 않다면, 이런 거리는 생겨날 수 없으며, 따라서 우리가 경탄하는 것을 파악하지 못한 채 현상 가운데 있는 그대로 내버려두게 될 것이다.[46]

이 점은 한나 아렌트의 "정치적 사유의 방법"에 대한 에른스트 폴라트(Ernst Vollrath)의 탁월한 논문에서 아주 잘 표현되어 있다. 폴라트는 다음과 같이 쓰고 있다. (객관성과는 다른) 공정성이란,

본질적으로 "존재하는 것을 말하기"… 현상을 그의 사실성 속에서 인지하기, 그리고 사실성을 인식론적 기초에서 이해하기보다는 현상적 의미에서 결정하기를 의미한다. …한나 아렌트가 말하는 유의 정치적 사유는 정치적 영역 안의 주제들을 "객체"로서가 아니라 현상과 출현으로 간주한다. 이들은 자신을 보여주는 것이며, 눈과 감각에 나타나는 것이다. …정치적 사건은 특별한 의미에서 현

44) H. Arendt, "The Concept of History," *Between Past and Future*, p.52.
45) H. Arendt, "The Crisis in Culture," *Ibid*, p.218.
46) 같은 글, p.210.

상이다. 혹자는 그것이 현상 그 자체라고 말할 것이다. …정치적 현상이 발생하는 공간은 현상 자체에 의해서 창조된다.[47)]

판단은 자기현시적인 현상들 사이에서 현상적 출현을 구별해 그 충만성 속에서 포착한다. 따라서 개별자의 특질들을 보편자 아래로 미리 귀속시키지 않고서 식별할 줄 아는 판단 능력은 현시로서의 정치의 본질과 밀접하게 연결된다. 말하자면 판단이란 현시되어온 것의 존재를 확인하는 것이다. 따라서 인간의 판단이 현상의 세계에서 항상 진행되는 것은 아주 강한 의미에서다.

판단의 대상은 우리가 검토할 수 있도록 열려 있는 특수자다. 당연히 우리는 특수자들을 어떤 보편자 아래로 분류하는 한에서만 이해할 수 있다. 순전한 (분류되지 않은) 특수자는 판단 가능한 대상이 아니다. 그런데 우리의 판단 대상인 특수자를 귀속하는 보편자들이 고정된 사유의 습관, 즉 화석화된 규칙과 기준처럼 "관습화되고 표준화된 표현과 행위의 규준"[48)]으로 바뀔 때 위험한 것은, 우리의 판단을 위해 자신을 나타나게 한 현상들의 현상적 풍부성에 우리 자신을 전적으로 개방하지 않으려는 것이다. 판단의 기능이 가장 엄격한 시험을 받게 되어, 우리의 판단의 정확함과 우둔함이 진정한 실천적 중요성을 갖게 되는 것은 바로 이러한 상황 안에서다. 예를 들면, 관습적인 폭정이나 독재가 지닌 일상적 야만성과 억압에 익숙해진 이들이 20세기의 전체주의 속에서 전적으로 새롭고 전례 없는 어떤 것을 알아차리기는 어려웠다.[49)] 우리가 익숙한 것과 진정으로 새롭고 다른

---

47) Ernst Vollrath, "Hannah Arendt and the Method of Political Thinking," *Social Research* 44(1977), pp.163-164.

48) H. Arendt, "Thinking and Moral Considerations," *ibid*, p.418.

49) 전체주의에 대한 저술과 연관된 방법의 분명한 서술은 *Origins of*

것을 구별하기 위해서는 판단이라는 특별한 자질이 요구된다. 취미를 가진 사람이나 미와 추, 좋은 것과 나쁜 것을 구별하는 사람은 정치적 위기의 순간에 경계를 게을리하게 될 가능성이 작아진다.

아렌트에 따르면 비판적 사유의 운동인 사고는 보편자에 사로잡힘(예를 들면 고정된 일반적인 훈시로 화석화되어 굳어진 도덕적 습관들)을 느슨하게 해, 판단력이 도덕적 혹은 미적 구별과 식별이 이루어지는 열린 공간에서 작용하도록 해방한다. 이 공간이 비판적 사유에 의해 맑아졌을 때 판단은 가장 잘 기능한다. 이러한 방식으로 보편자는 특수자 위에 군림하지 않게 되고, 오히려 특수자가 참되게 자신을 열어놓을 때 이해될 수 있다. 거기서 사유 자체는 판단기능과의 관계에 의해 정치적 적실성을 지니게 된다. 특수자에 대한 보편자의 장악을 느슨하게 함으로써 사유는 판단기능의 정치적 역량─사물을 있는 그대로, 즉 현상적으로 나타나는 대로 지각하는 능력에 속한 역량─을 열어준다.[50]

1966년 시카고에서 행한 "기초적인 도덕 명제들"에 대한 강의와, 1965년 뉴스쿨 강의 "도덕철학의 몇 가지 문제들"에서 아렌트는 어떻게 서양의 도덕이 서양 정치의 발전에 의해 취약해져서, 이전에는 서양 문명의 기초적인 윤리적 교의들로 간주되어졌던 것─"잘못을 행하는 것보다 잘못을 당하는 편이 더 낫다" "남이 당신에게 해주기를 바라는 대로 남에게 행하라" 등─이 (식탁 예절과 같이 쉽게 교환 가능한 것처럼) 단순한 관습의 수준으로 격하되어버렸는지를 설명했다.[51] 아렌트가 칸트에게 주목해서 도덕적 명제의 비자명성을 인정

---

*Totalitarianism*에 대한 아렌트와 푀겔린(Eric Voegelin)의 논쟁 참조. *Review of Politics* 25(1953), pp.68-85.

50) H. Arendt, "The Concept of History," *Between Past and Future*, p.64 참조.

51) 뉴스쿨에서의 첫 번째 강의 "Some Questions of Moral Philosophy"(Hannah

하면서도 도덕판단 일체를 없애버리지 않는 도덕적 생활에 대한 설명을 추구한 것은 바로 이러한 맥락에서다. 취미에 대한 칸트의 분석은 아렌트가 도덕적 지평의 재구성을 위해 찾았던 의사소통, 상호주관적 동의, 그리고 공유된 판단력 등의 개념을 제공한다. 만일 우리가 더는 도덕적 객관성 추정을 신뢰할 수 없다면, 판단을 공유하거나 그에 동의하는 동료들과 함께하는 판단하는 주체들 사이에 다리로서 작용하는 도덕적 취미 개념에 호소함으로써, 우리는 아마 적어도 순수한 주관성에서는 벗어날 수 있으리라고 희망할 수 있을 것이다. 동시에 아렌트는 20세기의 정치적 악에 대해 파악할 수 있도록 허용한 악에 대한 설명을 추구했다. 여기서 다시 판단에 대한 분석이 중심이 된다. 왜냐하면 아렌트가 아이히만에게서 전형적으로 나타나는 전체주의의 악, 즉 정치 영역에서 최고 악의 근원의 자리를 찾은 곳이 바로 여기, 즉 "판단하기를 거부하는 곳, 상상력이 결여되어 당신이 대표해야만 하는 타인들을 당신의 눈앞에 떠올려 생각해볼 수 있도록 하는 상상력이 결여된 곳"[52]이기 때문이다.

　판단의 거부에 함축된 이 악은 '기초적인 도덕 명제들'의 마지막 강의 끝부분에서 언급되었다.

최종 분석에서… 옳고 그름에 대한 결정들은 우리가 함께 삶을 영위하기를 원하는 동반자들에 대한 우리의 선택에 의존할 것이다. 그리고 이러한 동반자는 〔또다시〕 예들에서, 살아 있거나 죽은 사

　　　Arendt Papers, Library of Congress, Container 40, pp.024585, 024583) 참조; H. Arendt, "Personal Responsibility under Dictatorship," *The Listener*, August 6, 1964, p.205 참조.

52) 시카고대학에서의 일곱 번째 강의 "Basic Moral Propositions"(Hannah Arendt Papers, Library of Congress, Container 41, p.024560).

람들의 예들에서, 그리고 과거나 현재의 사건들의 예들에서 사유를 통해 선택된다. 어떤 이가 와서 우리에게 자기는 동반자로서 푸른 수염을 가진 사람을 선호한다고 말하는, 있을 법하지 않은 예를 든다면, 우리가 할 수 있는 모든 것이란 그가 결코 우리에게 가까이 오지 못하도록 분명히 하는 것이다. 그런데 누군가가 와서 자신은 개의치 않기 때문에 어떤 동반자도 자기는 좋다고 할 가능성이 훨씬 더 클 것이라고 생각된다. 도덕적으로 또 정치적으로 말한다면, 이러한 무관심은 비록 일반적이기는 하지만 가장 위험한 일이다. 그리고 이러한 아주 다른 일반적인 근대적 현상이 같은 방향에 그러나 아주 적게 위험한 방향에 놓여 있는데, 이는 판단을 아예 거부하는 널리 퍼진 경향이다. 자신의 예와 자신의 동반자를 선택하지 않으려 하거나 그렇게 할 수 없는 무능력에서, 그리고 판단을 통해 타인과 관계를 맺으려 하지 않거나 맺을 수 없는 무능력에서 진짜 스캔들과 진짜 장애물이 생겨나는데, 이 장애물들은 인간적 동기나 인간적으로 이해할 만한 동기에 의해 발생한 것이 아니므로 인간의 권력으로 제거할 수 없다. 여기에 공포가 놓여 있으며, 동시에 악의 평범성(the banaliy of evil)이 놓여 있다.[53]

---

53) 네 번째 강의 "Some Questions of Moral Philosophy"(Hannah Arendt Paper, Library of Congress, Container 40, p.024561). H. Arendt, "Eichmann in Jerusalem: An Exchange of Letters," *The Jew as Pariah*, p.251 참조. 여기서 아렌트는 사유가 어떤 깊이에 도달하기 위해 그 뿌리로 가려고 애쓰는 반면, "악은 결코 '근본적'이지 않으며, 단지 극단적일 뿐이고, 깊이나 악마적 차원을 가지고 있지 않다. 악은 표면에 있는 곰팡이처럼 처지기 때문에 쭉 뻗어나가 세계를 망쳐버릴 수 있다. [사유가 악과 관계하는 순간, 거기에는 아무것도 존재하지 않기 때문에 사유는 당황하게 된다—베이너.] 오직 선만이 깊이를 가지고 있으며 근본적일 수 있다."

현대사회의 진정한 위험은, 관료주의적·기술관료적·탈정치화된 현대적 삶의 구조가 무관심을 장려하고 또 점점 더 사람들이 분별하지 못하게 되고, 비판적 사유 능력의 저하가 이루어지고, 또 책임지지 않는 경향을 만들게 된다는 것이다.[54] 따라서 아렌트의 판단이론은 현재의 역사적 상황에 대한 전반적 설명 안에 자리 잡게 되는데, 이것을 아렌트는 서양의 도덕과 정치의 전반적인 위기 가운데 하나로 해석하고 있다. 즉, 판단의 전통적 기준들은 더는 권위적이지 않고,[55] 궁극적 가치들은 결속력을 더는 갖지 못하며, 정치적·도덕적 의례의 규범들은 몹시 취약해진다. 이런 상황에서 우리가 희망할 수 있는 최상의 것은 이상적 판단 공동체 안에서 이루어지는 "판단에 대한 동의"다. 최고의 위험은 판단을 회피하는 것, 즉 악의 평범성, "위기가 닥쳤을 때" 자율적인 판단을 행사하기보다는 악의 세력에 자아가 굴복할 위험이다. 우리가 미와 추를 계속해서 구별하는 한, 취미와 정치의 문제에서 "우리의 동반자 선택하기"를 계속하는 한, 즉 우리의 판단기능의 중지를 거부하는 한 모든 것은 상실되지 않는다.

이와 동일한 주제들이 1972년 11월 요크대학에서 열린 '한나 아렌트의 업적'에 대한 학술대회에서 있었던 아렌트와 한스 요나스(Hans Jonas) 사이의 의견 교환에서 아주 흥미로운 방식으로 제기되었다. 여기에 대한 기록은 멜빈 힐(Melvyn Hill)이 편집한『한나 아렌트: 공적 세계의 발견』[56]에 수록되어 있다.

---

54) 악의 평범성에 대한 설득력 있는 설명은 Henry T. Nash, "The Bureaucratization of Homicide," *Protest and Survive*, ed. E. P. Thompson and Dan Smith(Harmondsworth: Penguin, 1980), pp.62–74 참조.

55) 이 책, 제2부 '2. 이해와 역사적 판단' 참조; H. Arendt, "Tradition and the Modern Age," *Between Past and Futue*, pp.17–40 참조.

56) *Hannah Arendt: The Recovery of the Public World*, ed. Hill, pp.311–315.

요나스: 우리의 모든 존재와 우리 행위의 바탕에는 다른 사람들과 세계를 공유하려는 욕구가 존재한다는 점은 명백하지만, 우리는 어떤 세계를 어떤 사람들과 공유하기를 원합니다. 그리고 세계를 인간에게 적합한 집으로 만드는 것이 정치의 과제라면, "무엇이 인간에게 적합한 집인가?"라는 질문이 제기됩니다.

그것은 우리가 인간은 어떤 존재이며 또는 어떤 존재여야 하는지에 대해 어떤 관념을 형성할 때만 결정될 수 있을 뿐입니다. 그리고 그것은 또다시, 만일 우리가 이런 종류의 판단의 타당성을 입증할 수 있는 인간에 대한 어떤 진리에 호소하지 않는다면, 자의적이지 않은 상태로 결정될 수 없습니다. 구체적 상황 속에서 불쑥 나타나는 정치적 취미의 파생적 판단은—특히 만일 그것이 미래는 어떤 모습이어야 하는지를 결정짓는 문제라면—사태에 대한 전체적 처리에 영향을 주는 기술적 체계를 다룰 때면 항상 하게 되는 판단입니다.

자, 칸트가 단지 판단력에만 호소한 것은 아니었습니다. 칸트는 선의 개념에도 호소했습니다. 우리가 그것을 어떻게 정의하든 간에 최고선과 같은 관념이 존재합니다. 아마 그 관념은 정의가 불가능할 것입니다. 그것은 전적으로 공허한 개념일 수 없으며, 인간은 무엇인지에 대한 우리의 관념과 연결됩니다. 다른 말로 하면, 죽어서 끝나버렸다고 여기서 만장일치의 동의로 선언된 것—말하자면 형이상학—이 우리에게 최종 지시를 주기 위해 어느 지점에서는 소환되어야 합니다.

우리의 결정 능력은 즉각적인 상황과 가까운 미래를 다루는 것 훨씬 이상입니다. 일하고 행위하는 우리의 힘은 이제 내가 미결정 상태로 둔 어떤 궁극적인 것에 관한 판단이나 통찰이나 신념을 진정으로 포함하는 문제들로 연결됩니다. 왜냐하면 20세기에 이르기까지 이해되었던 방식의 일상 정치에 있어서 우리는 최고의 것과 관계할 수 있었습니다. 국가의 조건이 진정으로 궁극적인 가치들이나 기준들에 의해 결정되어야만 했다는 것은 참이 아닙니다. 현대 기술의 영향이 그러한 것처럼, 지상의 일과 인간 미래의 전체 조건에 영향을 주는 행로에서 우리가 좋든 싫든 어떤 일에 착수하는 것이 문제가 되는 이때, 우리가 그냥 손을 씻어버리고 서양의 형이상학이 우리를 곤경에 빠뜨려버렸다고 말하면서 그에 대해 파산선고를 내리고서는, 이제 새롭게 공유 가능한 판단에 호소할 수 있다고 저는 생각하지 않습니다. 맙소사, 여기서 공유된 판단이라는 말은 다수의 사람과 공유한다거나 어떤 한정된 집단과 공유한다는 말이 아닙니다. 우리가 우리의 파멸에 대한 판단을 다수와 공유할 수 있는데도 그 영역을 넘어서 호소해야만 하다니!

아렌트는 공유된 판단의 궁극적인 인지적 지위에 대한 이러한 질문을 정면으로 다루지 않고 있다. 그 대신 그는 역사적이고 사회학적인 고려점들에 대한 주장으로 비켜 간다.

아렌트: …자, 만일 우리의 미래가 방금 당신이 지금 말한 것, 즉 위로부터 우리를 위해 결정하게 되는 궁극적인 것을 우리가 가지게 되리라는 것(그래서 물론 문제가 되는 것이 누가 이러한 궁극적인 것을 인지할 것이며 또 이러한 궁극적인 것을 인지하는 데 필요한 규칙은 무엇인가라는 것)에 의존한다면 (실로 당신은 여기서 무한 퇴행을 하고 있는데, 그러나 여하튼) 나는 전적으로 비관적으로 될 것입니다. 만일 그렇다면 우리는 길을 잃어버린 것입니다. 왜냐하면 이는 실제로는 새로운 신이 등장할 것을 요구하는 것이기 때문이지요. …예를 들면, 만일 사람들이 여전히 신을 믿었더라면 아니 오히

려 지옥을 믿었더라도 ─ 즉, 만일 궁극적인 것이 여전히 존재한다
면 ─ 이러한 전면적인 전체주의의 파국은 발생하지 않았을 것이
라고 나는 전적으로 확신합니다. 궁극적인 것은 없었습니다. 그리
고 사람들이 타당하게 호소할 수 있는 궁극적인 것은 존재하지 않
는다는 것을 나도 알고 당신도 알고 있습니다. 사람들은 어느 누구
에게도 호소할 수 없었습니다.

그런데 만일 당신이 그러한 [전체주의와 같은] 상황을 겪는다면,
당신이 알아야 할 첫 번째 것은 어떤 사람이 어떻게 행동할지를 당
신은 결코 알지 못한다는 사실입니다. 당신은 당신의 삶에 대해 깜
짝 놀랄 경험을 하게 됩니다! 이것은 사회의 각 층으로 파급될 것
이며, 인간 사이의 각종 계층으로 파급될 것입니다. 그리고 만일 당
신이 일반화하기를 원한다면, 이른바 오래된 가치들을 여전히 굳
게 확신하는 사람들은 자신의 오래된 가치들을 새로운 가치들로
바꿀 준비가 된 최초의 사람일 것입니다. 그러한 새로운 가치들이
주어지기만 한다면 말이죠. 내가 염려하는 것은 바로 이것입니다.
왜냐하면 당신이 어떤 사람에게 새로운 일련의 가치들 ─ 또는 이
유명한 "난간" ─ 을 제공하는 순간 당신은 즉시로 그것을 바꿀 수
있기 때문입니다. [여기서 아렌트는 "난간 없는 사유"Denken ohne
Glander를 지칭하는데, 이 표현은 우리의 생각을 안내할 안전한 일
련의 궁극적 가치를 우리가 더는 소유하고 있지 않다는 사실을 나
타내기 위해 아렌트가 만들어낸 것이다—베이너.] 그리고 그자가
익숙해지는 유일한 것은 "난간", 즉 일련의 가치를 갖는 것이 됩니
다. 그것이 무엇이든지 간에 말이죠. 우리가 17세기 이래로 머물러
왔던 상황을 어떤 최종적 방식으로 안정화할 수 있다고 나는 믿지
않습니다.

형이상학과 이러한 가치에 관한 모든 일이 붕괴하지 않았더라면

이런 모든 일에 신경을 쓸 필요가 없을 것입니다. 이런 사건들 때문에 우리는 질문을 시작하는 것입니다.

자신의 질문을 압박하는 대신 요나스는 한 걸음 물러나 아렌트가 그러했듯이 판단에 대해 그것의 실천에 대한 단지 부정적 방식의 제한적 검토를 요구했다.

요나스: 지식으로든 또는 확신이나 신앙으로든 간에 우리가 어떠한 궁극적인 것도 소유하고 있지 않다는 입장을 나는 한나 아렌트와 공유하고 있습니다. 그리고 또한 나는 "우리가 그것을 몹시 필요로 하기 때문에, 따라서 우리는 그것을 가져야만 한다"라는 하나의 명령 수행으로서 이것을 가질 수는 없다고 생각합니다.
그런데 지혜의 일부는 무지하다는 것을 아는 것입니다. 소크라테스적인 태도는 자신이 모른다는 것을 아는 것입니다. 그리고 이러한 우리의 무지에 대한 자각은 판단의 힘을 행사할 때 실천적으로 아주 중요할 수 있습니다. 판단의 힘이란 무엇보다도 정치영역에서의 행위, 미래의 행위, 그리고 먼 파급효과를 지닌 행위와 모두 연관됩니다.
우리의 과업은 그들에게 구속사적 경향—말하자면 궁극적인 상황을 향해 움직여가는 내장된 유토피아주의—을 지니고 있습니다. 궁극적인 가치 또는 궁극적으로 바람직한 것이 무엇인지에 대한, 또는 세계가 인간에게 적합한 것이 될 수 있도록 하는 인간에 대한 지식을 갖지 못한 채, 우리는 구속사적 상황이 등장하도록 허락하는 것을 적어도 삼가야 합니다. 궁극적인 것에 대한 어떤 개념을 가지고서만 우리가 어떤 일에 대해 착수할 자격이 있다는 통찰에서, 우리가 도출할 수 있는 아주 중요한 실천적인 금지령은 이것뿐입니다. 그래서 적어도 제약적 힘으로서 내가 도입한 관점은 상당한 적실성을 가질 것입니다.

여기에 대해 아렌트는 당연히 동의를 표한다.

마지막에 아렌트는 정신적 삶의 능력과 한계에 대해 다음과 같이 말하며 단호하게 회의적인 태도를 취한다. 사유는 "가치를 창조하지 않는다. '선'이 무엇인지를 사유는 영원히 발견하지 못할 것이다. 그것은 이미 받아들인 행위 규칙들을 재확인하지 않고 오히려 해체한다."[57] 사유란 소크라테스적이다. 다시 말해 부정적이다. 그것은 진리를 발견하기보다는 검토되지 않은 추정을 파괴한다. 만일 우리가 현재 사태들이 존재하는 방식과 성공적으로 화해할 수 있다면 충분하고, 그 목적을 위해서 판단은 필수 불가결하다. 왜냐하면 판단은 우리가 인생의 우연성과 인간의 자유로운 행위로부터 약간의 쾌락을 얻을 수 있도록 해주기 때문이다.

7. 쓰이지 않은 저술

피타고라스는 인생은 축제와 같다고 말했다. 어떤 이는 축제에 경쟁하기 위해 오고 어떤 이는 장사를 하러 오지만 최상의 사람들은 관중으로 오는 것처럼, 인생에서 노예적인 사람은 명성과 소득을 찾아다니지만 철학자는 진리를 추구한다.

           -디오게네스 라에르티오스

---

57) H. Arendt, "Thinking and Moral Considerations," p.445; *Thinking*, p.192.

한나 아렌트 사상의 발전 과정을 주의 깊게 그리고 공감적으로 추적한 사람들 사이에서는, 판단론이 아렌트 생애의 정점이었을 것이며, 아렌트 철학의 이 마지막 챕터는 이전 챕터에서 나온 해결되지 않은 많은 문제에 대한 대답을 제공했으리라는 것이 일반적으로 주장된다. 앞서 인용했던 글렌 그레이의 관찰은 전형적인 것이다.

아렌트의 정신에 상당히 친밀한 사람들에게는, 그가 판단을 자기 사상의 특별한 장점으로 여겼으며, 의지에 대한 사유에서 도달하게 된 난점에 대한 진정한 의미에서 바라던 해결책으로 여겼다. 칸트의 『판단력 비판』이 그에게 그 이전의 비판서들에서 봉착한 이율배반 가운데 몇 가지를 해결하게 해준 것처럼, 아렌트도 우리 판단 능력의 본질을 연구함으로써 사유와 의지의 난제들의 해결을 희망했다.[58]

그런데 여기서 그레이가 지적하는 "난점"이란 무엇이며, 판단이 어떻게 이 난점을 해결할 수 있는가?

이 질문에 대답할 수 있기 위해서는 「의지」의 끝부분에서 아렌트의 설명이 도달한 지점까지 간략하게나마 되돌아가 보아야만 한다. 「의지」의 중심 문제는 인간 자유의 본질에 관계된 것이다. 아렌트가 제기한 질문은, 의지의 기능과 같이 철저히 우연적이고 덧없는 것이 인간의 자유를 위한 지속적인 토대를 어떻게 제공할 수 있느냐는 것이다. 다른 말로 하면, 만일 자유가 인간의 의지처럼 사적이고 개별적인 것 속에 그 근거를 가진다면, 인간은 어떻게 그들의 세속적 조

---

58) J. Glenn Gray, "The Abyss of Freedom-and Hannah Arendt: in Hannah Arendt," *Hannah Arendt: The Recovery of the Public World*, ed. Hill, p.225.

건을 긍정할 수 있겠느냐는 것이다. 자신의 저서 전체에 걸쳐 아렌트는 일관되게 자유를 본질적으로 세속적이며 공적인 것으로, 정치적 행위 유형의 세계와 연관된 것으로 묘사했다. 그런데 마지막 저술에서 아렌트는 공적 세계 안에서의 행위로서의 자유를 추적해 의지의 자발성·우연성·자율성으로 거슬러 올라갔다. 이것은 아우구스티누스의 탄생성 개념, 즉 "인간들이, 새로운 인간들이 탄생을 통해 자꾸자꾸 세상에 등장한다는 사실"에 대한 호소로 수렴된다. "시작이 있었기에 인간은 창조되었고, 그 인간이 있기 전에는 아무도 존재하지 않았다."[59]

문제는 절대적 자발성, 즉 절대적 시작에 대한 이러한 전망은 인간이 직면하기 결코 쉬운 것이 아니며, 또한 인간이 편안히 포용할 수 있는 것도 아니라는 점이다. 그래서 우리는, 행위를 하는 인간들조차도 그들 자신의 혁명적 독창성에서 움츠러들어, 자신의 행위가 가진 무조건적 참신성을 경감시키기 위해 선례나 역사적 제재를 추구하는 것을 흔히 보게 된다. 따라서 의지는 아주 우호적으로 — 탄생성의 기적이라는 아우구스티누스의 이미지로 — 묘사되었지만, 여전히 긍정적 매력보다는 강요를 함의하고 있다.

무엇보다도 우리는 우리가 선택해 태어난 것이 아니다. 그것은 우리가 원하든 원하지 않든 간에 우리에게 다가온 일이다. 어떻게 자유를 긍정할 것인지의 문제는 남아 있다. 근본적 우연성을 가진 의지는 어떠한 강제적인 답도 제공하지 않는다. 아렌트는 이것을 "난점"이라고 기술했고, 그는 이 난점에서 벗어날 유일한 길로 판단의 기능에 주목한다. 우리가 자유롭도록 태어났다는 견해는 어떻든 우리가 자유

---

59) H. Arendt, *Willing*, p.217. 이 인용문의 출처는 아우구스티누스의 『신국론』 (*City of God*), pp.12, 20이다.

롭도록 운명 지워졌다거나, 또는 더 나쁘게는 자유롭도록 "저주받았음"을 시사한다.

이와 대조적으로 판단은 개별자의 우연성 가운데서 긍정적인 즐거움의 감각을 경험하게 허락한다. 여기서 아렌트의 생각은, 인간존재는 일반적으로 자유의 "두려운 책임"을 지탱할 수 없는 무게로 보통 느끼게 되어 운명론이나 역사적 과정이라는 관념과 같은 여러 이론을 가지고 그것을 피하려고 한다는 것이다. 또한 인간의 자유가 실제로 긍정되는 유일한 길은 인간의 자유로운 행위에서 나오는 즐거움을 그 자유로운 행위를 반성하고 판단함으로써 조명하는 것뿐이라는 것이다. 그리고 아렌트에게 이것은 본질적으로 이야기를 하고 인간의 역사를 기록하는 가운데 일어난다. 그가 생각하기에, 정치는 이후에 언급되는 이야기들에 의해 궁극적으로 정당화된다. 인간의 행위는 회고적 판단으로 구원된다.

아렌트의 문제를 적절한 맥락 가운데 위치시키기 위해서는 자유의 문제를 칸트의 세 비판서에서 정립된 방식으로 아주 간단히 정리해 보는 것이 도움이 될 것이다. 제1비판서의 관점에서 보면 현상적 세계는 이론적 관조를 위해 오직 인과적 필연성만을 제시한다. 따라서 자유가 이론적 이성의 기능에 의해 완전히 침몰되는 것을 막기 위해 칸트는 실천적 주체의 본체론적 의지(the noumenal will) 속에 자유를 안주시킨다. 그러나 여기서 문제는 자유가 현상적 세계에서 지속되는 일들과 어떠한 연관도 없어 보이며, 따라서 우리가 거주하는 지각 가능하고 가시적인 세계에서 자유가 사라지는 조건에서만 그 자유가 보존된다는 점이다. 아렌트가 해석한 반성적 판단은 필연적인 것들을 바라보는 것으로 제한되지 않으며, 동시에 인간의 행위라는 세속적 현상에서 분리되지 않는 관조의 형식을 제공한다. 따라서 반성적 판단은 처음의 두 비판서의 특징을 이루는 자유와 자연의 이율배반을 일시 중지시키는 어떤 조치를 제공한다.

판단에 대한 아렌트의 반성은 칸트에 대한 주석의 형식을 취하는데, 이는 "권위 있는 증언을 제공하는 자료가 희한하리만치 드물기" 때문이다. "칸트의 『판단력 비판』에 와서야 비로소 이 기능이 주요 사상가의 주요 주제가 되었다."[60] 이 자료에 대한 토론을 시작하기 위해서, 우리는 아렌트가 칸트의 저작에서 도출하고 싶어한 부분을 폭넓게 부연하는 가운데, 아렌트의 판단론에서 이용되는 칸트의 저술 속 자료들을 간략히 조사해보겠다.

칸트는 특수자를 보편자에 귀속시키는 행위가 판단이라고 정의했다. 그는 판단을 "특수자를 사유하는 기능"[61]이라고 불렀고, 특수자에 대해 사유한다는 것은 물론 그것을 일반적인 개념 아래로 가져오는 것을 의미한다. 더욱이 칸트는 두 가지 유형의 판단을 구별했는데, 하나는 보편자(규칙·원리·법칙)가 귀속을 위해 주어져 있는 것이고, 다른 하나는 보편자가 존재하지 않기에 특수자에서 어떻게 해서든지 그것이 산출되어야 하는 것이다. 칸트는 전자를 "규정적", 후자를 "반성적"[62]이라고 불렀다. 이 판단의 행위는 우리가 특수자를 직면할 때 발생한다. 그것은 주어진 **종류**의 대상에 대한 일반적인 주석을 제공하는 문제가 아니다. 오히려 이러한 특수한 대상은 판단을 요구한다. 판단이란 보편자에 관한 추론과 대립하는 특수자에 관한 추론이다. 하나의 특정한 장미를 "아름다움"이라는 보편적 범주 아래 귀속시키는 행위를 할 때, 나는 "어떠어떠한 종류의 모든 꽃은 아

---

60) H. Arendt, *Thinking*, p.4(후기).

61) I. Kant, *Critique of Judgment*, trans. James Creed Meredith(Oxford: At the Clarendon Press, 1952), Introduction, sec. IV.

62) 같은 곳; I. Kant, *Logic*, trans. R. Hartman and W. Schwarz, Library of Liberal Arts(Indianapolis: Bobbs-Merrill, 1974), pp.135-136, pars.81-84 참조.

름답다"라는 유형의 규칙이 입수 가능해서 그 꽃을 그렇게 판단한 것이 아니다. 오히려 내 앞에 있는 특정한 장미는 어떤 방식으로든 "아름다움"이라는 술어를 "산출한다." 우리가 이 술어를 붙이게 되는 특수자의 종류들을 경험함으로써만 나는 보편자를 이해하고 또 적용할 수 있다. 따라서 미적 판단은 이 장미를 판단하는 문제이며, 오직 외연을 통해서만 우리는 그것을 모든 장미에 관한 판단으로 확장할 수 있다.

칸트는 또한 판단의 행위가 (「미적 판단력 비판」에서 명백히 설명한 것처럼) 본래 사회적이라고 주장했다. 왜냐하면 우리의 미적 판단은 공통적인 또는 공유된 세계를 참조하므로, 즉 모든 판단하는 주체에게 공적으로 나타나는 것을 참조하므로, 따라서 개인들의 사적인 변덕이나 주관적인 선호만을 참조하는 것이 아니기 때문이다. "취미"의 문제에서 나는 결코 혼자서 판단하지 않는다. 판단의 행위는 항상 내가 내린 판단의 소통에 몰두하겠다는 약속을 포함하기 때문이다. 즉, 판단은 타인들에게 그 타당성을 설득하려는 의도를 가지고 제시된다. 설득에 대한 이런 노력은 판단의 외재적인 것이 아니라, 오히려 바로 판단의 존재 이유 자체를 공급한다. 이는 진리를 추구하는 실제 의사소통 과정에서 도달되는 합의 없이 판단된 대상을 일치시키기 위한, 인식론적으로 안전한 과정이 존재하지 않기 때문이다. 판단은 특수자가 적절하게 평가되어왔던 잠재적 대화자들로 이루어진 가상의 공동체 및 자기 자신을 만족시키기 위해 사심 없는 (disinterested) 반성이라는 반사실적(counterfactual) 상황으로 자신을 투사시키는 정신 과정이다.[63]

---

63) 하버마스(Jürgen Habermas)의 저술에 나오는 잠재적 합의와 '이상적 담화상황' 개념 참조. 하버마스는 칸트의 판단 개념에 대한 아렌트의 전용에 자신이

그런데 정치적 판단은 미적 판단과 마찬가지로 전적으로 상대적이며, "관찰자의 눈"에 의존한다는 반론이 제기될 수 있다. 무엇보다도 칸트에게 핵심적인 개념인 "취미"(taste) 개념은 그 주된 의미로 볼 때 "완두콩 수프보다 조개 수프를 선호한다"라는 말에 포함된 유형의 판단을 가리킨다.[64] 미적 영역이나 정치적 영역에서 이보다 더 고양된 의미가 "취미의 문제"에 허용되어져야 할 이유는 무엇인가? 왜 어떤 사람의 취미가 다른 사람의 취미보다 더 낫다거나 못하다고 생각되어야 하는가? 그리고 만일 그 취미들이 동일하게 좋다면 그것은 서로 부적절한 것이 아닌가?

미적 판단들(확대해서 말하면, 우리가 모두 공통으로 지니고 있는 것과 연관된 다른 종류의 판단들)이 비록 판단을 인지적으로 단순히 결정하는 대상 개념과 연관되어 있지는 않다고 하더라도, 주관적으로 상대적이거나 이기적인 것이 아니라는 주장을 칸트가 그의 「미적 판단력 비판」에서 하는 것은, 그러한 질문들에 대해 만족할 만한 대답을 제공하기 위해서였다. 취미에 대한 칸트의 설명은 오히려 "상호주관성" 개념을 포함하는데, 여기서 이와 관련한 판단은 엄격히 객관적인 것도 또 엄격히 주관적인 것도 아니다.

물론 칸트는 "상호주관성"이라는 용어를 사용하지 않았다. 그는 이를 "다원성"(pluralism)이라고 불렀는데, 이 말을 그는 『실용적 관

상당히 빚지고 있다는 점을 실제로 인정했다. 그의 "On the German-Jewish Heritage," Telos 44(1980) 참조. 여기서 그는 아렌트의 "합리성 이론에 대한 『판단력 비판』 혹은 판단력에 대한 칸트의 분석의 재발견"을 "근본적 중요성을 지닌 업적"(p.128)으로 묘사하고 있다. 그것은 "언어와 행위 자체에 내장된 소통적 합리성 개념에 대한 최초의 접근"이며, 그 자체로서 "실천이성을 보편적 담론 이념으로 연결하는 소통윤리의 기획"(pp.130-131)의 방향을 지시한다.

64) H. Arendt, "The Concept of History," Between Past and Future, p.53.

점에서 본 인간학』에서 "자신을 전체 세계로 여기며 열중하지 않고 세계의 한 시민으로 자기를 여기고 행위하는 태도"[65]라고 정의하고 있다. 상호주관적 판단은 주체들 사이에서 일반적으로 주장되는 것에서, 즉 글자 그대로 그들 사이에 존재하는 것, 말하자면 방금 인용한 저작에서 칸트가 "세계"라고 부른 것에서 나온다. 판단하는 주체들 "사이에 있는" 것은 판단에 적합한 대상들의 영역이며, 우리는 그 대상에 관한 판단을 제시하는 가운데 취미를 드러낸다. 이러한 취미의 드러남은 사회적 관계인데, 왜냐하면 우리는 판단의 합당함 또는 합리성을 동료가 인정해주기를, 또 자신의 "좋은 취미"를 동료가 승인해주기를 추구하는 데 이미 항상 전념하고 있기 때문이다.

비록 우리의 현재 관심사가 미학에 있다고 해도, 사람들은 이 주장을 연장해 우리의 판단에 대한 인정을 요청하고 획득하는 이 과정이 실제로 인간의 합리성이 갖는 일반적 특징이라는 점을 보여줄 수 있다.[66] 판단이 상대적이라고 생각하는 사람들에게 간단히 응답하자면, 우리는 버크(Edmund Burke)의 말을 빌려, "만일 어떤 판단의 원리나 모든 인류에 공통적인 정서가 존재하지 않는다면, 생활 속에서 이루어지는 일상적인 소통을 유지하는 데 충분한 이성이나 정열에 대해 그들은 아무런 주장도 할 수 없을 것이다"[67]라고 단언할 수 있을 것이다.

---

65) I. Kant, *Anthropology from a Pragmatic Point of View*, trans. Mary Gregor(The Hague: Nijhoff, 1974), p.12.

66) Stanley Cavell, "Aesthetic Problems of Modem Philosophy," *Must We Mean What We Say?*(Cambridge, Eng: At the University Press, 1976), pp.73-96 참조.

67) Edmund Burke, "On Taste: Introductory Discourse," *A Philosophical Enquiry into the Origin of Our Ideas of the Sublime and Beautiful*, in *The Writing and Speeches of Edmund Burke*, Beaconsfield edition, 12 vols.(London: Bickers & Son, n.d.), 1:79.

이제 「미적 판단력 비판」의 근본개념들 가운데 몇 가지를 소개해 보겠다. 칸트에게 미적 취미는 무관심적이며, 실천적이기보다는 관조적이고, 타율적이기보다는 자율적인데, 이는 한마디로 표현하면 자유로운 것이다. 판단력에 이러한 무관심성·자율성·자유와 같은 특질을 부여하는 것은 모든 사람들이 (원칙적으로) 동의할 수 있는 미적 형식의 경험을 요구함으로써 일상적인 관심을 초월할 수 있는 미의 판단자나 비평가, 또는 관조자의 능력이다. 모든 사람은 이해와 상상의 기능을 가지고 있는데, 형식적 상호작용은 미적 대상에 미를 귀속시키는 것으로 귀결된다. 따라서 칸트가 말한 대로, "우리는 모든 사람의 동의를 구하는 청원자다. 왜냐하면 우리는 모두에게 공통적인 근거에 의해 강화되기 때문이다."[68] 칸트는 이러한 공유된 판단력의 근거를 "상식"(common sense, 공통감각)이라고 부르는데, 이는 사적인 감정이 아니라 "공적 감각"[69]이라고 기술한다. 보편적 동의를 요구하는 이러한 과정을 칸트는 다음과 같이 묘사한다. "주장하는 바는 모든 사람이 우리의 판단에 동의할 것이라는 게 아니라, 오히려 모든 사람이 그것에 동의해야만 한다는 것이다. 여기서 나는 나의 취미판단을 상식판단의 예로 제시하며, 그런 점에서 그곳에 예증적 타당성을 부여한다."[70] 나는 상식을 보편적 동의, 즉 "판단하는 다른 주체들의 합의"를 요구하는 "이상적 규범"이라고 주장한다. 칸트가 스스로 설정한 과제는 이러한 이상적으로 주장된 "합의"의 기초에 대한 탐구다.

현재의 맥락에서, 칸트의 저술 가운데 가장 중요한 부분은 "일종의 공통감으로서의 취미"라는 제목이 붙어 있는 『판단력 비판』의 §40이다.

---

68) 임마누엘 칸트, 『판단력 비판』, §19.
69) 같은 책, §§20-22.
70) 같은 책, §22.

칸트는 다음과 같이 쓰고 있다.

공통감(sensus communis)이라는 이름으로 이해되는 것은 **공적 감각**이라는 개념이다. 이는, 말하자면 인류의 총체적 이성으로 자신의 판단을 평가하기 위해… 그의 반성적 행위 가운데 다른 모든 사람을 재현하는 양식을 (선험적으로) 고려하는 비판적 기능을 말한다. 이는 타인의 실제 판단보다는 단지 가능성 있는 판단으로 자신의 판단을 평가함으로써 성취되는데, 이것은 우리 자신의 평가에 우연한 영향력을 행사하는 한계들로부터 단순히 추상화한 결과로서 다른 모든 사람의 입장에 자신을 놓음으로써 이루어진다.

칸트는 "보통의 인간오성의 준칙" 세 가지를 상술한다. 이는 1) 독립적으로 생각하기, 2) 다른 모든 사람의 관점에서 생각하기, 3) 항상 일관되게 생각하기다. 여기서 우리와 관련된 것은 이 가운데 두 번째로 칸트가 확장된 사고의 준칙이라고 지칭한 것이다. 왜냐하면 칸트에 따르면 판단에 속하는 것이 바로 그것이기 때문이다(첫째와 셋째의 것은 각각 지성과 이성에 적용된다).
칸트는, "자신의 판단 가운데 그토록 많은 사람을 속박하고 있는 주관적이고 사적인 조건들로부터 스스로 분리되어, 자기 자신의 판단을 (자신의 근거를 타인들의 관점으로 옮김으로써만 결정할 수 있는) **보편적 관점**에서 반성할 수 있다면" 우리는 그를 "**확장된 심성을 가진 사람**"이라고 부를 수 있다고 한다. 칸트는 미적 판단과 취미를 공통감 또는 "공적 감각"이라고 정당하게 부를 수 있다고 결론 맺는다. 이 특정한 논의는 "우리의 감정을 특정 재현 가운데서 개념의 매개 없이 **보편적으로 소통 가능한** 것으로 만드는 평가 기능"인 취미의 정의 속에서 귀결된다.

이러한 상식, 합의, 확장된 심성 등의 개념에다 칸트의 짧은 논문인 「계몽이란 무엇인가?」(What is Enlightment?)에 나오는 또 하나의 개념, 즉 "이성의 공적 사용"이라는 개념을 더해보자. 칸트의 맥락에서 이성의 공적 사용 개념은 특히 계몽시대 언론의 자유 문제에 해당한다. 프로이센의 검열과 관련된 칸트 자신의 문제는 잘 알려져 있다. 그런데 이 개념이 상당히 폭넓게 적용될 수 있게 된 것은 공적으로 사유하는 것이 사유 자체에 구성적일 수 있다는 생각이다. 이러한 통찰은, 사유는 사적으로 작용할 때에도 공적일 때만큼 잘 작용한다는, 사유의 본질에 대한 널리 알려진 추정과 정반대로 나아간다. 칸트는 그런 추정을 부정하면서, 공적 고찰이나 토론을 위해 생각을 공적으로 표현하는 것 —칸트의 경우에 이것은 학자가 독서 대중의 판단을 위해 자기 생각을 글로 쓸 권리—이 계몽의 진보를 위해서는 절대적으로 필수 불가결하다고 주장한다. (이는 한번 갖게 된 생각을 나중에 가능한 한 널리 전파한다는 의미에서뿐만 아니라, 보편적 기초 위에서 관점들을 교환하는 것 자체가 그 생각의 발전에 이바지한다는, 더욱 폭넓은 의미에서도 그러하다.)

칸트는, 특정 공무직이나 공무원에게서 또는 사적인 대중들 앞에서 행사되는 이성의 사적 사용에 대한 제한이 자신의 글을 계몽된 대중을 향해 쓰는 학자들에게 가하는 제약보다 훨씬 덜 심각한 자유의 침해라고 생각한다. 사적인 특권보다 공적인 특권을 우월하게 생각하는 이러한 우선시는, 자유주의 사상의 선구자 가운데 한 사람의 입장이라는 점에서 보면, 전통적인 우선순위에 있어 일종의 역전인 것처럼 보일 수 있다. 그러나 이 점에 대한 칸트의 입장은 분명하다. 가정에서 또는 사적인 모임에서 말할 때 사용하는 이성은 자유에서 없어도 되지만, 공개성의 권리, 즉 "세계시민의 사회" 앞에서 공적으로 검증하기 위해 자신의 판단을 자유롭게 제출할 권리는 자유·진보·

계몽에 없어도 되는 것이 아니라 전적으로 필수적이다. 따라서 판단을 공적으로 알리는 것은 의견의 사적 교환에 선행한다. 여기서 나타나는 지배적인 관심은 세계 또는 세계시민들의 공동체에 대한 것인데, 여기에 대해서는 우리는 바로 주위에 있는 사람들에게보다도 훨씬 더 긴급히 호소한다. 판단은 보편적이어야 하며 공적이어야 한다. 다시 말해 판단은 모든 사람에게 발표되어야 하고, 모든 사람 앞에 나타나 볼 수 있는 공적인 사안과 연관되어야 한다.

이 점은 칸트의 판단이론에서 다음으로 주도적인 개념인 "관찰자" 개념으로 우리를 이끌고 간다. 칸트의 저술 가운데 묘사된 미적 판단의 최고 특질들에 무관심적이고 관조적이며 모든 실제적 이해관계에서 벗어난다는 점이 포함된다는 것은 이미 언급했다. 따라서 칸트의 미학적·정치적 저술에서는, 판단의 모든 특권이 예술작품에서 물러서 있는, 또는 정치적 행위에서 물러서 있는, 그래서 무관심적으로 반성하는 관찰자에게 부여된다. "실용적 인간학"(Pragmatic Anthropology)에서 칸트의 입장은 보다 모호한데, 왜냐하면 여기서 실천적인 사람도 도덕적이고 신중한 선택을 할 때 반성적 판단이나 취미를 행사한다는 것이 명백해 보이기 때문이다. 그런데 칸트의 저술에서 나타나는 지침 모델이나 범형은, 천재가 먼저 예술작품을 생산하고 그 이후에야 그것이 비평가의 취미판단 앞에 제출되는 것이다. 판단은 회고적이며, 방관자나 관람자에 의해 표명되는 것이지, 예술가 자신에 의한 것이 아니다. 따라서 행위에서 벗어나 있는 정치적 관찰자만이 정치 세계에서 전개되는 사건들의 인간적 중요성에 대해 무관심적 판단을 내릴 수 있다. 칸트 자신의 시대에 전개된 주요 정치적 사건은 물론 프랑스혁명이었고, 그는 자신의 판단론을 이 독특한 경험에 적용하는 데 실패하지 않았다.

『학부논쟁』 제2부(「다시 제기된 오래된 질문: 인류는 항상 진보하는가?」)에 나오는 프랑스혁명에 대한 매력적인 주석에서 칸트는 자신의 관심이 정치행위자의 실제적 행위에 있는 것이 아니라 다음과 같은 데 있다는 점을 특별히 강조한다.

이러한 위대한 혁명의 게임에서 공적으로 자신을 드러내 한쪽 선수에 대해 반대하고 다른 쪽 선수에 대해 보편적이지만 무관심적 공감을 표현하는 가운데, 이런 편들기가 발각된다면 자신이 아주 불리해지는 위험을 무릅쓰기도 하는 관중들의 사유 양식. 그 보편성 덕분에 이러한 사유 양식은 인류 일반의 특성을 그것도 단번에 증명하며, 그 무관심성 덕분에 인류의 도덕적 특성을 적어도 그의 기질에 있어서 증명한다.[71]

그리고는 칸트는 프랑스혁명에 대해 도덕적으로 또 **실천적으로** 거부할 만하게 보이는 모든 잔혹한 일들에도 불구하고 "이 혁명은 (이 게임에 직접 참여하지 않는) 모든 관찰자의 가슴 속에서 열정에 근접한 희망에 의거한 참여와 위험으로 가득 차 있는 표현을 발견하게 된다"라고 선언한다. 칸트는 "도움을 주려는 최소한의 의도도 없으면서 공감을 표하는, 방관하면서 참여하지 않는 대중의"[72] 칭송을 설명해주는 것은 순수한 권리 개념에 대한 열정이라고 설명한다. 칸트가 여기서 정치적 판단의 특징으로 구별하는 두 가지 — 보편성과 무관심성 — 와 미적 취미에 속한다고 주장한 판단의 두 가지 독특한 특징이 전적으로 동일하다는 것은 주목할 만하다. 이 유명한 구절이

---

71) I. Kant, *On History*, ed. Lewis White Beck, trans. L. W. Beck, R. E. Anchor and E. L. Fackenheim, Library of Liberal Arts (Indianapolis: Bobbs-Merrill, 1963), pp.143-144 ("An Old Question Raised Again").

72) 같은 책, pp.145-146.

분명히 보여주는 것은, 정치 판단은 미적 판단과 마찬가지로 관찰자에게서 보존된다는 점이다.[73]

칸트의 저술에 나오는 다른 구절들도 이러한 정치적 판단 개념을 재확인시켜준다. 예를 들면 자신의 초기 저작인 『미와 숭고의 감정에 관한 관찰들』에서 칸트는, 하나의 부수적 충동인 야망은 (그것이 다른 성향들에 종속되지 않는 한) 가장 경탄할 만하다고 언급한다. "왜냐하면 각자는 자신의 지배적인 성향에 따라 거대한 무대 위에서 행동하므로 자기 행동의 외적인 적절성을 관찰자의 눈에 맞춰 판단하기 위해 사유 가운데 자기 외부의 관점을 동시에 취하려는 은밀한 충동으로 움직이기 때문이다."[74]

아렌트는 이러한 판단 개념을 긍정한다. 그에게 판단은 사유와 마찬가지로 인간 행동의 의미에 대한 반성을 위해 자신의 "행위"로부터 물러서게 한다. 칸트를 옹호하며 아렌트는, 정치 드라마 속의 배우는 (정의상 그들은 자신의 "역할"만을 연기하기 때문에) 오직 부분적인 시야만을 가지고 있으며, "전체의 의미"는 관찰자만 확보할 수 있다고 주장한다.[75] 더욱이 아렌트가 칸트 강의에서 세밀히 서술한

---

73) 철학적 역사가들은 "망각되지 않을" 세계사적 현상들에 대해 주의를 환기시키는데, 이 현상들은 "같은 종류의 노력을 새롭게 반복할 민족들에 의해 어떤 호기에 회상"되어질 수 있는 것이다(같은 책, p.147). 이것은 바로 아렌트 자신이 혁명에 대한 역사적 연구를 통해 했던 것이 아닌가!

74) I. Kant, *Observations on the Feeling of the Beautiful and Sublime*, trans. John T. Goldthwait(Berkeley: University of California Press, 1960), pp.74-75.

75) H. Arendt, *Thinking*, p.76 참조. 여기서 아렌트는, 판단이 "미적이건 법적이건 또는 도덕적이건 간에, 내가 연기를 하는 부분과 그 세계 내의 지위에 의해 주어지는 직접적 이해라는 부분성과 참여로부터의 '비자연적'이고 고의적인 퇴각을 전제한다"라고 말한다. 또한 *Thinking* 11장 「사유와 행동」, pp.92-97과 이 책, p.133도 참조하라. 칸트에 나타나는 "여러분이 행위할 때 따르는 원리와 판단할 때 따르는 원리"(이 책, p.120) 사이의 갈등에 관해, 아렌트는 관

것처럼, 만일 관찰자에게 일차적인 역할을 주지 않는다면 주목할 만한 사건에는 아무런 의미도 없게 될 것이다. 그는 다음과 같이 쓰고 있다.

우리에게는… 어떤 광경을 판단하기 위해서 먼저 광경에 참여해야한다──관찰자는 행위자에 대해 이차적이다──고 생각하는 경향이 있다. 그리고 우리에게는, 그것을 보는 관찰자가 분명히 존재하지 않는다면 바른 정신으로는 그 누구도 그 광경 속에 등장하지 않을 것이라는 사실을 망각하는 경향이 있다. 인간이 없는 세계는 사막과 같다고 칸트는 확신했는데, 인간이 없는 세계란 그에게는 관찰자가 없는 세계를 의미한다.[76]

어느 곳에서 칸트는, 인간 역사의 드라마에서 관찰자는 의미를 분별해내야 한다고 주장했다. 만일 그렇지 않다면 관찰자는 끝없는 익살극에 싫증이 날 것이기 때문이다. 그런데 역사적 행위자가 아니라 오직 역사의 관찰자만이 거기에 싫증 낼 수 있는데, "왜냐하면 행위

찰자의 일반적 관점은 "어떻게 행위해야 하는지에 관해서는 말해주지 않는다"(이 책, p.113)라고 하며, 또 "미적 그리고 반성적 판단력의 통찰은 행위에 대해 어떠한 결과도 갖지 않는다"(이 책, p.130)라고 언급하고 있다. *Thinking*의 11장에 나타나는 사유와 판단의 비교는 아렌트의 입장을 명료하게 해준다. "그것은 현상세계를 떠나는 것이 아니라, 전체를 관조하기 위해서 활동적 참여에서 물러나 특권적 지위로 가는 것이다"(*Thinking*, p.94). 관찰자는 "행위자의 특징인 특수성으로부터 벗어난다"(같은 곳). 이 구절은 아렌트가 "관여하고 참여하는 행위와… 반성하고 관찰하는 반성 사이의 충돌"(같은 책, p.95)을 극복하려는 어떠한 의도를 가지고 있다는 것을 보여주지 않는다. 내 생각에는 아렌트가 칸트를 따라 행위와 판단이 서로 연결될 수 없는 두 개의 상이한 원리들에 의해 지배되고 있는 것으로 간주한 것 같다.

76) 이 책, p.143.

자는 바보들이기 때문이다"(아렌트가 설명하는 것처럼, 그 이유는 그들은 행위의 일부만을 보는 데 반해 관찰자는 전체를 보기 때문이다).[77] "그런 드라마를 잠시 보는 것은 감동적이고 교훈적일 수 있겠지만, 결국 막은 내려져야 한다." 관찰자는 그것이 싫증 날 것이다. "왜냐하면 만일 관찰자가 끝없는 그 드라마의 내용이 영원히 같을 뿐이라는 결론을 거기서 합리적으로 내리게 된다면, 어떤 단막 하나만으로도 그에게 충분할 것이기 때문이다."[78]

이것이 칸트가 판단을 하나의 지겹고 우울한 일이라고 묘사한 유일한 예는 아니다. 『실용적 관점에서 본 인간학』에서 그는 판단을 특히 기지(wit)와 비교하는데, 그 근거는 판단이 "우리의 개념들을 제한하고 또 그것을 확장하기보다는 교정하는 데 더 이바지하기 때문이다. 판단은 진지하며 엄격하고, 사유에 있어서 우리의 자유를 제한한다. 따라서 우리가 거기에 전적으로 경의를 표하면서 추구하지만, 그것은 인기가 없다." 기지는 연극과 같다. "판단의 행위는 사업과 더욱 비슷하다. 기지가 젊음의 꽃봉오리라고 한다면, 판단은 장년의 성숙한 열매다." "기지는 소스에 관심이 있고, 판단은 완성된 음식에 관심이 있다."[79] 이 구절은 버크를 반영한 것인데, 버크도 마찬가지로 판단을 기지에 비교해 판단의 과제는 "더욱 심각하고 넌더리 난다"[80]라고 결론 내렸다. 그리고 『미와 숭고의 감정에 관한 관찰들』에 나오는 인간의 여러 기질에 대한 칸트의 묘사에 따르면, 주로 자신의

---

77) H. Arendt, *Thinking*, pp.95-96.

78) I. Kant, "On the Common Saying: 'This May be True in Theory, but it does not Apply in Practice'," *Kant's Political Writings*, ed. Hans Reiss(Cambridge, Eng: At the University Press, 1970), p.88.

79) I. Kant, *Anthropology from a Pragmatic Point of View*, trans. Gregor, p.90.

80) E. Burke, "On Taste," *A Philosophical Enquiry*, in *Writings and Speeches of Edmund Burke*, Beaconsfield ed., vol. 1, p.88.

비타협적 판단이 두드러지는 사람은 우울한 사람이다. "그는 자신과 타인에 대한 엄격한 재판관이며, 세상에 대해 염려하는 만큼 자신에 대해서도 적지 않게 염려한다. ···그는 환상가나 아니면 괴짜가 될 위험에 놓여 있다."[81] (여기에 아렌트는 "[이는] 분명 자화상이다"라고 덧붙였다.)[82]

아렌트는 판단행위에 의해 초래되는 우울함에서 벗어나는 길을 찾으려는 칸트의 절실함이 그의 정치적 판단론 내에 심각한 긴장을 일으켰다고 생각한다. 거기서 벗어나기 위한 한 가지 수단은 인간의 진보 관념, 또는 역사는 의미를 가진다는 견해를 이용하는 것이다. 그런데 아렌트에 따르면 이러한 요청은, 자율적이며 따라서 역사의 실제 과정에서 전적으로 독립해 있는 무관심 상태의 관찰자에게 부여되는 절대적 우선성에 모순된다. 특히 칸트 강의의 다음과 같은 귀결 부분에 도달하면 이런 관점은 분명해진다.

우리는 행위자의 편파성에 대해 말했다. 행위자는 자신이 관여하기 때문에 전체의 의미를 결코 보지 못한다. 이는 모든 역사 이야기에도 적용된다. 철학이 미네르바의 올빼미처럼 낮이 지난 후 저녁 무렵에만 그 날개를 편다고 한 헤겔의 말은 전적으로 옳다. 이와 같은 것이 미에 대해 또는 어떤 행위 자체에 대해는 옳지 않다. 칸트적 의미에서 미는 그 자체로 목적인데, 그 이유는 모든 가능한 의미가 그 내부에 포함되어 있으므로 다른 것을 참조로 할 — 말하자면 다른 미적인 사물과 연결할 — 필요가 없기 때문이다. 칸트 자신에게는 이런 모순이 나타난다. 즉, 무한한 진보는 인류의 법칙

---

81) I. Kant, *Observations on the Feeling of the Beautiful and the Sublime*, ed. Goldthwait, pp.66-67.
82) 이 책, p.82.

이다. 동시에 인간의 존엄성은 인간이 (우리 개개인이) 자신의 특수성 속에서 보이기를 요구하며, 그 자체로서 인류 일반을 반영하는 것으로—어떤 비교도 없이 그리고 시간에 독립해서—여겨지기를 요구한다. 다른 말로 하면, 진보의 이념 자체는—만일 그것이 상황의 변화나 세계의 개선 이상을 의미한다면—인간의 존엄이라는 칸트의 생각과 모순된다. 진보를 믿는 것은 인간의 존엄에 반한다. 더욱이 진보는 이야기가 결코 끝(목적)을 가지지 않음을 의미한다. 역사의 종언 자체는 무한 속에 있다. 우리가 가만히 서서 역사가처럼 회고하는 안목을 가지고 되돌아볼 수 있는 자리는 존재하지 않는다.[83]

이 결론적인 문장의 관점에서 보면, 아렌트가 쓴 처음 두 개의 표제문이 이해되기 시작한다. 첫째는 (「사유」 '후기'의 마지막에서도 인용되었는데) 다음과 같이 옮길 수 있다. "승리의 원인은 신들을 기쁘게 했지만, 패배의 원인은 카토를 기쁘게 한다." 둘째 표제문은 괴테의 『파우스트』(Faust) 제2부 5장 11404-11407줄에서 따온 것이다. "내가 나의 길에서 마법을 제거할 수 있다면/ 그리고 모든 마법의 주문을 완전히 잊을 수 있다면/ 자연이여, 나는 그대 앞에 오직 한 인간으로 서게 되리/ 그러면 그것은 인간이 되려는 노력을 할 가치가 있을 테니." (이 구절의 앞 문장은 "나는 아직 자유로 가는 나의 길을 쟁취하지 못했노라"Noch hab' ich mich ins Freie nicht gekampft이다. 따라서 그 구절은 이 절의 서두에서 이미 묘사한 일반적인 의도에 따라 읽혀야 한다.)

적어도 아렌트의 첫 번째 표제문의 중요성은 분명해진다. 역사

---

83) 이 책, pp.169-170.

의 "기적들"은 역사의 관조자에게 무관심적 "즐거움"을 준다. 희망이 약간 보이지만 모두 불행한 운명을 타고난 정치사 속 에피소드에 대해 생각해보면 된다. 1871년 파리 코뮌의 혁명위원회, 1905년과 1917년 러시아 소비에트, 1918-19년 독일과 바바리아의 분할, 1956년 헝가리 봉기 등의 사건들을 아렌트는 아주 즐겨 인용했다.[84] "우리 가운데 한 사람도 살아서 여기를 떠날 수 없을 것이다. 우리는 우리의 생명을 구하기 위해서가 아니라 인간의 품격을 지키기 위해서 싸운다"[85]라고 한, 비록 실패할 운명이었지만 전적으로 예기치 못한 자유의 사건인 바르샤바 게토의 저항 사건을 우리는 이런 "기적적인" 순간들 가운데 포함시킬 수 있을 것이다. 아렌트에게 판단하는 관찰자──역사가·시인·이야기꾼──는 이러한 독특한 에피소드들을 역사의 망각으로부터 구출하고 거기서 인간의 품격의 부분을 살려내는데, 이러한 운명적 원인에 참여한 자들에게는 이러한 일이 거부될 것이다.

이런 종류의 사건들은, 아렌트가 칸트의 뒤를 이어 "예증적 타당성"이라고 부른 것을 소유하고 있다. 특수자를 특수자 자체로 여겨 주의를 기울임으로써 "범례"의 형태로 판단하는 관찰자는 특수자를 보편으로 환원시키지 않고도 보편자를 조명할 수 있다. 예는 자신의 특수성을 유지하는 가운데 보편적 의미를 지닐 수 있는데, 이러한 것은 특수자가 역사적 "경향"을 단지 지목하기 위해 사용될 때는 해당되지 않는다. 오직 이런 식으로만 인간의 품격이 확인될 수 있다.

동일한 시각에서 나는 두 번째의, 보다 의미 파악이 어려운 인용

---

84) H. Arendt, *On Revolution*, pp.265-266 참조. 아마도 이러한 일련의 예에 1980-81년의 폴란드 노동자혁명도 추가되어야 할 것이다.

85) Ari Willner, *Jewish Combat Group, Warsaw Ghetto, December, 1942*(*International Herald Tribune*에 실린 Leopold Unger의 기사에서 인용).

문에 대한 해석을 제시하려 한다. 두 표제문이 공통으로 가지고 있는 것은 인간적 가치 혹은 품격에 대한 관심이다. 이 독일어 시구를 완전한 확신을 갖고 해석하는 것은 불가능하지만, 아렌트가 생각했을 의미를 다음과 같이 제시해볼 수는 있을 것이다. 즉, 인간의 가치 혹은 품격은 『정신의 삶』에서 "형이상학적 오류들"(the metaphysical fallacies)이라고 부른 것을 제거할 것을 요구하는데, 그 오류 가운데 가장 해로운 것은 역사에 대한 형이상학적 이념이다. 판단은 인류의 총체적 운명에 의해 제시되는 것이 아니라 "오직 인간(man)에" 의해서만, 즉 형이상학적 꿈이나 환상에 의해 방해받지 않고 자연 앞에 서 있는 판단하는 관찰자에 의해서만 가능하다. 그의 판단은, 헤겔이나 마르크스가 꿈꾸었던 것처럼 역사의 절대적 완성과 같은 것에 의해 이루어진다기보다, 인간의 품격을 보존하는 데 있어서 더욱 결정적이다. 역사(History〔궁극적 역사―옮긴이〕)가 아니라, 역사가(historian)가 궁극적 판단자다.

이제 아렌트 철학의 전반적 구조 속에서 판단의 중요성을 알아보기 위해서, 과연 우리가 "판단"을 정신의 삶 전체의 맥락 안으로 맞춰 넣을 수 있을지를 검토해보자. 아렌트의 저작 『인간의 조건』은 제목이 잘못 붙여진 것이라고 할 수 있는데, 왜냐하면 그것은 실제로 인간의 조건 가운데 절반만을, 즉 활동적 삶(vita activa)만을 다루고 있기 때문이다. 사실 아렌트 자신도 인간의 조건의 다른 절반인 관조적 삶(vita contemplativa)을 이후에 다루기로 유보하면서 저 저술에 『활동적 삶』(*Vita Activa*)이라는 제목을 붙이기도 했다.[86] 결국 아렌트는 그의 마지막 저술에서 절반밖에 끝내지 못한 프로젝트로 돌아

---

86) H. Arendt, *The Human Condition*(Chicago: University of Chicago Press, 1958), pp.5, 324-325; *Thinking*, p.6.

갔을 때 "활동적 삶" 대신에 더 일반적인 "정신의 삶"이라는 용어를 썼다. 의지에는 관조적인 것이 거의 없으며, 심지어 사유와 판단도 모든 사람에게 적합한 정신적 활동이라고 한 까닭에, 철학과 형이상학의 관조적 인간이 과거에 향유한 배타적 특권은 사유와 판단에 대해서 부인된다. 『정신의 삶』은 칸트의 세 비판을 모델로 한다. 칸트에게 관조는 더는 인간실존의 궁극적 기준이 아니다. 사려 깊은 반성, 관조, 대답 불가능한 문제들의 제기는 전통적으로 생각되어왔던 것처럼 관조적 인간의 전유물이 아니라, 인간이 자신들의 적절한 인간적 기능을 행사하는 한 인류가 일반적으로 도달할 수 있는 영역으로 펼쳐진다. 따라서 아렌트가 『인간의 조건』에서 제기한 질문은 바로, 정신이 가지고 있는 이러한 가장 특징적인 인간적 활동 또는 기능이란 무엇인가, 정신적 삶의 현상학에 의해 드러나는 사유와 의지와 판단의 자연적 능력·기능·잠재력이란 무엇인가라는 것이다.

『인간의 조건』과 마찬가지로 『정신의 삶』도 또한 3부작으로 구상되었다. 「판단」은 이 가운데 「사유」와 「의지」의 다음에 나오는 제3부에 해당한다. 따라서 『정신의 삶』의 세 부분 간의 관계를 이해하고 공정히 평가하는 것이 중요하다. 아렌트에 따르면 이 세 정신적 활동들은 이들 서로에 대해서뿐만 아니라 정신의 다른 기능에 대해서도 자율적이다.[87]

사유와 의지와 판단은 세 개의 기본적인 정신적 활동이다. 이들은 서로에게서 파생할 수 없고, 또 비록 이들이 어떤 공통적 특징을 가지고 있다 해도 어떤 공통분모로 환원될 수 없다.

---

87) 칸트의 판단의 자율성에 대한 아렌트의 해석에 대한 설득력 있는 비판으로 Barry Clarke, "Beyond 'The Banality of Evil'," *British Journal of Political Science* 10(1980), pp.417-439 참조.

내가 이 정신적 활동들을 기본적이라고 부르는 것은 이들이 자율적이기 때문이다. 이들 각각은 그 활동 자체에 내재한 법칙을 따른다.

칸트에게 판단에 도움이 되는 것은 "규제적 이념들"을 가진 이성이다. 그러나 만일 그 기능이 정신의 다른 기능들과 분리된다면, 우리는 그 자체의 작용방식(modus operandi)을 그것 탓으로 돌려야 할 것이다.[88]

아렌트는 이들 정신적 활동이 갖는 자율성을 특히 지성(intellect)에 견주어 수립하는 데 관심을 갖는다. 이는 만일 사유와 의지와 판단이 지성의 인지 작용에 종속된다면 사유하고 의지하고 판단하는 자아의 자유가 상실될 것이기 때문이다. 「사유」에서는 이 자율성이 진리와 의미를 구분함으로써 주장된다. 「의지」에서는 둔스 스코투스를 아퀴나스와 대립시킴으로써, 그리고 전자가 후자보다 의지의 현상학에 대한 보다 깊은 통찰을 하고 있다고 주장함으로써 자율성이 성취된다. "판단"에 대한 설명이었을 것이라고 내가 추측하는 부분에서는, 반성적 판단력의 비인지적 작용과 지성의 인지적 작용이라는 칸트의 이분법을 확인함으로써 동일한 목적이 수행되었을 것이다. 이것은 왜 아렌트가, 판단의 기능에 대한 분석은 "적어도 우리에게 우리의 쾌와 불쾌에 관련된 것을 말해줄 것이다"[89]라고 서술함으로써 「의지」에 대한 부분을 끝맺고 있는지를 설명해줄 것이다. 또한 아렌트는 칸트가 『판단력 비판』의 두 부분 어디에서도 인간을 인지

---

88) 이 세 인용문은 각각 H. Arendt, *Thinking*, pp.69, 70; 이 책, p.45.
89) H. Arendt, *Willing*, p.217.

적 존재로서 언급하고 있지 않다는 것을 "진리라는 단어가 등장하지 않는다"[90]라는 말로 지적하고 있다. 같은 맥락에서 아렌트는, 인지적 명제들은 "적절히 말하자면 판단이 아니다"[91]라고 말한다. 판단은 우리가 아는 것의 재현에서가 아니라 우리가 느끼는 것의 재현에서 발생한다.

이런 설명은 아렌트가 앞서 정식화한 것 가운데 몇 가지와 분명히 충돌한다. 특히 「자유란 무엇인가?」에는 흥미로운 구절이 나오는데, 거기서 행위는 의지·판단·지성과 다음과 같은 관계를 갖는 것으로 언급된다.

> 행위의 목표는 세계의 변화하는 상황에 따라 달라지며 또 거기에 의존한다. 그 목표를 인식하는 것은 자유의 문제가 아니라 옳고 그름의 판단 문제다. 독특하고 구별된 인간적 기능으로 여겨지는 의지는 판단, 즉 옳은 목표에 대한 인지를 따르며, 후에 그 실행을 명령한다.
> 행위는 그것이 자유로운 한, 지성의 인도하에도 있지 않고 의지의 명령하에도 있지 않다. 비록 그것이 어떤 특정한 목표를 실행하기 위해는 둘 다 필요하지만 말이다.[92]

이러한 설명에서, 의지가 아니라 행위가 자유롭다고 언급되며, 판단은 (아퀴나스에서처럼) 지성과 연합된다. 이와 대조적으로 아렌트의 후기 정식화에서는, 의지와 판단은 모두 자유롭다고 언급된다. 아

---

90) 이 책, p.61. *Hannah Arendt: The Recovery of the Public World*, ed. Hill, pp.312-313 참조.
91) 이 책, p.161 참조.
92) H. Arendt, "What is Freedom?", *Between Past and Future*, p.152.

렌트에게 이는 지성에 종속되지 않음을 의미한다.[93]

「판단」(또는 우리가 그렇게 재구성할 수 있는 것)은 「사유」「의지」와 통합적으로 결합된다. 이 셋 모두는 시간과 역사 개념과 밀접하게 연관된다. 「사유」의 시간 개념은 "지속하는 현재"다. 「의지」의 시간 개념은 미래 지향적이다.[94] 의지의 기능이 점차 우세하게 됨으로써 (하이데거의 문헌에서 나오는 것처럼) 역사의 진보라는 근대적 개념을 일으키는데, 역사의 진보 개념은 다시 판단기능을 위협하게 된다. 왜냐하면 판단은 과거에 대한 참된 연관에 의존하기 때문이다. 우리가 인류의 진보 관념을 포용하는 만큼, 따라서 개별자(개별사건)를 보편자(역사의 과정)에 종속시키는 만큼, 그만큼 우리는 인류의 보편사와의 연관성으로부터 분리해 개별자를 그 자체로 판단함으로써 생기는 품격을 포기하게 된다. (아렌트가 칸트의 예증적 타당성 관념을 주장하는 것은 이 맥락에서인데, 여기서 범례는 개별성을 포기하지 않으면서 보편성을 드러낸다.)

칸트 강의에서 나타나는 다양한 주제들이 어떻게 서로 연결되는지 한 번 읽고 식별하기란 쉽지 않다. 강의 노트에 나타나는 맺음말 부분을 다시 한번 생각해보자. 진보를 믿는 것은 "우리가 가만히 서서 역사가처럼 회고하는 안목을 가지고 되돌아볼 수 있는 지점은 존재하지 않는다"라는 것을 의미한다. 왜 강의가 바로 이 지점에서 중지되었을까? 아렌트의 생각은 바로 여기서 그저 **방해를 받았던** 것일까.

---

93) H. Arendt, *Thinking*, pp.169-171 참조. "정신 활동들의 자율성은… 그것이 무제약적이라는 것을 함축한다. …인간이 비록 실존적으로 전적으로 조건 지워져 있기는 하지만… 정신적으로 이러한 모든 조건을 초월할 수 있지만, 이는 오직 정신적으로일 뿐, 결코 현실에서는 아니다. 즉, 그들이 자신의 실제성과 세계의 실제성을 탐사할 수 있는 인식과 지식 안에서 그렇다"(강조는 베이너의 것).

94) H. Arendt, *Thinking*, 20장과 *Willing*, 서론 및 6장 참조.

그래서 아렌트가 "판단"에 대한 작업을 재개할 때 이 지점을 넘어 강의가 계속되었을까? 아니면 근저에 정합성이 구축되어 있어서, 우리가 이를 자연스러운 마침점으로 간주하게 되고 또 완성된 판본의 끝나는 부분에서 유사한 기술을 마주치게 되리라고 추정할 수 있는 것일까? 만일 우리가 「사유」의 마지막 몇 줄을 주의 깊게 읽어본다면 「판단」의 내적 구조가 우리에게 분명하게 나타날 것이며, 우리가 가지고 있는 판본의 맺음말을 완전히 이해할 수 있으리라고 나는 주장한다.

「사유」의 '후기'에서 아렌트는 다음과 같이 쓰고 있다.

마침내 우리는 이러한 문제들 가운데 존재하는 유일한 대안만을 갖게 될 것이다. 우리는 궁극적 판단을 성공 여부에 남겨놓은 채 "세계사는 세계 심판이다"(Die Weltgeschichte ist das Weltgericht)라고 헤겔과 더불어 말할 수 있거나, 아니면 존재하는 대로 혹은 생겨난 그대로 사태의 가능한 독립성과 인간 정신의 자율성을 칸트와 더불어 주장할 수 있을 것이다.

여기서 비록 처음은 아니지만 우리는 역사 개념을 고려해야만 한다. …이 호메로스의 역사가는 심판관이다. 만일 판단이 과거를 다루는 우리의 기능이라면, 역사가는 과거와 관계하면서 판단하는 탐구자다. 만일 그렇다면, 우리는 역사(history)의 중요성을 부정함 없이 그러나 궁극적인 심판관으로서의 역사의 권리를 부정하면서, 말하자면 현대의 역사(History)라는 이름의 사이비 신성으로부터 인간적 품격을 되찾을 수 있을 것이다. …대 카토는 이런 되찾기 기획에 내포된 정치적 원리를 적절히 요약하는 묘한 말을 남겼다. 그는 다음과 같이 말했다. "승리의 원인은 신들을 기쁘게 했지만, 패배의 원인은 카토를 기쁘게 한다"(Victrix causa deis placuit, sed victa Catont).[95]

판단론에 대한 아렌트의 궁극적인 양자택일의 기로는 칸트와 헤겔
사이 —자율성과 역사 사이(칸트 자신이 이 선택의 기로에 실제로 섰
다는 전제에서)— 에 존재한다.[96] 판단 개념은 궁극적으로 역사 개
념과 연결된다. 역사가 진보한다면 판단은 무한히 연기된다. 역사에
종언이 있다면 판단 활동은 배제된다. 만일 역사가 진보하지도 않고
끝나는 것도 아니라면 판단은 개별 역사가에게 맡겨지는데, 이 역사
가가 과거의 개별적 사건과 "이야기"에 의미를 부여하게 된다.

'후기'는 칸트 강의가 「판단」에서 완전히 의도된 구조를 반영하고
있다고 지적하는데, 이는 「판단」의 궁극적 목적이 역사 개념으로 돌
아가게 될 것임을 분명히 보여주기 때문이다. 그리고 그것이 사실상
칸트 강의가 끝난 지점이다.

8. 비판적 질문들

지금까지 "판단"에 대한 아렌트 사상의 내적 구조를 이해하려고
시도해왔다. 이제 나는 비판적인 평가를 위한 길을 마련하기 위해 몇
가지 문제들에 다가서고자 한다. 먼저 정치적 판단론에 대해 칸트가

---

95) 이 책, p.47. "세계심판"(Weltgericht) 개념은 A. Kojeve, "Hegel, Marx and
Christianity," *Interpretation* I(1970), p.36 참조.
96) 이 책, pp.167-170 참조. 참고로 이러한 견해에 내포된 잠정적인 입장을 말하
자면, 아리스토텔레스(『니코마코스 윤리학』 6권에 나오는 실천지phronesis에
대한 장에 나오는 실천적 판단의 개념)는 심각한 경쟁자가 될 수 없다. 오직 헤
겔만이 칸트에 대한 확실한 도전이 된다.

기여한 본질적 요소들을 요약해보자.

첫째, 『판단력 비판』의 서론에서 정식화되고 칸트의 『논리학』(*Logic*)에서도 정의된 반성적 판단과 규정적 판단의 구분이 존재한다. 둘째, 「미적 판단력 비판」의 특히 39절과 40절에서 발전된 확장된 심성·무관심성·공통감 등의 개념이 있다. 셋째, 『학부논쟁』(제2부 「다시 제기된 오래된 질문」)에 나오는 프랑스혁명에 대한 논의에서 등장하는 관찰자 개념이 있다. 이 관찰자 개념은 『미와 숭고의 감정에 관한 관찰들』과 다른 곳에서도 나타난다. 넷째, 칸트의 『실용적 관점에서 본 인간학』에서는 사회적 취미에 대해 다소 길게 다루고 있다. 이 저술은 이성·지성·판단력 등 인지적 기능들에 대한 분석과 영국 경험론자들에서 빌려온 기지와 판단력의 차이에 대한 주해를 담고 있다. 다섯째, "이성의 공적 사용" 개념이 있는데, 여기에 대한 가장 분명한 표현은 「계몽이란 무엇인가?」라는 짧은 논문에서 발견된다. 끝으로, 「이론과 실천」(Theory and Practice)이라든가 『교육론』(*Education*)과 같은 칸트의 다른 저술들에는 판단에 대한 언급들이 흩어져 있다. 이러한 것들은 정치적 판단력에 대한 칸트적 접근을 형성하는 자료가 된다.

그런데 제기되는 문제는 이것이다. 칸트가 판단이론에 대한 유일한 또는 가장 최상의 자료인가? 또한 판단은 아렌트가 믿고 있는 것처럼, 그리고 전적으로 칸트에게 호소해서 설명하고 있는 것처럼, 하나의 환원 불가능한 "자율적인" 기능인가? 혹은 이 용어는 복잡한 방식으로 작용하고 있는 서로 다른 기능들의 폭넓은 영역을 가리키는 것은 아닌가?

이런 질문들에 대답하기에 앞서 『판단력 비판』에서 제시되는 판단론을 개괄해보는 것이 도움이 될 것이다. 칸트의 이론은 난해하고 때때로 당혹스럽지만, 아주 대략적인 개요를 말하자면 미적 판단에 대한 칸트의 설명은 다음과 같다. 모든 인간은 상상력의 기능과 지성의 기능이라는 두 기능을 가지고 있다. 상상력의 기능은 자유의 감각에 대응하고, 지성의 기능은 규칙에 대한 일치의 감각에 대응한다.

칸트가 (대상에 대한 즉각적 파악에 대립하는 것으로) "반성"의 작용이라고 부른 것 속에서 우리가 미적 대상의 형식을 재현할 때, 이 재현 작용의 어떤 형식적 특성은 이 두 기능이 서로 조화를 이루도록 하고, 다시 이것은 주체 안에 쾌의 감각을 산출한다. 따라서 감각의 판단과 대립하는 취미의 판단은 "반성적"이다. 왜냐하면 그것이 주체 안에서 고취된 쾌와 불쾌의 감정을 가리키는 동안 이 쾌는 대상을 직접적으로 유쾌하다고 경험하는 데 제한되지 않는 이차적(second-order) 재현에서 발생하지만, 오히려 우리의 경험 대상을 "다시 비추거나"(re-flects) 그리로 되돌아가기 때문이다. 미적 판단이 기초를 두고 있는 쾌는 매개된 또는 이차적 쾌, 즉 반성에서 발생하는 쾌다. 그것은 즉각적인 만족이 아니다. 모든 인간 주체는 조화와 연관을 맺으면 이러한 쾌를 일으키는 두 기능을 소유하고 있으므로, 우리는 다른 사람들이 주어진 미적 형식에 대해 우리와 같은 경험을 할 것이라는 것을 정당하게 기대할 수 있게 된다. 이는 마치 우리가 그것에 대한 그들의 경험 가운데 우리 자신을 투사하려고 시도할 수 있는 것과 같다.

이는 물론 그들이 우리의 판단에 실제로 동의할 것이라고 기대할 수 있음을 의미하지는 않는다. 그것이 의미하는 것은, 만일 그들이 자신에게서 외적인 영향을 없애고 또 대상을 다른 관점들에서 보려는 필수적인 노력을 기울인다면 그렇게 해야 한다는 것뿐이다. 칸트에 따르면 실제적인 대안적 판단을 발견할 필요는 없다. 왜냐하면 우리는 상상력을 행사함으로써 잠재적·대안적 관점들에 대해 반성할 수 있기 때문이다. 어떤 사물이 실제로 다른 사람에게 제시되지 않고서도 다른 사람의 관점들에서 어떻게 보일 것인지를 우리는 상상한다. "확장된 심성"에 대한 이러한 호소는 "우리 자신의 평가에 대해 우연히 영향을 주고 있는 제한 요소들"[97]에서 자유롭지 못할 때는 실패하게 된다. 다른 말로 하면, 미적 상상력의 실패는 "경험적 관심"에 함몰된 탓인데, 이때 취미판단은 감각의 판단이나 단순한 만족감에 압도된다.

이러한 설명은 지나치게 형식적이고 또 미적 경험의 아주 협소한 영역(예를 들면 연극보다는 조각이나 회화에, 소설과 같은 다른 형식의 문학보다는 시에, 영화보다는 사진에 더 적합)에만 해당하는 것이라고 거부할 수도 있을 것이다. 그러나 이런 거부는 판단에 대한 칸트적인 "비판"이 이바지하려는 목적의 견지에서 고려할 때 소멸된다. 칸트는 미적 판단에 대해 가능한 타당성의 조건을 탐구하는 데 관심이 있다. 우리는 때때로 타당한 미적 판단을 내리는데, 그는 이것이 어떻게 가능한가라는 질문을 제기하면서 문제를 설정한다. 그의 대답은 "우리는 모든 사람에게 공통적인 근거에 의해 강화될 수 있기 때문에 모두로부터 동의를 구하는 청구인이다"[98]라는 것이다. 이러한 공통적인 근거를 분명히 설명하는 것은 인간의 인지기능들에 대한 고도의 형식적 탐구를 요구한다. (비록 취미는 우리가 인식하는 것이 아니라 느끼는 것을 가리킨다는 이유로 칸트에 의해 인지기능으로 간주되지 않지만 말이다.) 만일 그가 (아무리 형식적이라 하더라도) 공유된 판단을 위한 어떤 기초를 보여줄 수 있다면, 그는 취미판단의 가능한 타당성을 위한 초월론적 기초를 확보하는 데 성공했을 것이다. 우리의 판단 가운데 어떤 것은 전혀 다른 방식으로 작용한다는 사실은, 취미 주장

---

97) 임마누엘 칸트, 『판단력 비판』, §40.
98) 같은 책, §19.

을 정당화하거나 합법성을 부여하려는 칸트의 기획에 결코 모순되거나 양립 불가한 것은 아니다.

간단히 말해, 칸트는 이러저러한 판단의 실질적 특성들에 관심이 있었던 것이 아니라 우리 판단이 타당해지는 보편적 조건들에 관심이 있었기 때문에 판단한다는 것이 무엇인지에 대한 고도의 형식화된 설명을 제공했다. 그러한 설명을 정치에 적용하려는 생각은 다소 호기심을 끌기는 하지만 완전히 이해할 수 없는 것도 아니다. 정치적 사건은 공적이며, 이해를 구하는 관찰자의 응시를 향해 열려 있고, 반성에 적합한 현상의 영역을 구성한다. 현상학적으로 이해된 정치는 상상력의 자유와 규칙에 대한 지성의 일치를 촉구한다. 이처럼 형식적인 이론은 정치 판단을 개념화하는 데 충분하다고 입증되지 않을 수도 있지만, 분명히 계속 생각해보기 위한 아주 흥미로운 자극을 제공한다.

이제 몇 가지 난점들을 고찰해보자. 칸트의 설명 가운데 명백히 빠진 것에 주목할 수 있다. 우선, 판단과 관련된 지식의 종류에 대해 그 어떠한 주의도 기울여지지 않았고, 다른 한편으로 어떤 사람이 판단할 자격이 크게 또는 작게 있는지를 나타내는 인식적 역량—예컨대, 판단에서 신중성(prudence)의 개념과 연관된 모든 영역—에 대한 그 어떤 분명한 설명도 명백히 없었다. 판단에 대한 칸트의 논의 가운데 어디에서도 우리는, 행위자에게서 보이는 실천지(practical wisdom)의 표지로서 전통적으로 관찰되었던 경험·성숙성·건전한 습관과 같은 특질에 대한 관심을 발견할 수 없다.

칸트는 신중성을 실천이성에서 분명히 배제했는데, 그 이유는 그의 도덕철학과 깊이 연관되어 있다. 그의 도덕철학과 정치철학이 많은 점에서 상호 긴장 속에 있기는 하지만, 칸트의 신중성 배제는 그의 정치적 사유에도 이어진다. 그 결과 칸트는 정치가 경험적인 행복을 위한 것이 아니라 자명하고 논박 불가능한 권리에 관한 것이라는 이유에서 경험이 정치적 사유에서 아주 부적절한 것이라고 여겼다.[99] 그는 신중성을 예술과 기술에 대한 기술적·실천적—특히 사람들에게 영향력을 행사하고 그들의 의지를 자기 자신의 의지에 종속하게 만드는 데 관련된 기술을 지배하는—규칙으로 생각했다.[100]

따라서 그는 신중성을 "가언 명령"(hypothetical imperatives)이라고 부른 것으로 분류했다. 예를 들면, 만일 내가 어떤 목적을 원한다고 하면, 신중성은 내가 그 목적을 이룰 수 있는 도구적 수단을 결정한다는 것이다. 칸트의 용어로 말하면, 이것은 유사 이론적 능력이지 진정한 실천적 능력은 아니며, 그것은 아리스토텔레스의 용어로 말하면 신중성을 기술지(technē)로 환원하는 데 기여한다. 프루덴시아(prudentia, 신중성)는 주지하다시피 아리스토텔레스의 실천지(phronesis, 단순한 기술지와는 달리 윤리적 숙고의 모든 차원과 적절한 인간적 목적의 결정을 이해하는 것)를 라틴어로 옮기기 위해 아퀴나스가 사용한 용어다. 따라서 만일 우리가 칸트의 판단이론이 충분한지를 검증하고 싶다면, 우리는 아리스토텔레스의 『니코마코스 윤리학』(*Nicomachean Ethics*) 제6권으로 돌아가야 한다. 왜냐하면 우리가 신중성 또는 실천지라는 용어의 근원을 추적해야 하는 곳이 거기서부터이기 때문이다. 일반적으로 "실천지"라고 번역되는 'phronēsis'는 제6권의 핵심 개념이며, 다른 모든 논의되는 개념들—인식·기술지·이성·지혜·정치적 인식·숙고·이해·판단력·덕—이 이 개념을 중심으로 논의되고 있으며, 이것들은 모두 비교와 대조의 방식

---

99) I. Kant, *Kant's Political Writings*, ed. Reiss, pp. 70-71, 73, 80, 86, 105, 122.
100) 임마누엘 칸트, 『판단력 비판』, 서론, 제1절; *Foundations of the Metaphysics of Morals*, trans. Lewis White Beck, Library of Liberal Arts (Indianapolis: Bobbs-Merrill, 1959), pp. 33 ff.

으로 실천지와 연결된다.

아리스토텔레스를 칸트와 대면시키는 것은 다음과 같은 아주 심각한 문제들을 낳는다. 첫째, 관찰자가 판단을 독점하는가, 아니면 정치행위자도 또한 판단기능을 행하는가? 그리고 만일 후자의 경우라면 판단의 부담은 행위자와 관찰자 사이에 어떻게 분배되는가? 둘째, 무관심성이 판단의 결정적인 기준인가, 아니면 신중성과 같은 다른 기준들도 동등하게 필수적인가? 이는 (칸트적인 의미가 아니라 아리스토텔레스적인 의미에서의) 목적론 문제, 그리고 미적 판단과 합목적적 판단의 관계 문제와 연결된다. 우리가 보았던 것처럼 칸트는 미적 판단을 어떠한 실천적 관심에서 벗어나 있는 순수하게 관조적인 것으로 간주한다. 따라서 취미판단은 목적에 대한 그 어떠한 고려로부터도 추상되어야 한다. 미적 판단은 목적에 대해 어떠한 참조도 해서는 안 된다.

그런데 정치적 판단이 실천적 목적에서 추상될 수 있고, 또 엄격히 비목적론적인 정치 판단 개념이 정합적일 수 있는가? 이것은 또다시 추가적인 질문을 일으킨다. 예를 들면, 정치 판단에서 수사학의 지위는 무엇이며, 이 양자는 필연적으로 연관되는가? 칸트는 취미판단에서 목적론을 추방했기 때문에 수사학을 비난한다. 수사학은 목적을 추구함으로써 미학을 오염시키기 때문이다.[101] 그런데 만일 목적의 추구가 미적 판단과는 반대로 정치적 판단과 불가분리적이거나 실제로 그의 구성 요소라면, 수사학 또한 정치적 판단의 구성적 연관 가운데 있는 것은 아닌가? 정치 판단에 대한 아리스토텔레스의 가장 중요한 반성들 가운데 몇 가지는 『수사학』(*Rhetoric*)에 대한 그의 연구 가운데 담겨 있다. 또다시 사람들은 칸트 이론의 충분성에 대한 의문

---

101) 임마누엘 칸트, 『판단력 비판』, §53 참조.

들과 대면하게 된다.

또한 칸트는 취미에서 사회적 경향성이나 정념(passion)처럼 그가 "경험적 관심"이라고 부른 것을 배제했다. 그는 "매력"(charms)을 예로 들었는데, 이는 그것이 가진 사회적 견인력 때문에 가치가 있다.[102] 칸트에게 매력은 미적 판단에 속하지 않는데, 미적 판단이란 선험적 (a priori)이고 순수하게 형식적이며, 단순한 감각의 산물이 아니기 때문이다. 미적 대상은 그것이 일으킬 수 있는 사랑이나 동정심과 같은 감정과는 별개로 그의 형식에 따라 평가되어야 한다. 유사하게 칸트가 제공한 설명에 따르면, 동료의 판단에 호소하는 것은 공동체의 어떤 실질적인 관계와는 전적으로 무관한 순수한 형식적 호소다(따라서 그는 반복해서 판단이 선험적으로 작용한다고 말한다).[103] 미적 대상에 의해 정신적 반성에 제공된 형식들의 모습을 판단할 때, 나는 (형식적인 판단 공동체로서 간주된)[104] 인류 자체의 동의를 요청하지, 어떤 특정한 사회의 동의를 요청하는 것이 아니다. 내 자신의 공동체의 실질적인 필요와 목적, 그리고 특정한 목적들은 어떤 다른 것들만큼이나 판단에는 엄격히 부적절한 것이다.

이러한 주제들의 집합은 가다머(Hans-Georg Gadamer)의 칸트 미학에 대한 비판에서 가장 예리하게 제시되었다. 『진리와 방법』(*Truth*

---

102) 앞의 책, §§13-14.

103) 같은 책, §§12, 40-41 참조. 아렌트는 이러한 '선험적'(a priori)인 것에 어떤 힘이 주어질 것인지에 대해 결코 진지하게 고민하지 않았고, 또 우리가 (선험적으로) 호소해야 하는 판단 공동체의 특성에 대한 문제도 진정으로 직면하지 않았다. 아렌트는 칸트의 "allgemein"이라는 단어를 번역할 때 "보편적"(universal)이라는 말보다는 "일반적"(general)이라는 말을 고집했다(이 책, 제1부 주 165 참조). 그러나 이것이, 우리가 판단할 때 모든 개별성을 지닌 어떤 특정한 인간공동체와 연관되어야 한다는 것을 의미하지는 않는다.

104) 같은 책, §40. 우리는 소위 '인류의 집단적 이성'(die gesammte Menschenvernunft)이라는 것으로 우리의 판단을 저울질한다.

and Method) 제1부에서 가다머는, 이전에는 중요한 정치적·도덕적 함의를 가졌던 공통감 관념을 칸트가 "탈정치화"했다고 주장한다. 가다머에 다르면, 판단에 대한 칸트의 형식적이고 협소한 개념은 더 오래된 로마에 뿌리를 둔 관념에서 그것이 한때 지녔던 아주 충만한 도덕적-정치적 내용을 제거한다. 칸트는, 말하자면, "상식"에서 로마적 의미의 풍성함을 제거한 것이다. 가다머는 칸트와 대립되는 모델로 비코와 샤프츠베리, 그리고 특히 아리스토텔레스를 인용한다. 가다머의 아리스토텔레스적인 관점에서 보면 칸트는 공통감을 "지성화"했고, 이전에는 사회적·도덕적 기능으로 이해되었던 취미 기능을 "미학화"했으며, 판단 개념을 포함한 이 개념들의 범위를 아주 협소하게 상정하고 제한했다. 그래서 일반적인 공동체의 모든 관계들에서 이 개념들을 추상시켜버렸다. 따라서 만일 우리가 정치 판단론의 다른 가능한 자료들을 탐색하려고 할 때, 아주 유망한 한 가지 탐구의 길은 가다머의 철학적 해석학에 의해 제공된다고 할 수 있는데, 이는 칸트를 의도적으로 피하고 아리스토텔레스의 윤리학에 호소하는 해석학적 판단론을 제시한다.

우리가 봐왔던 대로, 아렌트는 판단이 인식적 기능이 아니라고 아주 단정적으로 서술한다.[105] 이 때문에 우리는 반성적 판단이 엄격히 비인지적인가, 또는 그것이 진리 주장을 불가피하게 포함하지는 않는가라는 질문을 탐구하게 된다. 아리스토텔레스에게서 도출 가능한 판단론과는 대조적으로, 칸트적인 정치 판단론은 사람이 정치적 지식이나 정치적 지혜에 대해 말하는 것을 허용하지 않을 것이다. 정치적 판단에서 이러한 지식을 배제하는 것과 관련된 문제는, 그러한

---

105) 반성적 판단력의 인지적 지위를 부정할 때 아렌트는『판단력 비판』§1과 §38(주해)에서 칸트가 말한 "취미판단은 인지적 판단이 아니다"라는 주장을 따르고 있음이 아주 명백하다.

배제가 "정보가 제공되지 않은" 판단에 대해 말하는 것과 지식을 위한 차별화된 기능에 대해 말하는 것을 불가능하게 해, 어떤 사람은 판단에 대해서 더 자격이 있고 어떤 사람은 자격이 적다고 인정될 수 있다는 점이다. 이 점은 하버마스(Jürgen Habermas)의 「한나 아렌트의 소통적 권력 개념」에 나오는 잘 논증된 비판에서 아렌트에게 제기한 반론과 연관해 설명될 수 있다.

아렌트는 논증을 통해 좁혀질 수 없는 지식과 의견 사이의 넓은 간극을 보고 있다.

그는 이론과 실천의 고전적 구분을 굳게 고수한다. 실천은 엄격한 의미에서 참이나 거짓일 수 없는 의견과 신념에 의지한다. …궁극적 통찰과 확실성에 기초한 이론적 지식이라는 낡아빠진 개념 때문에 아렌트는 합리적 담론으로서 실천적 질문에 대한 합의에 도달하는 과정을 이해하지 못하게 된다.[106]

하버마스는 아렌트가 실천적 담론을 이성적 담론의 영역 안으로 도입하지 않음으로써 그것의 인지적 지위를 거부하며, 따라서 지식을 실천적 판단으로부터 분리한다고 주장한다. 아렌트의 주장은, (하버마스가 하려고 했던) 정치적 신념의 인지적 기초를 구명하는 것이 의견의 품격과 타협하게 된다는 것이다. 그런데 그 어떤 인지적 주장(그래서 그 함의에 따라, 잠재적으로 교정 가능한 진리 주장)도 포함하지 않은 의견을 우리가 어떻게 이해할 수 있는지, 또는 어떤 진리 주

---

106) Jürgen Habermas, "Hannah Arendt's Communications Concept of Power," *Social Research* 44(1977), pp.22-23.

장도 내포하지 않은 (또는 적어도 입수 가능한 대안적 의견들에 의해 주장되는 것보다 진리를 적어도 더 주장하지는 않는) 의견을 우리가 왜 심각하게 대해야 하는지는 불분명하다. (정치적인 것은 물론이고) 미적 판단을 포함한 모든 인간적 판단은 필수적인 인지적 차원을 포함하는 것처럼 보일 것이다. 미적 판단에서 그 어떤 인지적 차원도 배제하면서 인지적인 것과 비인지적인 것을 엄격히 이분법적으로 나누는 것은, 인지적 판단에 적합한 "반성적" 요소(문제가 된 인지적 판단들을 위해 요구되는 반성적 의미에서의 구별이나 "판단"의 요소)를 무시하는 것처럼 보인다. 이는 또한 (예를 들면, 어떤 그림이 어떤 시기에 속하는 것인지를 우리가 앎으로써 그 그림에 대한 이해가 확장되는 것처럼) 이른바 인지적 차원에서의 구별이나 인지적 통찰에 대한 미적 판단의 의존 정도를 무시하고 있는 것처럼 보인다.

우리가 이미 보았던 것처럼, 칸트는 판단에 대한 고도의 형식적 설명을 제시했다. 추구되는 것이 취미 기능의 초월론적 연역인 한에서 이는 수용할 만하다. 그러나 같은 점에 대해 우리는 다음과 같이 물어야 한다. 이런 류의 정치적 현상들이 다른 류의 것보다 더 주목할 만한 가치가 있는 것은 정치적 행위자 또는 역사적 행위자의 목적과 목표의 내용 가운데 무엇 때문인가? 어떤 특정한 판단이 정보가 있는 판단이고 신뢰할 만한 판단이자 실천적 판단이며, 이런 속성들을 결여한 판단들과 대립되는 것이라고 할 수 있는 것은 그 내용 가운데 무엇 때문인가?[107] 어떤 사람이 자신의 판단에 대해 ─ 외적인 영

---

107) 칸트는 그의 『실용적 관점에서 본 인간학』에서 이러한 문제들을 실제로 토론했다(예를 들면, §§42-44). 칸트의 취미 개념을 정치에 적용하려는 시도는 아마도 칸트의 "실용적 인간학"에서 더 많은 도움을 이끌어낼 수 있을 것이다. 왜냐하면 거기에서 우리는 제3비판에서 다듬어진 것과는 상당히 다른 취미에 대한 설명을 발견하게 되기 때문이다. I. Kant, *Anthropology from a*

향이나 타율적인 제약에서의 무관심성과 자유의 형식적 조건과 별개로—분별력이 뛰어나다거나 지식을 갖추고 있다거나 책임감이 있다고 하는 것은 실질적으로 무엇 때문인가? 우리에게 판단하는 주체의 지혜와 경험을 인정하게 하고 또 판단의 대상에 있어서 적합성과 적실성을 인정하도록 하는 **실질적 조건**은 무엇인가? 어느 지점에 가서 이러한 질문들을 도입하지 않은 채 칸트처럼 형식적인 판단이론을 정치적 판단이론으로 변환하려는 시도는, 정치적 현상들을 그 현상 자체를 중심으로 진정하게 평가하는 것으로부터 보증할 수 없는 정치의 미학화로 전환할 위험을 감수하게 된다. 아렌트가 아리스토텔레스에게 잘 물어야 할 지점이 바로 여기다. 아리스토텔레스의 판단 개념은 정치적 숙고와 수사학, 공동체의 실질적인 목표와 목적이라는 맥락 안에 굳게 자리 잡고 있기 때문이다.

우리가 보았던 대로, 칸트를 정치적 판단이론의 자료로 사용하는데에는 다양한 문제가 존재한다. 그러나 아렌트의 후기의 정식화를 놓고 판단하자면, 이것이 아렌트가 칸트에게서 추구하고자 했던 것은 실제로 아니었다. 아렌트의 목표는 더 이상 **정치적** 판단론이 아니다. 아렌트가 지금 이 문제를 파악하고 있는 바에 따르면, 오직 하나의 통일적이고 분리할 수 없는 판단의 기능만이 존재한다. 이는 다양한 상황에서—미학 비평가의 평결에서, 역사적 관찰자의 평결에서, 이야기꾼이나 시인의 비극적 평결에서—나타나며, 또한 다양한 상황은 그렇게 드러난 기능의 특성에 적절하게 영향을 주지 않는다. 따라서 우리가 특성적으로 **정치적** 판단이라고 확인할 수 있는 분명한 기능은 존재할 수 없다. 오직 일상적인 판단 능력만이 존재하는데, 이는 정치적 사건에 대해 (또는 아렌트의 표현으로 하면 정치 현상에 대

Pragmatic Point of View, §67–71.

해) 나타나게 된다.

이는 (「문화의 위기」「진실과 정치」, 그리고 그 밖의 저술에서 나타나는) 판단에 대한 아렌트의 초기 생각들과 그의 확정적 정식화로 등장할 듯한 것 사이에 깊은 긴장을 드러낸다. 이전의 정식화에서 우리는 "재현적 사유"와 의견과 판단의 관계에 대한 토론이 사람들에게 판단이 정치적 숙고와 행위에 있어 행위자가 행사하는 기능이라고 생각하게 이끈다는 것을 발견한다. (이는 원래 아렌트에게 판단을 "인간의 정신적 행위 가운데 가장 정치적인 것" "정치적 존재로서의 인간의 근본적 능력 가운데 하나", 최고의 정치적인 기능이라고 부르게 했던 것처럼 보인다.) 그런데 이러한 접근은 아렌트의 후기의 설명에서 함축적으로 부정된다. 「자유란 무엇인가?」에서 아렌트는 판단을 지성·인식과 나란히 놓음으로써, 판단이 지적 기능이거나 전적으로 인지적이라는 데 대한 자신의 궁극적인 부정과 날카롭게 대립하고 있다. 1965년과 1966년에 이루어진 미출간 강의에서 아렌트는 정반대의 극단으로 나아가고 있는데, 거기서 판단을 의지의 기능(그것을 의지의 "자의적 기능"liberum arbitrium이라고 밝히면서)이라고 정의 내리고 있다. 그리고 어떤 맥락에서는 심지어 "인간 정신의 가장 신비한 기능들 가운데 하나인 이 판단기능이 의지라고 불려야 하는지, 또는 이성이나 어떤 제3의 정신적 기능이라고 불려야 하는지는 아직 미결정의 문제다"[108]라고까지 말하고 있다. 그래서 우리는 아렌트가 판단을 구별된 기능으로서 지성과 의지와 다른 것으로 여기게 된 것이 점차적으로 이루어진 일임을 안다. 또 이 문제를 자신의 마음속에서 정리했을 때, 아렌트는 판단과 정치 사이의 — "정신의 삶"과 "현상의

---

108) 네 번째 강의 "Some Questions of Moral Philosophy"(Hannah Arendt Papers, Library of Congress, Container 40, pp.024642, 024645). 강조는 타자기로 작성된 강의원고에 연필로 더해진 부분이다.

세계"사이의 — 관계 자체를 재형성하게 되었다.

　문제는 판단이 활동적 삶에 과연 참여를 하는지 (그리고 어느 정도로 참여하는지), 또는 판단이 정신적 활동으로서 관조적 삶 — 정의상 아렌트가 고독하게 세계와 다른 사람에게서 벗어나서 행하는 것으로 생각한 인간의 삶의 영역 — 에 제한되는 것인지다. 전체적으로 조망해볼 때 판단이 어디에 적합한지에 대한 이러한 근본적인 불확실성은, 아렌트에 의해 아렌트 자신의 폭넓은 통찰의 일부를 부정함으로써만 마침내 해결될 것이다. 한편으로 그는 판단을 활동적 삶 속으로 수렴해, 공통적인 숙고에 관여하는 가운데 의견을 공적으로 교환하는 정치적 행위자의 재현적 사유와 확장된 심성의 기능이 판단이라고 간주하도록 유혹받는다. 다른 한편으로 그는 판단의 관조적이고 무관심성의 차원을 강조하기를 원하는데, 이는 미적 판단과 마찬가지로 회고적으로 작용한다. 후기의 의미에서의 판단은 정신의 삶의 범위 내부에만 자리 잡는다. 아렌트는 이러한 긴장을 없애고 후자의 판단 개념을 전적으로 선택함으로써 최종 결단을 내린다. 이러한 결단은 궁극적으로 일관성을 산출하지만 제한된, 즉 활동적 삶에 대한 어떠한 참조도 배제하는 대가로 개정된 판단 개념 안에서 성취되는 일관성이다. 판단력의 연습이 실천적으로 유효하게 되는, 또는 심지어 실천적으로 적절하게 되는 유일한 지점은 위기 또는 비상사태의 시기에서뿐이다. 판단은 "모든 것이 무너지는 드문 순간에 적어도 자신을 위해서 파국을 막을 수" 있다. 이러한 "드문 순간"을 제외하면 판단은 오직 정신의 삶에만, 고독한 반성 속에서 이루어지는 정신의 자신과의 소통에만 적절하다.

　따라서 판단은 활동적 삶과 관조적 삶 사이의 긴장(아렌트의 전 저작에 만연한 이원론)에 사로잡혀 있다. 아렌트는 판단을 정신의 삶 내부에 분명히 자리매김함으로써 이러한 긴장을 극복하려 한다. 그러나 (정신의 세 힘들 가운데서) 판단은 인간의 세속적 행위에 가장 가까이 접해 있고, 그러한 행위들과 가장 가까운 유대를 유지하는 정신 기능으로 남아 있다. 정신활동과 세속적 활동 사이에 확고한 분리를 고수함으로써, 아렌트는 자연적 친화성을 유지하고 있는 활동적 삶의 세계로부터 판단을 추방하도록 강요받는다. 그 결과 판단의 본질에 대한 그의 보다 체계적인 반성은 한층 더 협소한 (그리고 아마도 덜 풍성한) 판단 개념으로 귀결되었다.[109]

이 지점에서 우리는 최초의 질문으로 돌아가 또다시 다음과 같이 묻게 된다. 칸트는 이 문제에 대한 우리의 유일한 자료인가? 칸트는 이전에는 알려지지 않았던 "전적으로 새로운 인간의 기능"[110]을 발견했는가? 우리가 판단기능을 이토록 협소하게 이해해 칸트의 판단론과 같은 판단론을 가진 자만이 그것을 인식하고 있었다고 말하려 하지 않는다면, 우리는 아니라고 답할 수 있다. 그런데 때때로 아렌트 자신도 칸트가 이 영역에서 배타적인 독점권을 가지고 있지는 않음을 기꺼이 인정하고 있다. 특히 「문화의 위기」에서 그는 판단을 인간의 근본적인 정치적 기능으로 인식하는 것이 "정교한 정치적 경험만큼이나 실제로 오랜 통찰"에 의존하고 있다고 언급했다. 그리스인들은 이 능력을 실천지 또는 통찰력이라고 불렀고, 이것을 철학자의 지혜와는 다른 정치가의 주된 덕목 또는 탁월성으로 간주했다. 아렌트는 이 글의 주14에서 다음과 같이 언급한다. "철학자의 지혜에 비견해 세밀하게 정치가의 통찰을 정립한 아리스토텔레스는 자신의 정치적 저술(『니코마코스 윤리학』 6권)에서 종종 그렇게 했던 것처럼

---

109) "Hannah Arendt's Communications Concept of Power"(p.24)에서 하버마스는 아렌트가 "실천적 판단의 합리성에 기초를 둔 그의 고유한 실천 개념"으로부터 "물러섰다"라고 결론을 맺고 있다.

110) 이 책, p.55.

아마도 아테네 도시국가의 일반 여론을 따랐던 것 같다."[111] 그러나
만일 아리스토텔레스가 판단이론에 대한 대안적 접근법을 제안했다
고 아렌트 자신이 기꺼이 인정한다면, 우리의 문제는 한층 더 절박해
진다. 판단력이라는 주제를 탐구하려고 했을 때 영감을 얻기 위해 아
렌트가 왜 오직 칸트에게만 주목했는지(그 반대, 즉 아렌트가 처음부
터 판단력에 관해 관심을 가지도록 처음으로 이끈 것이 칸트에 대한 아
렌트의 지속적인 매혹이었다고 하지 않고서 말이다. 물론 이는 가능한
이야기다)를 우리는 조사해야 한다.

　아렌트 저술에 아주 익숙해 있는 사람이라면 누구도 그의 사상에
대해 칸트가 가진 깊은 영향력을 올바로 평가하지 않을 수 없다. 칸
트가 아렌트에게 판단론을 제 것으로 만들기 위한 자료만을 제공한
것은 아니다. 아렌트에게 칸트는 공적인 것에 대한 개념 전체를 형성
해주었고, 또 그런 점에서 그는 아렌트의 유일한 선구자다. 판단에 대
한 칸트의 저술에서 아렌트가 어떻게 자신의 정치 개념에 대해 구상
할 수 있었는지를 파악하기 위해서는, 아렌트에게서 정치란 목적이
아니라 현상의 판단 문제라는 것을 기억해야 한다. 그가 정치적 판단
력을 미적 판단력과 동일시할 수 있는 것도 이러한 이유에서다. 따라
서 아렌트가 정치 판단의 모델로서 미학에 주목하는 것은 결코 우연
한 것이 아니다. 그는 이미 정치와 미학 사이의 친화성을 짐작하고 있
었는데, 왜냐하면 양자는 모두 현상의 세계에 관여하기 때문이다. 그
리고 그는 다음과 같이 쓰고 있다. "그 어떤 다른 철학자의 저술에서
도 현상 개념이… 칸트에서만큼 결정적이고 중심적인 역할을 하고
있지 않다."[112] 바로 여기서 아렌트에게는 칸트 또한 정치적인 것의

---

111) H. Arendt, "The Crisis of Culture," *Between Past and Future*, p.221.

112) H. Arendt, *Thinking*, p.40.

본질에 대한 독특한 각성을 지니고 있었다는 것이 추론된다.

칸트 강의의 초기 판본(1964)에서 아렌트는 정치가 지배·점령·이해관계·도구성 등에 관한 것이라는 오랜 선입견 때문에 칸트조차도 『판단력 비판』이 정치철학에 속한다는 것을 알아차리지 못했다고 말한다. 그런데 그는 판단과 연관을 맺으면서 우리가 정치에 대한 오랜 선입견으로부터 자유로워져야 한다고 주장한다. "우리는 어느 누구도 지배하거나 어느 누구도 복종하지 않는 [공유된 판단, 취미공동체와 같은] 함께함(being together)의 형식을 다룬다. 거기서 사람들은 서로를 설득한다." 그리고 계속해서 다음과 같이 말한다. "이것은 이해와 권력과 지배가… 아주 중요하고 심지어 중심적이라고 할 수 있는 정치적 개념들이라는 것을 부인하지는 않는다. …문제는 그 개념들이 기본적 개념들인지 또는 그 자체가 다른 근원에서 발생하는 함께-삶(living-together)이라는 개념에서 도출되는 것인지에 있다(동반-행위)."113)

아렌트가 보기에는 정치철학의 기존 전통을 구성하는 저술들에 집중하기보다는 "그 자체로서의 현상"을 명백한 주제로 삼고 있는 저술에 주의를 기울임으로써 이러한 다른 근원에 더 잘 이를 수 있을 것 같다는 말이다.

『판단력 비판』은 세계와 (복수로 존재하는) 인간이 세계의 거주자로 살기에 적합하게 하는 감각들과 능력들을 출발점으로 삼은 [칸트의] 유일하고도 위대한 저술 [가운데 하나]다. 아마 이것은 아직 정치철학이 아니라고 하겠지만, 분명 그것의 필수조건이기는 하

---

113) 1964년 가을, 시카고대학에서의 강의 "Kant's Political Philosophy"(Hannah Arendt Papers, Library of Congress, Container 41, p.032272).

다. 만일 세계(지구)를 공통으로 소유함으로써 서로에게 결부된 인간들 사이의 능력과 통제된 교통과 상호관계 가운데 어떤 선험적인 원리가 존재한다는 것이 발견될 수 있다면, 인간이 본질적으로 정치적인 존재임이 입증될 수 있을 것이다.[114]

여기서 우리는 잠시 멈추어 아렌트의 기획에 대한 가장 명백한 반론이 될 것 같은 질문을 살펴보자. 물론 그것이 과도한 관심을 유발할 필요는 없겠지만 말이다. 그 질문이란, 아렌트가 지나칠 정도로 자유롭게 칸트의 텍스트들을 다루고 있지 않은가라는 것이다. 그가 아주 자유롭게 칸트의 저작을 자신의 목적에 맞게 이용하고 다루고 있다는 것은 부정할 수 없다. 예를 들면, 칸트의 정치철학을 설명하는 목적을 가진 강의에서 『실천이성비판』은 거의 참조되지 않는다.[115] 이른 시기의 논문에서 아렌트는 "칸트 자신에게는 '판단'의 주제가 '실천이성'의 주제보다 더 큰 무게를 지닌다는 것을 그의 모든 정치적 저술들에서 볼 수 있다"[116]라고 말하는 데까지 나간다. 역사에 대한 칸트의 저술도 비슷한 정도로 다뤄지는데, 아렌트는 칸트가 자신의 역사철학 가운데 단지 놀이를 하고 있을 뿐이라고 암시한다.[117]

분명히 칸트의 저술에 대한 이러한 자유는 어느 정도는 의도적인

---

114) 앞의 자료, p.032259.

115) H. Arendt, *Thinking*, pp.236-237, 주 83, "칸트의 철학에 대한 나의 가장 주된 유보는 바로 그의 도덕철학, 즉 『실천이성비판』이다" 참조. 아렌트는 제2비판과 제3비판의 접합점에 대해 연구하지 않았고, 또 칸트 도덕철학의 결함이 그의 미학과 정치철학에서도 다시 등장할 가능성에 대해 논하지 않고 있다.

116) "Freedom and Politics," *Freedom and Serfdom*, ed. Hunold, p.207.

117) 이 책, p.50.

데, 왜냐하면 칸트가 독자적인 정치철학을 가지고 있지 않다는 주장은 그의 쓰이지 않은 정치철학에 대한 아렌트의 재구성을 정당화하는 데 이바지하기 때문이다. 아렌트는 칸트가 『판단력 비판』의 통찰 가운데 잠재된 정치철학의 잠재력을 완전히 전개하는 데 실패했다고 생각했고, 따라서 그는 이 잠재력을 만족시킬 것 같은 방향으로 이 저작의 주장들을 밀고 나간다. 아렌트는 칸트의 실제 정치적 저작들의 중요성을 (그가 쓰지 않은 정치철학을 더욱 선호함으로써) 격하시키는 가운데, 칸트가 썼던 정치철학의 중요성을 평가절하할 수도 있었다. 사실상 칸트식의 자유주의는 오늘날의 자유주의 정치사상가들 사이에서 이루어지고 있는, 점차 증가하는 호소를 즐기고 있다 (존 롤스John Rawls와 로널드 드워킨Ronald Dworkin이 주요한 예다). 그런데 이러한 반론을 숙고할 때 우리가 염두에 두어야 할 것은, 학자적 신실성보다 철학적 사용에 더욱 관심을 가진 아렌트 자신도 자기가 칸트를 아주 자유주의적으로 해석하고 있다는 사실을 모르고 있지 않았다는 것이다.[118] 자신에게 관심이 있는 것은 그의 실제 정치철학이 아니라 만일 어떤 그의 생각들이 체계적으로 발전되어졌더라면 쓸 수 있었을 것으로 보이는 정치철학이라는 것을 인정할 준비가 잘 되어 있었다.[119] 그 기획이 순수히 주석적이지 않다는 것을 명백히 하는 한에서는, 이러한 절차를 본질적으로 거부할 만한 이유는 없다. 하이데거는 칸트에 대한 자신의 저술에서 다음과 같이 언급한다. "그 자체의 문제를 안고 있는 역사문헌학의 방법과는 대조적으로, 사상가들 사이의 대화는 다른 법칙에 구속된다."[120]

---

118) 이 책, pp.92, 94.

119) 이 책, pp.53-54, 71.

120) Martin Heidegger, *Kant and the Problems of Metaphysics*, trans. J. S. Churchill(Bloomington: Indiana University Press, 1962), p.xxv.

지금까지 내가 말한 것으로부터, 왜 아렌트가 판단의 문제와 관련해 즉각적으로, 또 아주 자연스럽게 칸트에게 주목했는지가 보다 분명해졌을 것이다. 그런데 아마도 더 미묘한 이유가, 아렌트의 판단에 대한 생각에 있어서 칸트가 왜 그토록 지배적이었는지를 말해줄 것이다. 여기에 대한 결정적인 실마리는 판단의 기능을 지적하고 있는 『인간의 조건』 속 오직 한 구절에서 제공되고 있다.

인간의 자긍심이 여전히 온전한 곳에서는 인간실존의 보증 표시로 간주되는 것은 부조리가 아니라 비극이다. 이를 가장 대표적으로 보여준 이는 칸트인데, 그에게 행위의 자발성과 그에 수반하는 실천이성의 기능들은 판단력의 힘과 더불어 인간의 탁월한 특징으로 남아 있다. 비록 그의 행위가 자연법칙의 결정론으로 빠지고, 또 그의 판단력이 절대적 현실의 비밀을 침투할 수 없다고 하더라도 말이다.[121]

인간의 판단력은 비극적 판단력이 되려는 경향이 있다. 판단력은 자신이 결코 완전히 정복할 수 없지만 그럼에도 판단력이 감수해야만 하는 현실을 지속적으로 직면한다. 아렌트는 칸트에게서 판단력과 결부된 이러한 비극적 특질의 독특한 표현을 발견한다. 이는 또한 우리에게 관찰자의 이미지가 왜 그토록 생동적인지, 그리고 판단의 부담이 왜 판단하는 관찰자에게 전적으로 부여되는지를 알 수 있도록 도와준다. 연극에서와 마찬가지로 역사에서도, 오직 회고적 판단만이 인간을 비극과 화해시킬 수 있다.

---

121) H. Arendt, *The Human Condition*, p.235, 주 75.

아리스토텔레스와 더불어 우리는 시인의 정치적 기능 속에서, 인간이 행위를 하지 못하도록 막을 수 있는 모든 감정들을 정화하고 제거하는 카타르시스(catharsis)의 작용을 볼 수 있다. 이야기꾼 ─ 역사가 또는 소설가 ─ 의 정치적 기능은 사물을 있는 그대로 받아들이도록 가르치는 것이다. 진실성이라고 불리는 이러한 받아들임에서 판단의 기능이 발생한다.[122]

정치적 판단력은 비극적 장애들을 만났을 때 행위하면서 자신을 유지할 수 있도록 해주는 희망의 감각을 인간에게 제공해준다. 역사의 관찰자만이 이런 희망을 제공하는 위치에 있다.[123] (이것이 사실상 칸트의 명시적인 정치적 저작의 두드러진 메시지다.) 그래서 만일 판단에 관한 관심 때문에 비극적 명령들을 깨닫게 된다면, 아마도 오직 이러한 비극적 현실에 대해 완전히 이해하는 사상가만이 판단의 본질을 통찰할 수 있을 것이고, 또 이론적 용어로 포착해낼 수 있을 것이다.

아렌트에게 판단행위는 정신의 삼중적 활동의 정점을 표상한다. 왜냐하면 판단은 한편으로 "의지"의 특징인 "현상의 세계"와의 접촉을 유지하며, 다른 한편으로는 "사유"를 움직이는 의미를 향한 탐색을 완성하기 때문이다. 따라서 아렌트는 인생의 축제에서 "최상의 사람들은 관객으로서 온다"라고 한 피타고라스에게 동의한다.[124] 그

---

122) H. Arendt, "Truth and Politics," *Between Past and Future*, p.262. H. Arendt, "Isak Dinesen 1885-1963," *Men in Dark Times*(London: Cape, 1970), p.107 참조.

123) 희망에 대해서는 이 책, pp.116, 125, 131, 135.

124) Diogenes Laertius, *The Lives of Famous Philosophers* 8.8. 이 논문 7절의 머리글로 사용된 이 구절은 아렌트의 *Thinking*, p.93에서 인용되었고, 이 책, p.133에서도 인용되었다. 아렌트가 참여한 토론의 기록인 "On Hannah Arendt,"

러나 이러한 관찰자에 상응하는 것이 철학자의 진리 추구임을 부정한다는 점에서는 그는 피타고라스와 갈라선다. 그의 설명에 따르면, 판단하는 관찰자의 관조적 기능이 철학자나 형이상학자의 불신받는 관조적 기능을 대신한다.[125] 정신의 삶은 고대인에게서 그러했던 것처럼 관조적 형태의 형이상학에서 궁극적으로 완성되는 것이 아니라, 판단하는 역사가나 시인, 이야기꾼의 무관심적 즐거움 속에서 완성된다.

9. 계속되는 생각, "이 출입문, 순간"에 관한 아렌트와 니체

저녁 판단: 자신이 피곤하고 지쳤을 때 하루와 일생의 일을 점검하는 사람은 일반적으로 우울한 결론에 이르게 된다. 그러나 이것은 그 하루와 일생의 잘못이 아니라 지친 상태에서 오는 잘못이다. 우리가 일에 열중할 때나 심지어 즐기는 때에는, 보통 인생과 실존에 대해 명상할 여가를 발견하지 못한다. 그런데 그런 일이 한 번이라도 일어나게 된다면, 존재하는 모든 것이 아름답다는 것을 발견하기 위해 우리는 안식일을 기다리거나 휴식을 기다리는 사람에게 양보할 필요가 없을 것이다. 그는 적절한 순간을 놓쳐버렸다.

　　　　　　　　　　－니체(Friedrich Nietzsche), 『하루의 새벽』 317번

　　　　　　　　　　　　　　　　　　　　(요한나 볼츠 번역)

같은 사유 구조가 아렌트의 판단 개념과 니체의 영원회귀(eternal

Hannah Arendt: The Recovery of the Public World, ed. Hill, p.304에서도 언급된다.

125) H. Arendt, *Thinking*, pp.211-212 참조.

return) 사상을 가동하고 있다. 혹자는 동일한 사유 실험 같은 무언가에서 이 둘이 발생한다고 말할 수도 있을 것이다. 모든 다른 것, 즉 "다른 것에 대한 참조 없이, 말하자면 아무런 연결도 없이 자신 속에 담겨 있는"[126] 모든 가능한 의미로부터 완전히 고립된 순간, 가장 격렬한 실존적 의미의 순간을 상상해보라. 이러한 순간 자체가 어떻게 저절로 전체 삶과 실존의 의미를 지탱할 수 있겠는가? 니체에게 이러한 존재론적 정착은 영원회귀에 대한 예견을 통해 달성된다. 아렌트에게 그것은 되돌아보는 역사적 판단을 통해 달성된다.

이 두 사상은 근본적으로, 의미의 문제가 시간의 문제와 매우 유사하다는 통찰, 즉 진정한 의미를 확보하는 것은 어떻든 간에 시간의 참주정을 극복할 가능성에 달려 있다는 통찰에서 도출된다. (이것이 바로 정신의 기능들이 갖는 시간 차원의 문제가 『정신의 삶』에 그토록 폭넓게 드리워져 있는 이유다.) 의미는 시간을 초월해야 한다. 의미는 시간의 흐름이 부리는 횡포에 맞서 안식처를 구해야 한다. (판단의 작용 가운데) 과거가 재포착되지 않는다면, 또는 그의 궁극적인 회귀의 약속이 존재하지 않는다면, 모든 인간의 삶은 전적으로 무의미하며 의미가 없게 된다. 시간의 흐름에 대항해 순간에 대한 존재론적인 지지가 없다면, 인간의 삶은 실로 "바람 속의 이파리 하나, 무의미의 장난과 같은"[127] 것이다.

니체는 자신의 첫 번째 책인 『비극의 탄생』(*The Birth of Tragedy*)에서 자신의 철학적 삶 전체에 걸쳐 그를 지배하게 될 문제를 서술했다. 문제에 대한 그의 궁극적 해결책은 영원회귀 사상이 되었다. 아렌트 또한 이 문제와 계속 씨름했다. 그 문제는 아렌트에게 『인간의

---

126) 이 책, p.170.

127) F. Nietzsche, *On the Genealogy of Morals*, 3, 28, in *Basic Writings of Nietzsche*, trans. and ed. Walter Kaufmann(New York: Modem Library, 1968), p.598.

조건』의 내용을 구성하는 정치적 행위에 대한 반성을 촉발했고, 그 궁극적 해결책은 판단 관념이 되었다. 이 문제는 소포클레스의 희곡 『콜로누스의 오이디푸스』(Oedipus at Colonus)에 나오는 실레노스의 도전, 즉 "태어나지 않는 것이 말할 수 있는 어떤 의미보다도 낫다. 인생에서 두 번째로 좋은 것은 일단 태어났다면 왔던 곳으로 가능한 한 빨리 돌아가는 것이다"라는 도전에 어떻게 응할 것인지에 대한 것이다. 이 도전은 아렌트의 저작 『혁명론』의 맨 끝에서 (그리고 칸트 강의에서도) 다시금 서술되어 있다.[128]

이 문제에 대해 아렌트는 정치행위 개념에 기초해 첫 번째 해결책을 제시한다. 『혁명론』의 마지막 문장으로 남겼던 대로, "인생에 광채를 부여할 수 있는 것은 폴리스, 즉 인간의 자유로운 행위와 살아 있는 말의 공간이다." "늙었든 젊었든 간에 보통 사람들에게 인생의 짐을 지게 하는 것"[129]이 바로 이것이었다. 그런데 그의 마지막 저작들에서는 또 다른, 그러나 연관 있는 해결책이 등장한다. 정치적 행위자는 자신의 행위에 대해 의미를 확보할 수 없다. 행위자는 관찰자를 필요로 한다. 따라서 판단은 필수적이다. 덧없는 세월에 대해 순간을 지탱하는 것은 정치만으로는 안된다. 그것은 초연한 관찰자 편에서 이루어지는 판단의 행위다. 초연한 관찰자란 행위자가 행한 것에 대해, 즉 과거의 "위대한 말과 행위"에 대해 되돌아보는 자다. 아렌트가 괴테의 "자연이여, 나는 그대 앞에 오직 인간으로서 서겠노라/ 그때 인간이 되려는 노력이 가치 있게 될 것이기에"라는 시구를 해석하는 것도 이러한 관점에서다.

니체가 영원회귀 사상을 처음으로 소개한 아포리즘은 "가장 무거

---

128) *Oedipus ot Colonus*, lines 1224 ff. *The Birth of Tragedy* sec. 3. *Basic Writings of Nietzsche*, trans. and ed. Kaufmann, p.42. 이 책, p.78 참조.

129) H. Arendt, *On Revolution*, p.285.

운 부담"(the greatest stress)이라는 제목을 달고 있다.

만일 어느 낮 또는 밤에 악마가 그대의 가장 고독한 외로움 가운데 숨어들어 와 그대에게 "너는 지금 네가 살고 있고 또 살아왔던 이 삶을 한 번 더 그리고 영원히 반복해서 살아야만 한다. 그리고 그 안에는 아무런 새로운 것도 없이 모든 고통과 기쁨과 생각과 한숨과 측량할 수 없이 작고 큰 모든 일이 ─ 이 모든 것이 동일한 순서와 연속으로 ─ 심지어 이 거미와 나무들 사이에 흐르는 이 달빛도, 심지어 이 순간과 내 자신이 그대로 삶 속에서 다시 반복될 것이다. 실존의 영원한 모래시계가 계속 연거푸 뒤집혀서 이와 더불어 너도 먼지로 왔다 갔다 할 것이다"라고 말하면 어찌할 것인가. 그대는 땅에 엎드려 이를 갈면서 그렇게 말한 악마에게 저주하지 않겠는가? 또는 그대가 그에게 "당신은 신이요. 그것보다 더 신적인 것을 들어본 적이 없소"라고 대답하는 엄청난 순간을 경험해본 적이 있는가? 만일 이러한 생각이 그대를 사로잡는다면, 그것은 그대의 현재의 모습을 바꿔놓을 것이며, 혹은 아마도 그대를 부숴버릴 것이다. 모든 개개의 것에 대해 "너는 이것을 다시금 그리고 무수히 많은 경우에 또다시 원할 것인가?"라는 질문은 그대의 행위에 가장 무거운 부담을 줄 것이다. 혹은 이러한 궁극적인 영원한 확인과 봉인만큼이나 열렬히 욕구하는 삶과 그대 자신에 대해 그대는 어느 정도로 호의를 가져야 할 것인가?[130]

니체에게 결정적이었던 문제는, 우리가 우리의 삶을 지금까지 살

---

130) F. Nietzsche, *The Gay Science*, no. 341, *The Portable Nietzsche*, trans. and ed. Walter Kaufmann(New York: Viking Press, 1968), pp.101-102.

아왔던 것과 똑같이 다시 살 준비가 되어 있는지, 그것도 무한한 횟수로 다시 살 준비가 되어 있는지였다. (칸트도 실제로 동일한 문제를 제기했었다. 행복을 중심으로 평가했을 때 우리에게 인생의 가치는 "없느니 못한 것이다. 왜냐하면 동일한 조건에서라면 누가 또다시 같은 삶을 살려고 하겠는가?"[131] 칸트의 대답은 우리가 도덕법칙을 지닌 자로서의 우리 자신의 품격에 대한 의식 때문에, 그것 없이는 참을 수 없을 실존을 구원한다는 것이다. 말할 필요도 없이, 니체는 이 질문에 대해 아주 다른 대답을 했다.) 영원회귀 사상은 이 문제를 가장 단호한 형태로, 말하자면 극적으로 만든다. 우리의 삶에서 이루어지는 모든 성취물이 이런 관점의 질문으로부터는 실존을 구원할 수 없음은 명백하다. 만일 각각의 순간들로 무수히 많은 횟수를 살아야 한다면, 이것을 견딜 수 있는 유일한 길은 순간의 영원성 자체를 포용하는 것이다. 만일 순간이 그 자신을 절대적으로 정당화할 수 없다면, 인생의 과정에서 어떤 다른 순간에 발생할 일을 참조함으로써 순간을 다시 살기를 바랄 가능성은 없다. 종점·목표·목적 등은 인간실존에 대한 평가에서 적실성이 없다. 따라서 영원회귀는 순간에게 스스로 대답하도록 강요하는 효과를 갖는다.

니체의 영원회귀 사상에서 핵심적인 것은 순간이 아니라 "같은 순서와 연속 속에 있는 모든 것"인 시간 전체인 것으로 보인다. 그런데 이것은 오해일 수도 있는데, 왜냐하면 우리가 모든 시간을 긍정하는 것은 순간을 긍정함으로써이기 때문이다. 우리에게 "가장 무거운 부담"을 지게 허용하는 것은 "엄청난 순간"에 대한 경험이다. (이 구분은 아렌트가 헤겔의 세계심판Weltgericht으로서의 세계사Weltgeschichte 개념과 칸트의 인간 판단의 자율성 개념을 비교한 것과 상응한다.) 이것

---

131) 임마누엘 칸트, 『판단력 비판』, §83 주. 이 책, p.80.

은 『차라투스트라는 이렇게 말했다』에 나오는 영원회귀에 대한 니체의 설명에서 한층 더 분명해진다.

보라… 이 순간을! 이 출입문, 즉 순간으로부터 길고 영원한 길이 뒤로 이어져 있다. 우리의 뒤에는 영원이 놓여 있다. 걸을 수 있는 모든 것은 전에 이 길을 걸어오지 않았던가? 일어날 수 있는 모든 것은 전에 일어났고 또 이루어졌고 수행되지 않았던가? 그리고 만일 모든 것이 전에 거기에 있었다면, 난쟁이여, 이 순간에 대해 어떻게 생각하는가? 이 출입문 역시 전에 거기에 있지 않았던가? 그리고 모든 것들이 서로 굳게 얽혀져 이 순간은 다가올 모든 것을 그 앞으로 이끌지 않겠는가? 그래서 ─그 자신도 역시? 왜냐하면 걸을 수 있는 모든 것은─역시 거기에 나 있는 이 긴 길에서 다시 한번 걸어야만 하기에.
달빛 속에서 기어오르는 이 느린 거미도, 이 달빛 자체도, 그리고 출입문에 서 있는 나와 너도 함께 속삭이며 영원한 것들에 대해 소곤댄다. 우리 모두가 전에 거기에 있지 않았던가? 그리고 우리 앞에 있었던, 저기의, 저 다른 길에서 돌아와 이 길고 지겨운 길을 다시 걷는다. 우리는 영원히 회귀해야 하는 것이 아닌가?[132]

니체가 여기서 "모든 것이 서로 굳게 얽혀" 순간은 모든 다른 순간에 대한 "이른바 연결점(linkage)"이 전혀 없이 존재한다고 보고 있다는 것은 매우 옳다. 그러나 다른 한편으로는, 긍정(affirmation)은 오직 순간에 기초해서만 가능하다.

132) F. Nietzsche, *Thus Spoke Zarathustra*, 제3부 「환상과 수수께끼에 대해」(on the Vision and the Riddle), *The Portable Nietzsche*, trans. and ed. Kaufmann, p.270.

이 출입문을 보라, 난쟁이여! …그것은 두 개의 얼굴을 가지고 있다. 두 개의 길이 여기서 만난다. 그 누구도 아직 한쪽 끝까지 가본 적이 없다. 이 긴 길은 영원까지 펼쳐져 있다. 그리고 거기에 있는 그 긴 길, 그것은 또 다른 영원이다. 그들은 서로 모순적이다. 이 두 길, 이들은 서로 얼굴을 맞대고 공격한다. 그리고 그들이 어울리는 것은 여기, 이 문에서다. 이 문의 위에 "순간"(Moment)이라는 이름이 쓰여 있다. 그런데 그 가운데 하나의 길을 따라 계속해서 멀리 멀리 따라가는 누군들─난쟁이여, 그대는 이 두 길이 서로 영원히 모순된다고 생각하는가?[133]

이 구절은 아렌트가 「사유」에서 아주 강조했던, "그"라는 제목이 붙은 아포리즘 모음집에 나오는 카프카의 우화를 많이 연상시킨다. (실제로 아렌트는 「사유」 20장에서 카프카에 대한 주석을 달면서 니체의 「환상과 수수께끼에 대해」를 인용하고 있다. 여기서 아렌트는 니체에 대한 하이데거의 주석을 인용하는데, 이 주석에 따르면 영원은 순간 속에 존재하는데 이는 두 개의 영원이 출입문에 서 있는 사람에 의해서만 충돌하기 때문이다. 이 사람이 바로 순간이다.[134] 아렌트 자신이 「사유」의 마지막 장에서 『차라투스트라는 이렇게 말했다』의 이 구절을 인용한 것은 우연이 아닌데, 왜냐하면 아렌트가 『정신의 삶』에서 애쓰고 있는 문제가 니체에게 영원회귀 사상을 형성하도록 유도한 바로 그 문제이기 때문이다.) 니체의 설명에 나오는 두 개의 영원 사이의 모순처럼, 카프카의 "그"도 또한 과거와 미래 사이의 갈등에 사로잡혀 있다. 이러한 대립을 중재하기 위해서 "그"는 "이 갈등을 뛰어넘어 심판, 즉

---

133) 앞의 책, p.269-270.
134) H. Arendt, *Thinking*, p.204.

인생의 게임 밖에 있는 관찰자와 재판관의 자리로 올라갈 수 있도록 싸움의 전선에서 뛰쳐나와 도약해야만 한다. 그 심판에게 탄생과 죽음 사이에 펼쳐진 이러한 시간의 의미가 언급될 수 있는데 왜냐하면 '그'는 여기에 관련되어 있지 않기 때문이다."[135] 이것이 "과거와 미래 사이의 틈"에 사로잡힌 아렌트의 판단하는 관찰자의 입장이다.

과거와 미래 사이의 이 틈에서, 우리는 우리가 생각하는 때의 시간 속에서 우리의 자리를 발견한다. 생각하는 때란, 세계에서의 인간 실존의 끝없이 일어나는 다양한 사건들에 대한 "심판", 즉 조정자와 심판관의 자리를 얻기 위해, 즉 "심판"의 지위를 갖기 위해, 그 의미를 발견하기 위해, 우리가 의존하고 있는 과거와 미래로부터 우리가 충분히 벗어날 때를 말한다.

그런데 꿈을 추동하는 열망인 "심판의 지위"이면서도 명성과 소득을 위해서 분투하지 않고 이해관계에서 벗어나 있으며 참여하지도 방해받지도 않고, 오직 사태 자체를 바라보기만 하는 피타고라스적 관찰자의 자리인 "심판관의 자리"는 무엇인가? 그 의미를 발견하고 실행을 판단할 수 있는 이는 바로 그들이다.[136]

"과거와 미래 사이"에 있는 이 판단의 자리는 아렌트 자신이 지적하는 것처럼 '순간'이라는 이름이 새겨진 니체의 출입문과 동일하다.

그 출입문은 왜 "순간"이라는 이름이 붙었을까? 그 출입문은 자신

---

135) 앞의 책, p.207.
136) 같은 책, pp.207, 209.

의 외부에 아무 목적이 있지 않기 때문에, 오직 자기에게로만 이어진다. 따라서 순간 말고는 그 어떤 것도 그것을 정당화하는 데 기여할 수 없다. 그것은 오직 자신만을 정당화할 수 있다. 칸트의 용어로 말하면 그것은 자율적이며 그 자체로 목적인 것(end-in-itself)이다. 순간에 대한 긍정은 오직 자신을 참조해서만 가능하지, 자신 이외의 어떤 다른 것을 참조해서는 불가능하다. 왜냐하면 최종 분석에서 이 순간의 궁극적인 결론 또는 귀결은 그 자신의 순환이기 때문이다. 시간적 연속의 무의미성(따라서 시간의 연속으로 여겨지는 모든 존재Being의 연속)은, 니체에 따르면 "가장 무거운 부담" 아래서 견뎌낼 때 반드시 마주치게 될 분명한 진실이다. 이 순환은 무의미와 불모의 상징이다. 그러므로 만일 순간이 긍정되려면 그것은 자신 말고는 자신을 지탱할 아무것도 가질 수 없을 것이다. 그것이 바로 영원회귀의 의미다. 실존적 긍정이라는 목적을 위해서 순간은 전적으로 홀로 서 있다. 그것은 (단지 자기 자신으로만 다시 이어지기 때문에) 다른 어느 곳으로도 이어지지 않으며, 또한 그것은 그 자체로 목적론적 연쇄의 집적이 아니다. 그것은 어떻게 구원될 수 있으며, 어떻게 긍정될 수 있는가? 니체에게서는 이 문제를 생각하려는 의지, 강철과 같은 결심 자체가 그 해결책이다. 이 문제에 대한 적나라한 생각을 견딜 수 있는 자들이 새로운 창조자, 서양 허무주의의 구원자가 될 것이다. 아렌트는 이와 동일한 문제에 상당하는 것에 대한 해결을 다른 곳에서 모색한다.

니체에게 의미의 문제에 대한 해결은 아렌트에게와 마찬가지로 과거에 대한 진정한 관계 형성 가능성에 의존한다. 니체가 이해했듯이 문제는, 다루기 어려운 시간의 문제를 적절히 다루지 못할 때 복수를 불러일으킨다. 사회적·정치적 질병들은 존재론적 당혹에서 발생한다. "시간이 거꾸로 가지 않는다는 것, 그것은 (의지의) 분노다. '존재했던 것'은 그가 옮기지 못했던 바위의 이름이다. …〔의지는〕되돌아갈 능력이 없음에 대해 복수를 한다. 이것, 실로 이것만이 복수의 내용, 즉 시간과 '과거의 것'에 대한 의지의 적의다."[137] 의지에게 시간에 대해 "선의"를 느끼게 허용하는 것은 인간을 복수로부터 해방하고 그의 전체 사회적·정치적 실존을 혁명적으로 만드는 것이다.

> 과거에 살았던 사람들을 구원하는 것과, "존재했던" 모든 것을 "그렇게 내가 의도했었다"로 재창조하는 것. 이것만이 내가 구원이라고 부르는 것이다. 의지, 이는 해방자, 기쁨을 가져오는 자의 이름이다. 이렇게 내가 그대에게 가르친다, 나의 친구여. 그런데 이제는 이것, 의지 자체가 여전히 수인이라는 것도 배우라, 의지는 해방한다. 그러나 그 해방자 자신조차도 족쇄를 채우는 것은 무엇인가? "존재했다", 이는 의지가 이를 가는 가장 비밀스런 우울함의 이름이다. 이미 이루어진 것에 대해 무력한 그는 과거인 모든 것에 대해 성난 관찰자다. 의지는 과거로 돌아가려고 욕구할 수 없다. 그리고 그가 시간 및 시간의 탐욕을 깰 수 없다는 것, 이것이 의지의 가장 외로운 우울함이다.[138]

아렌트의 관심은 의지의 해방에 있지 않고 판단기능의 해방에 있다. 아렌트는 이것이 사유기능의 실행을 통해 일어나게 된다고 말한다. 그러나 그와 니체가 직면한 문제는 그 결정적인 면에서 동일하게, 과거의 "성난 관찰자"가 어떻게 만족한 관찰자로 전환될 수 있는지, 어떻게 우울한 관찰이 행복한 관찰로 전환될 수 있는지였다. 니

---

137) F. Nietzsche, *Thus Spoke Zarathustra*, 제2부 "구원에 대해", *The Portable Nietzsche*, trans. and ed. Kaufmann, pp.251-252.
138) 같은 책, p.251. 강조는 베이너의 것임.

체는 의지가 과거에 만족하도록 만들려고 했다. 아렌트는 과거에 관한 판단을 불쾌보다 쾌의 근원으로 만들려고 한다. 두 경우에 있어 시간에 대한 "선의지"는 과거의 구원이다.

아렌트가 원래 행위의 본질 속에, 따라서 어떤 의미에서는 (의지 없이는 어떠한 행위도 존재할 수 없기 때문에) 의지 속에 있는 "순간"의 문제에 대한 해결책을 추구했지만, 그의 궁극적인 해결은 반성적 판단 혹은 과거의 행위에 대한 반성 가운데 머물러 있다고 말할 수 있다는 것처럼, 니체도 원래 의지 속에 있는 의미(또는 허무주의, 즉 최고의 가치에 대한 평가절하)의 문제에 대한 해결책을 추구했으나, 그의 궁극적인 해결책인 영원회귀 사상에 대한 사유는 의지에서 멀리 벗어난다고 말하는 것이 마찬가지로 가능하다. 아렌트가 「의지」 14장에서 니체의 사상을 언급했을 때, 해석은 바로 이러한 용어로 이루어졌다. 영원회귀는 "이론도 아니며, 교설도 아니고, 심지어 가설도 아닌 단순한 사유의 실험이다. 그것은 고대의 순환적 시간 개념으로의 실험적 회귀를 함축하고 있어서 그 자체로서 가능한 모든 의지 개념과 심각한 모순을 이루고 있는 듯 보이는데, 이는 의지의 투사가 항상 직선적 시간과 미지의, 따라서 변화에 열려 있는 미래를 가정하고 있기 때문이다."[139] 따라서 아렌트는 영원회귀에 대한 사유의 실험이 결국 "의지에 대한 거부"로 나아가게 될 것이라고 주장한다.

의지의 무능성 때문에 사람들은 뒤돌아보고 기억하고 생각하기를 선호하도록 설득되는데, 이는 되돌아보기에는 존재하는 모든 것이 필연적으로 보이기 때문이다. 만일 이루어진 모든 것이 이루어지지 않을 수 없었다면, 의지의 부정은 견딜 수 없게 될 책임으로부터

---

139) H. Arendt, *Willing*, p.166.

인간을 해방해줄 것이다. 어떤 경우든 간에, 니체가 영원회귀를 실험하게 만든 것은 과거와 의지의 충돌이었을 것이다.[140]

아렌트에 따르면 니체는,

"자신의 의지가 사물에 대한 의미 없이도 지낼 [수 있을 정도로 강한] 존재… 무의미한 세계 속에서 살아가도록 견딜 수 있는" 존재를 위한 확실한 거주지가 되는, 의미가 있게 되는 특정 세계의 건설에 착수한다. "영원회귀"란, 그것이 "생성하는 모든 것의 결백" (die Unschuld des Werdens)을, 그리고 그와 더불어 그의 내재적 무목표성과 무목적성, 죄와 책임으로부터의 자유를 선포하는 만큼, 이 최후의 구속적 사유를 위한 조건이 된다.[141]

영원회귀란 책임·목적성·인과율·의지 등과 같은 모든 개념을 폐지함으로써, 무의미한 세계에 대처하고 화해하고 구원하는 수단이다.

니체가 "지나가는 모든 것은 되돌아온다는 사상, 즉 존재(Being)가 자기 안에서 왔다 갔다 하게 만드는 순환적 시간 구상"에 도달한 것은 다음과 같은 주장을 통해서다.

만일 세계의 운동이 최종적 상태를 목표로 한다면, 그 상태는 도달되었을 것이다. 그런데 유일한 근본적 사실은 그것이 최종적 상태를 목표로 하지 않는다는 것이다. 그리고 그러한 최종적 상태를 필

---

140) 앞의 책, p.168.
141) 같은 책, p.170.

연적인 것으로 만드는 모든 철학과 과학적 가설(예를 들면 기계론 같은)은 이 근본적 사실에 의해 논박된다.

나는 이러한 사실을 고려한 세계에 대한 관념을 추구한다. 생성 (becoming)은 최종 의도에 의존하지 않고 설명되어져야 한다. 생성은 모든 순간에 정당화되어지는 것처럼 보인다(또는 평가가 불가능한 것처럼 보인다. 이는 같은 말이다). 절대로 현재는 미래를 참조해서 정당화되지 말아야 하며, 또한 절대로 과거도 현재를 참조해서 정당화되지 말아야 한다.[142]

이제 명백해진 것처럼, 이러한 니체의 정식화는 판단의 "뒤로 돌아봄" 문제에 대한 아렌트의 주장을 적절하게 평가하는 데 절대적으로 결정적이다. 이 문제를 제시하는 니체의 방식에 아렌트가 의존하고 있다고 보는 데는 어떠한 오류도 없다. 같은 아포리즘에서 니체는 "생성은 모든 순간 동등한 가치를 가진다"[143]라고 쓰고 있다. 다른 말로 하면, 어떠한 순간도 다른 순간을 정당화하는 데 기여할 수 없고, 어떤 순간도 다른 순간들을 참조함으로써 긍정될 수 없다. 순간은 자기구원적이어야 한다. 방금 인용한 구절에서 아렌트는 이것이 "의지 및 의지하는 자아가 모두 인과성·의도·목표 등과 같은 진부한 개념

---

142) F. Nietzsche, *The Will to Power*, no. 708, ed. Kaufmann(이 책, 제2부 주 33 참조), p.377 (두 번째 강조는 베이너의 것). 다시금 니체는 칸트에서 이미 존재하는 사상을 되풀이한 것으로 보인다. 칸트는 다음과 같이 말했다. "앞선 세대가 부담스러운 과업을 수행하는 것이 오직 후대를 위해서일 뿐이라는 것은… 그래서 최후의 세대만이 (완전한) 건물 속에서 거주할 수 있는 행운을 갖는다는 것은… 항상 당혹스러운 일로 남는다"("Idea for a Universal History with a Cosmopolitan Purpose," 세 번째 테제: H. Arendt, "The Concept of History," *Between Past and Future*, p.83에서 재인용).

143) 같은 책, p.378.

들을 전제하고 있다는 이유에서 이 양자에 대한 거부를 명료하게 서술하고 있다"라고 결론 내린다.[144]

니체는 순간을 영원화하는 길을 찾고 있다("…기쁨은 영원을 원한다. 기쁨은 모든 사물의 영원성을 원하며, 깊은 것을, 깊은 영원을 원한다").[145] 아렌트는 회고적 판단행위를 통해 순간을 불멸화하는 길을 찾는다. 이 두 경우에 충격은 동일한 것으로, 덧없이 흐르는 시간에서 순간을 구출하는 것이다. 판단은 그의 본질적인 **개체주의**(particularism), 즉 판단은 개별자가 보편자나 일반자에 어떤 식으로도 환원되거나 함몰되지 않도록 하면서 그 **개별자들**에 대해 판단을 내린다는 사실 덕분에 이러한 기능을 수행할 수 있다. 개별자는 그 자체의 품격을 가지고 있는데, 이는 어떠한 보편자나 일반자도 빼앗을 수 없는 것이다.

철학이 미네르바의 올빼미처럼 낮이 지난 후 저녁 무렵에만 그 날개를 편다고 한 헤겔의 말은 전적으로 옳다. 이와 같은 것이 미에 대해 또는 어떤 행위 자체에 대해서는 옳지 않다. 칸트적 의미에서 미는 그 자체로 목적인데, 그 이유는 모든 가능한 의미가 그 내부에 포함되어 있으므로 다른 것을 참조로 할 필요가 ─ 말하자면 다른 미적인 사물과 연결할 필요가 ─ 없기 때문이다. 칸트 자신에게는 이런 모순이 나타난다. 즉, 무한한 진보는 인류의 법칙이다. 동시에 인간의 존엄성은 인간이 (우리 개개인이) 자신의 특수성 속에서 보이기를 요구하며, 그 자체로서 인류 일반을 반영하는 것으로 ─ 어떤 비교도 없이 그리고 시간에 독립해서 ─ 여겨지기를 요

144) H. Arendt, *Willing*, p.172.
145) F. Nietzsche, *Thus Spoke Zarathustra*, 제4부: "술취한 노래" sec. 11, *The Portable Nietzsche*, p.436.

구한다.[146)

니체의 맥락에서 보았을 때, 아렌트에게는 판단이 단순하게 정치적 존재의 능력이 아니라는 것이 분명해진다(비록 그것이 원래 아렌트에게 판단기능에 대해 살펴보도록 촉발한 것이지만 말이다). 그것은 실제로 존재론적 기능을 하기 위한 것이다. (이것이 아렌트의 전기와 후기의 판단이론, 즉 "정치적"인 전자와 "관조적"인 후자 사이의 "틈"의 배후에 놓여 있는 통찰이다.) 즉, 판단은 인간을 세계 안에 정착시키는 기능을 하는데, 그렇지 않다면 세계는 의미나 실존적 실체 없이 존재하게 될 것이다. 판단되지 않은 세계는 우리에 대해 어떠한 인간적 의미도 없을 것이기 때문이다.

니체와의 평행선——특히, 의지 문제에 직면함으로써 니체가 영원회귀를 긍정적으로 수용하는 가운데 의지를 거부하도록 강제되었다는 사실로, 이는 존재하고 존재했고 또 존재할 것과의 비의지적인 화해다——은 (그렇지 않았더라면 상당히 당황스러웠을) 아렌트 최후의 저작인 「의지」의 마지막 문장들을 이해하는 데 도움을 준다. 탄생을 통해 인간 존재, 즉 새로운 인간들이 계속해서 세계 속에 나타난다는 사실을 의미하는 인간의 탄생성에 대한 아우구스티누스의 발견을 언급한 뒤 아렌트는 다음과 같이 진술한다.

〔아우구스티누스 방식의 주장은〕 우리가 자유를 좋아하든 혹은 자유의 자의성을 혐오하든 간에, 즉 자유를 "즐거워"하든 혹은 일종의 운명론을 선택해 자유의 끔찍한 책임에서 탈출하고 싶어하든 간에, 우리가 탄생을 통해 자유롭도록 운명 지워졌다는 것 이상을

---

146) 이 책, p.170.

우리에게 말해주는 것 같다. 만일 그렇다면, 이러한 교착 상태는 시작의 기능만큼이나 이해하기 어려운 다른 정신적 기능, 즉 판단기능에 의하지 않고는 열리거나 해결될 수 없는데, 판단기능에 대한 분석은 우리의 쾌와 불쾌의 감정에 무엇이 포함되어 있는지를 적어도 우리에게 말해줄 것이다.[147]

이 구절은, 판단에 대한 아렌트의 검토가 단지 중요한 인간 능력에 대한 이론적 설명만이 아니라 오히려 "난제"에 대한 "해결"을 의도한 것이었음을 확인시켜준다. 아렌트가 해결하려 한 문제는 인간의 자유를 어떻게 "기뻐할" 것인지, "자유의 끔찍한 책임"을 어떻게 감당할 것인지, (니체가 선택한 출구인) 운명론을 어떻게 피할 것인지에 대한 것이다. 전체 문장은 니체가 "가장 무거운 부담"을 기술한 이야기에 대한 (일종의 주석처럼 읽히는) 분명한 반향을 담고 있다.

나의 사색이 단순히 멋을 부리는 게 아니라면 이러한 수렴이 행운에 따른 것은 전혀 아닐 것이다. 왜냐하면 아렌트에게 판단기능에 대해 고민하게 만든 반성의 길은 니체에게 영원회귀를 주장하게 한 길과 평행을 이루기 때문이다. 사실상 그게 아니라면 아렌트가 판단을 교착 상태 ─ 특히 의지의 교착 상태 ─ 에서 벗어나는 길, 또는 인간의 자유를 긍정하는 문제에 대한 해결점으로 묘사하는 것을 달리 어떻게 설명할 수 있겠는가? 왜 이것이 판단의 분석을 도입하는 길이 되어야 하는가? 왜 이러한 교착 상태가 판단이 하나의 가능한 출구로 간주될 수 있는 교착 상태인가? 그리고 사람들은 왜 판단을 그러한 교착 상태에서 벗어나게 하는 길로 바라봐야 하는가? 이러한 질문에 봉착해, 아렌트의 마지막 저작의 최종 단락을 이해할 만하게 만드는

---

147) H. Arendt, *Willing*, p.217.

어떤 다른 독해법이 있겠는가를 묻는 것은 공정해 보인다. 판단은 인간이 "이러한 출입문, 순간" 안에 서서 과거와 미래의 대립하는 힘에 의해 분쇄되어지는 것을 막는 것이다.

세 가지 정신기능 각각의 시간적 방향을 염두에 둘 때, 왜 아렌트가 과거를 지향하는 판단을 그 교착 상태에서 벗어나는 유일한 길로 간주하는지 이해할 수 있게 된다. 우리가 현재 거주하는 세계는 진정한 행위를 위한, 따라서 자유를 위한 귀중하지만 작은 전망만을 제공한다. 그리고 미래는 그런 전망을 제공하더라도 훨씬 적은 기약을 한다. "그토록 전례 없었고 또 희망적이었던 인간 활동의 폭발로 시작했던 근대의 시대가 역사상 가장 치명적이고 가장 불모의 수동성 가운데 끝날지도 모른다는 것은 충분히 생각할 수 있는 일이다."[148]

따라서 현재의 행위에서 의미가 도출되는 감각을 느낄 가능성은 희박할 뿐이다. (이러한 상황에서 — 정치적으로 행위할 가능성이 다소 배제된 세계에서 — 판단은 진정한 공적 영역이 작동하지 않을 때 우리의 시민권을 회복하는 방법인 일종의 대리적 행위가 된다.) 또한 의지적인 투사를 통해, 또는 의지를 미래에 투사함으로써 (따라서 교착 상태를 의지를 중심으로 다룸으로써) 의미 충만의 보장을 기대할 수 있는 다른 어떤 이유도 존재하지 않는다. 그것은 판단기능을 남겨놓는데, 판단기능은 적어도 인간실존을 구원하는 과거 사건의 위치를 확인할 수 있게 한다. (사유에 대해 말하자면, 아렌트에게 사유는 우리가 현상의 세계에서 물러서게 되는 정신기능이다. 따라서 사유는 그 세계를 위한 의미의 근원이 될 수 없다. 사유는 세계 안에 있는 개별자에 대해 반성하도록 현상세계로 되돌아가는 한에서 판단이 된다.) 우리는 과거의 개별 순간에 구현된 기적 같은 인간의 자유에 대해 반성함으로

---

148) H. Arendt, *The Human Condition*, p.322.

써만 현재 가운데서 자신을 지탱하고 미래를 위한 희망을 유지할 수 있다. 회고적 판단의 기능성 없이는 우리는 현재의 무의미성의 느낌에 의해 압도되어 미래에 대한 절망에 굴복해버릴 수도 있다. 판단만이 의미를 위한 만족할 만한 준비를 할 수 있고, 그래서 우리가 우리의 조건에 대해 잠재적으로나마 긍정하도록 한다.

역사적 과거에 대한 "이야기들"의 연구는 항상 새로운 시작의 가능성이 존재한다는 것을 우리에게 가르쳐준다. 따라서 희망은 바로 인간 행위의 본질, 바로 거기에 잠재해 있다. 모든 이야기는 시작과 끝을 가지고 있다. 그러나 절대적 종말은 결코 없다. 왜냐하면 한 이야기의 끝은 항상 다른 이야기의 시작을 나타내기 때문이다.[149] 만일 우리가 전체로서의 역사에 대해 절대적인 판결을 내리도록 강요받는다면, 우리는 칸트의 비관주의에 복종하도록 유혹당할 것이다. (칸트가 역사적 진보의 규제적 이념을 주장하도록 하고, 목적론적 판단에서처럼 우리의 반성을 인도하며, 우리가 절망하지 않고 역사를 반성하는 것을 가능하도록 만든 것은, 인간의 역사는 단일한 이야기로 형성되어야 한다는 그의 확신과 결합한 칸트의 비관주의였다.) 그러나 판단은 개별적인 사건이나 개인들, 우리에게 영감을 주는 이야기들과 예증적 예들로 항상 제한되기 때문에, 역사적 반성은 희망을 포기하지 않은 이들을 위해 수립된 채로 항상 머물러 있어야 할 것이다.

우리는 판단이 과거에 대한 반성으로부터 즐거움을 끌어낼 수 있게 함으로써 우리의 세속 조건에 대한 긍정을 제공한다고 주장해왔다. 그런데 그 목표는 실제로 세계를 정당화한다기보다는 세계 속에서의 우리의 자리를 "확인"하는 것에 더 가까운 것이다. 즉, 세계

---

149) H. Arendt, "Understanding and Politics," *Partisan Review* 20(1953), pp.388-389 참조.

의 현실과 접촉을 하거나, 또는 아마도 이러한 현실에 우리를 연결시킬 것을 주장함으로써 그 현실을 정당화하는 것이다. 이러한 정식화는 아렌트의 출간되지 않은 강의들에서 여러 차례 반복해서 등장하는 구절에 의해 제안되는데, 그것은 아우구스티누스가 말한 "Amo: Volo ut sis", 즉 사랑한다는 것은 사실상 "당신이 존재하기를 원한다"라고 말하는 것이라는 구절에서 암시된다. "존재의 순전한 우연성" 때문에, "우리가 우리 자신을 만들지 않았다"라는 사실 때문에 우리는 "확인받을 필요가 있다. 우리는 이방인들이며, 우리는 환영받을 필요가 있다." "우리가 세계와 우리 자신을 확인하는 것"은 판단을 통해서다. 우리에게 주어진 기능들을 가지고, "우리는 세계를 편안한 곳으로 만들 수 있다."[150] 공유된 판단을 스스로 선택한 동반자는 그렇지 않았더라면 불분명하게 되었을 역사성을 확보한다.

이 결론적 고찰에서 나는 판단에 대한 아렌트의 필연적 생각의 경로를 적시하려고 애쓰지 않았다. 나의 의도는 단지 그러한 생각들이 작용하는 영역의 범위를 정해 보이려는 것이었다. 이러한 사유의 영역은 『고백록』11장에 나오는 시간성에 대한 아우구스티누스의 고찰과 니체의 영원회귀 사상에 의해 윤곽이 그려진다. 아렌트는 저작 전반에 걸쳐 칸트뿐만 아니라 아우구스티누스와 니체에게 안내를 받는다.

---

150) 1964년 가을 시카고대학에서의 강의 "Kant's Political Philosophy"(Hannah Arendt Papers, Library of Congress, Container 41, pp.032288, 032295). 동일한 구절이 "Basic Moral Propositions"(Container 41, p.024560)에서도 인용되었다. 여기서 세계가 "내가 누구에게, 그리고 무엇에 속하는가"를 결정한다는 의미에서 이 구절은 "dilectores mundi" 즉 "세상에 대한 사랑은 나에 대한 세상으로 구성되고, 나를 세상에 적합하게 만든다"라는 말과 연결된다. H. Arendt, *Willing*, pp.104, 144 참조. 또한 *Willing*의 10-12장에 나오는 사랑에 대한 논의도 참조하라.

아렌트가 자신의 문제를 취하는 것도 점차로 그들로부터다. 현재의 맥락에서 그들이 아렌트를 위해 제기하는 문제는, 인간이 알 수 없는 과거로부터 나와서 다시 알 수 없는 미래로 들어가는 본질적으로 시간적인 존재라고 했을 때, 세계는 과연 인간을 위한 분명한 주소지가 될 수 있는지, 그리고 어떤 의미에서 그러한지라는 것이다.[151] 세상의 제도와 관계들의 깨지기 쉬운 성격에 대한 아우구스티누스의 적절한 평가와 인간 행위의 변형적 잠재력에 대한 니체 방식의 신뢰를 결합하면서, 아렌트는 시간성의 기초적 문제에 직면한다. 어떤 조건에서 우리는 시간에 대해 '예'라고 대답하는가?[152] 아우구스티누스 또는 니체가 제기했던 것처럼 —아렌트의 모든 철학적 작업을 지배했던— 문제는 어떻게 시간성을 억누를 것인지, 도덕적 실존을 어떻게 강화하고 안정화해 그것을 덜 덧없고 존재론적으로 덜 불안하게 할 것인지였다. 정치의 존재가 사실상 현상이라면 (이는 무엇보다도 아렌

---

151) 아우구스티누스의 『고백록』 11. 14 참조. 시간의 세 구분에 관해 "과거는 더는 존재하지 않고 미래는 아직 존재하지 않는데, 어떻게 이 두 가지, 즉 과거와 미래가 존재한다고 할 수 있는가? 현재에 대해 말하자면, 만일 현재가 항상 현존하고 결코 과거가 되기 위해 움직이지 않는다면, 그것은 시간이 아니라 영원일 것이다. 따라서 만일 현재가 과거가 되기 위해 계속 움직인다는 사실을 근거로 해서만 시간이라고 한다면, 현재가 현존하는 이유는 그것이 존재하지 않기 위한 것이라고 할진대 어떻게 현재가 존재한다고 말할 수가 있겠는가? 다른 말로 하면, 우리는 존재하지 않게 될 것이라는 현재의 임박한 상태가 아니라면 시간이 무엇인지 우리는 적절하게 말할 수 없다." 『고백록』 4.4 ff에 나오는 불멸에 대한 명상도 참조하라.

152) "어떤 황제는 만사가 덧없음을 마음에 항상 간직하며 모든 것을 너무 심각하게 대하지 않는 가운데 평화롭게 살았다. 그 반대로 나에게는 모든 것이 그렇게 흘러가기에는 너무나 가치가 있는 것 같다. 나는 모든 것에서 영원을 추구했다. 사람들이 가장 귀중한 염료와 포도주를 바다에 쏟아버리겠는가? 나의 위로는, 모든 존재했던 것은 영원하다는 것이다. 바다는 그것을 다시 모을 것이다"(F. Nietzsche, *The Will to Power*, no. 1065, ed.Kaufmann, pp.547-548).

트의 정치철학의 근본 전제다.)[153] 현상의 세계를 더욱 지속적이도록 하기 위해——말하자면 그의 존재를 확인하기 위해——판단을 위한 공적 공간이 필요해진다. 판단 또는 회상의 구속적 힘은, 그것 없이는 시간 속으로 소멸되어질 것을 우리가 보존하도록 돕는다. 그것은 본질적으로 소멸하게 되는 것을 지속하게 해준다.[154] 다른 말로 하면, 판단의 궁극적인 기능은 시간과 세계성을 화해시키는 것이다.

이러한 나의 고찰은 의심할 나위 없이 대답보다는 더 많은 문제를 제기할 것이다. 칸트 강의들은 분명히 내가 제시한 가능성들의 모형만을 제공하며, 아마도 나는 요청된 것보다 훨씬 더 많이 헤매고 다녔을 것이다. 나의 유일한 목적은 아렌트의 이론적 작업의 범위를 적시하는 것이었다. 이러한 범위 가운데 어떤 것은 아렌트의 친구인 벤야민(Walter Benjamin)의 해석학에서 발견되는 주제들과 문제들에 따라 제시된 것이다. 우리가 아렌트의 의도의 지평들을 측정하기를 마지막으로 희망할 수 있는 곳은 벤야민의 「역사철학 테제」(Theses on the Philosophy of History)를 아렌트와 나란히 읽음으로써다. 왜냐하면 벤야민도 역시 과거에 대한 구속적 관계를 추구했고, 아렌트의 판단하는 관찰자는 벤야민의 산보자(flaneur)에 대응하는데, 산보자는 과거 속을 유랑하면서 행복하거나 우울한 회상 속에서 순간들을 모으고, "재-수집"을 통해 작업한다. 과거의 폐허 한가운데서 사람들은 자신의 과거를 구원할 수 있는 단편들을 찾는다.[155] 벤야민

153) H. Arendt, *The Human Condition*, p.199

154) H. Arendt, "The Crisis in Culture," *Between Past and Future*, p.218 참조. "불가소멸성"에 대한 관심은 1929년에 출간된 성 아우구스티누스의 사랑 개념에 대한, 그의 최초의 저작으로 소급된다. 따라서 판단에 대한 그의 저작은 그의 철학적 경력의 바로 출발점에로 소급해가는, 반성적 순환을 이룬다.

155) Walter Benjamin, "Theses on the Philosophy of History," *Illuminations*, ed. H. Arendt, trans. Harry Zohn(New York: Harcourt, Brace & World, 1968),

스스로에게 이는 역사의 천사 역할에 대한 추정을 포함하게 되는데, 이 천사는 숄렘이 말했던 것처럼 "역사의 편재성으로 인해 좌절한, 근본적으로 우울한 인물"[156]이다. 이러한 주제는 벤야민 역사철학의 세 번째 테제로 수렴된다.

주요 사건과 부수적 사건을 가리지 않은 채 사건들을 자세히 기술하는 연대기 저술가는, 실제 일어났던 그 어떤 일도 역사를 위해 상실된 것으로 간주해야 한다는 진리에 따라 행동한다. 분명히, 오직 구속된 인류만이 과거의 충만성을 받아들인다. 이는 말하자면 오직 구원된 인류만을 위해 그 과거는 그 모든 순간에 있어서 인용할 만한 것이 되었다. 살아낸 모든 순간은 여행길에서 인용(citation à l'ordre du jour)된다. 그리고 그날이 심판의 날이다.[157]

---

pp.255-266 참조. 과거에 대한 우리의 단편적 관계라는 관념은 벤야민의 현재(Jetztzeit)라는 개념 가운데 표현되는데, 여기에 대해 벤야민은 자신의 테제에서 여러 차례 논의했다. 예를 들면, 열네 번째 테제에서 벤야민은 로베스 피에르(Robes pierre)가 어떻게 고대 로마를 동질적인 역사의 연속성에서 터뜨려내어 생명을 불어넣었는지 서술하고 있다. 프랑스혁명은 "패션이 과거의 의상을 깨우듯 고대 로마를 깨웠다"(p.263). 벤야민 사상의 이런 측면에 대한 아렌트의 주석에 대해서는 *Illuminations*에 붙은 아렌트의 서론 pp.38-39와 pp.50-51을 참조하라.

156) Gershom Scholem, *On Jews and Judaism in Crisis*(New York: Schocken, 1976), pp.234-235. 벤야민의 아홉 번째 역사철학 테제에 대한 아렌트 자신의 주석은 *Illuminations*, ed. H. Arendt, pp.12-13 참조. 아렌트와 벤야민의 수많은 유사점에 대해 여기서 고찰하는 것은 불가능하다. 패배한 원인에 관심을 갖는 카토의 역사가 이미지에 대한 아렌트의 호소는 벤야민의 일곱 번째 테제의 정신과 거의 일치한다. Theodor Adorno, *Minima Moralia*, no. 98(London: New Left Books, 1974), p.151 참조.

157) W. Benjamin, *Illuminations*, ed. H. Arendt, p.256

과거에 대한 그러한 처신은 카프카의 한 우화에 대한 벤야민의 주석에서 훨씬 더 분명하게 표현된다.

…인생의 진정한 척도는 기억(momory)이다. 회고해볼 때, 기억은 번개처럼 인생 전체를 가로지른다. 사람이 몇 장의 책장을 되넘길 정도로 빠르게, 그것은 다음 마을에서 그 여행자가 떠나기로 마음 먹었던 장소에까지 여행한다. 인생이 글로 변형된 사람들만이… 그 저술을 거꾸로 읽을 수 있다. 이것이 그들이 자신을 직면하는 유일한 방법이며, 바로 그러한 까닭에 ─ 현재로부터 달아남으로써 ─ 그들은 인생을 이해할 수 있다.158)

---

158) W. Benjamin, "Conversations with Brecht," Ernst Bloch et al., *Aesthetics and Politics*(London: New Left Books, 1977), p.91. 벤야민이 주석을 단 카프카의 이야기는 「이웃 마을」(The Next Village)이다.

강의 형태로 바꾼 『칸트의 정치철학』
• 옮긴이 후기

이 책은 2002년 다른 출판사에서 번역·출간되었다가 절판되었는데 한길사 김언호 대표님이 한나 아렌트에 관심이 많아 한길사에서 개정판으로 출간하게 되었다. 개정판을 내면서 이전에 출간된 내용을 꼼꼼히 다시 읽고 수정했다. 그 과정에서 수정할 곳과 어투를 바꾸고 싶은 부분이 생각보다 많아 기존의 번역본 독자에게 죄송한 마음이 들지 않을 수 없었다. 기왕 대폭 수정하는 김에 편집자와 상의해 아렌트의 13개 강의를 실제 강의 투로 바꾸었다. 아렌트는 누구보다 평등한 의식을 갖고 학생들과 동료 학자들을 대했기 때문에 이를 드러낼 수 있는 존대어로 표현했다. 긴 단락을 나누기도 했다. 이처럼 명백하게 강의 형태로 수정이 되어 책 제목도 원제목에서 "강의"를 떼고 『칸트의 정치철학』으로 정하게 되었다.

나는 뉴욕주립대 버팔로대학의 박사과정에 있을 때 조가경 교수님의 대학원 세미나에서 『정신의 삶』의 제2권 「판단」과 함께 이 책을 교재로서 처음 접했다. 한나 아렌트에 대한 나의 관심은 조가경 교수님께서 1991년 한 학기 동안 숭실대학교 석좌교수로 강의하실 때 그 강의를 들으면서 일깨워졌던 것이니, 그동안 아렌트를 읽고 생각하면서 가졌던 학문적 흥분과 희열에 대한 감사는 모두 조가경 교수님께 드려야 마땅하다. 아울러 조가경 교수님과의 인연을 가능하게 해주시고, 늘 아버지와 같은 자상함으로 나의 삶과 학문적 여로를 염려해주시던 조요한 교수님께도 마음 깊은 곳에서 감사를 드리지 않을 수 없다. 지금은 두 분 모두 타계하셔서 한 분은 한국에, 또 한 분은 미국에 묻혀 계신다. 두 분이 내게 미친 영향력은 너무나 커서 이 개정판을 두 분께 감사의 마음을 담아 바치고 싶다.

이 책의 최초 번역본을 준비하는 과정에서 함께 독서에 참여한 대학원생들과 개정판을 내면서 번역본을 읽어준 대학원생들께도 감사드린다. 특히 이 개정판을 준비하는 데 이영민 조교의 기술적 도움이 내 시간을 많이 절약해주었다는 점을 언급하고 싶다.

끝으로, 한국 인문학 환경의 척박함에도 불구하고 꾸준히 인문학 서적을 출간해온 한길사의 김언호 대표님께 깊은 감사를 드린다. 특히 아렌트 정치사상이 한국 사회에 영향력을 미치는 데 한길사에서 출간된 번역서들과 저서들의 도움이 컸다고 생각한다. 특히 2017년 한국아렌트학회와 한길사가 함께 '한나 아렌트 학교'를 열어 일련의 강의를 제공했던 것은 오랫동안 기억될 것이다. 이 책을 독자가 더 쉽게 읽을 수 있도록 편집의 수고를 아끼지 않은 최현경 선생께도 감사드린다.

2023년 7월
김 선 욱

찾아보기

지은이 한나 아렌트 Hannah Arendt, 1906~75

한나 아렌트는 1906년 독일 하노버에서 태어나 유년기와 청소년기를
쾨니히스베르크에서 보냈다. 1924년 마르부르크대학, 1926년 프라이부르크대학에서
수학했고 이후 하이델베르크대학에서 칼 야스퍼스에게 수학했다.
1928년 「성 아우구스티누스의 사랑 개념」으로 박사학위를 받았다.
1933년 시온주의자들의 지하활동을 돕다가 독일에서 조사받고 프랑스로 망명했으며,
그곳에서 유대계 피난민 청소년들의 팔레스타인 이주를 도왔다. 1941년 미국으로
건너가 10년 뒤 미국 시민권을 획득하며 18년 만에 무국적자 신분을 벗어난다.
아렌트는 유대인의 대외관계에 관한 학술대회 연구이사,
쇼켄북스 출판사 편집장, 뉴욕시 유대 문화 재건단 상임이사,
캘리포니아대 · 프린스턴대 · 컬럼비아대 · 코넬대 · 시카고대 객원교수,
뉴스쿨대 대학원 소속 전임교수를 역임했다. 1952년 구겐하임 펠로십에 선정되었고,
1954년 미국 예술원의 연례학문예술 장려금을 받았다.
1973년 애버딘대학에 초청되어 기포드 강연(Gifford Lectures)에서 발표했고,
1975년 덴마크 정부로부터 소닝상을 받았다. 『전체주의의 기원』『인간의 조건』
『과거와 미래 사이』『혁명론』『예루살렘의 아이히만』『어두운 시대의 사람들』
『공화국의 위기』『정신의 삶』등의 중요한 저작을 남긴 아렌트는
1975년 12월 타계했다.

옮긴이 김선욱 金善郁, 1960-

현재 숭실대학교 철학과 교수이자 가치와윤리연구소장 및
제55대 한국철학회 회장이다.
숭실대학교에서 학사와 석사, 뉴욕주립대 버펄로대학에서 철학박사를 취득했고,
뉴스쿨에서 풀브라이트 주니어 연구교수, UC 어바인(Irvine)에서
풀브라이트 시니어 연구교수를 지냈다.
숭실대학교 인문대학장 및 학사부총장을 역임했고 한국아렌트학회 회장을 역임했다.
주요 관심사는 정치철학, 윤리학, 정치와 종교의 관계 등이다.
지은 책으로는『한나 아렌트와 차 한잔』『정치와 진리』『한나 아렌트 정치판단이론』
『행복의 철학』『행복과 인간적 삶의 조건』『한나 아렌트의 생각』등이 있으며,
이밖에도 여러 권의 저서 및 공저가 있다.
옮긴 책으로는『예루살렘의 아이히만』『공화국의 위기』『정치의 약속』
『우리는 왜 한나 아렌트를 읽는가』등이 있다.
또한 마이클 샌델 저서 번역본 대부분을 감수하거나 공역했다.

HANGIL GREAT BOOKS 185

칸트의 정치철학
Lectures on Kant's Political Philosophy

지은이 한나 아렌트
옮긴이 김선욱
펴낸이 김언호

펴낸곳 (주)도서출판 한길사
등록 1976년 12월 24일
주소 10881 경기도 파주시 광인사길 37
홈페이지 www.hangilsa.co.kr
전자우편 hangilsa@hangilsa.co.kr
전화 031-955-2000~3 **팩스** 031-955-2005

부사장 박관순 **총괄이사** 김서영 **관리이사** 곽명호
영업이사 이경호 **경영이사** 김관영 **편집주간** 백은숙
편집 최현경 박희진 노유연 이한민 박홍민 김영길
관리 이주환 문주상 이희문 원선아 이진아 **마케팅** 정아린
디자인 창포 031-955-2097
CTP출력·인쇄 예림 **제책** 경일제책사

제1판 제1쇄 2023년 8월 4일

값 28,000원

ISBN 978-89-356-7817-4 94080
ISBN 978-89-356-6427-6 (세트)

● 잘못 만들어진 책은 구입하신 서점에서 바꿔드립니다.

한길그레이트북스 인류의 위대한 지적 유산을 집대성한다

●한길그레이트북스는 계속 간행됩니다.